"五大改造"教育读本丛书

监管改造
分册

北京市监狱管理局 ◎ 编著

中国政法大学出版社
2019·北京

《"五大改造"教育读本丛书》编委会

顾　　　问：秦　宣　章恩友　史殿国　林　乾　翟中东
编委会主任：刘亚东
副　主　任：戴建海
编　　　委：林仲书　何中栋　戴志强　李朝旺
　　　　　　栾淼淼　张洪建　孙本良　董世珍
　　　　　　赵永生　王金亮　徐万富
总　策　划：林仲书　何中栋
执 行 策 划：周　勤　杨东义
策　　　划：李春乙　马　锐　秦　涛
丛 书 统 筹：练启雄

《监管改造分册》

分 册 主 编：张洪建
执 行 主 编：杨　华　刘卫丹
执行副主编：吴丙林（特邀）　韦玖东　刘志远　段立华
分 册 统 筹：陈　帅
编　　　辑：曲　平　余志辉　常雪征　纪　冬

总 序

党的十八大以来,党中央、国务院高度重视监狱工作,习近平总书记多次作出重要指示,为监狱工作提供了根本遵循,指明了前进方向。司法部党组准确研判新时代监狱工作的形势任务和职能定位,提出"坚守安全底线、践行改造宗旨"的工作思路,坚持以政治改造为统领,统筹推进监管改造、教育改造、文化改造、劳动改造的"五大改造"工作要求。

首都监狱系统提高政治站位、强化责任担当,以统筹推进"五大改造"工作要求为首要目标,积极推动"一四五四"北京行动纲领和"三新"工作意见落实,组织力量编写了一套立足监狱实际、贴近服刑生活、反映时代特征、体现北京特色、匹配犯群素质的《"五大改造"教育读本丛书》。主要目的是通过丛书的编写和使用,带动首都监狱建立起科学的改造体系,引导服刑人员认同党的领导、认同伟大祖国、认同中华民族、认同中华文化、认同中国特色社会主义道路,树立正确的历史观、民族观、国家观、文化观和宗教观。

《"五大改造"教育读本丛书》包含五大读本,分别为《政治改造分册》《监管改造分册》《教育改造分册》《文化改造分册》和《劳动改造分册》,共100余万字。丛书反映了社会发展和时代进步的最新成果,将中央和司法部对监狱工作的新思路、新要求融入其中,坚持以政治改造为统领,牢固树立监管改造的基础地位,充分发挥教育改造的治本作用,积极拓展文化改造的教化功能,切实推进劳动改造的功能回归。丛书将"一四五四"北京行动纲领和"三新"工作意见融入其中,充分体现北京市监狱管理局党组和全局上下的使命担当和积极作为,充分反

映首都监狱改造工作取得的成绩和经验，积极展示首都监狱工作的特色和水平。丛书立足监狱工作实际，贴近服刑人员服刑生活，紧扣服刑、改造、生活、回归等环节，重点围绕政治、监管、教育、文化、劳动五大方面，摆事实、讲道理、明规矩、正言行，既可供服刑人员阅读，也可供民警讲授，力求对服刑人员有所启发、有所感悟，帮助服刑人员解决思想和实际问题。丛书引用大量故事和事例，以案析理、图文并茂，文字表述通俗易懂、简单明了，使服刑人员愿意读、有兴趣、能读懂、易接受。

自2018年9月至2019年11月，《"五大改造"教育读本丛书》编写出版历时一年多，得到了各级领导的大力支持和悉心指导，监狱民警、社会专家及出版单位中国政法大学出版社认真履职、通力合作，开展了内容调研、提纲拟定、样章起草、正文撰写、插图设计、统稿审议、修改完善和出版印刷等大量艰辛繁忙的工作。丛书还荣幸地邀请到秦宣、章恩友、史殿国、林乾、翟中东等知名教授担任顾问，给予指导，撰写序言，有利于丛书提升规格，打造精品。

希望广大服刑人员以此套丛书为契机抓手，加强学习、认真领悟、认罪悔过、自觉改造，早日成为有益于社会的守法公民。

就此机会，谨向付出艰辛劳动的全体编写人员致以崇高敬意，向支持帮助丛书编写出版的同志们及社会各界人士表示衷心的感谢！由于时间和水平有限，难免存在疏漏和不足之处，欢迎批评指正。

《"五大改造"教育读本丛书》编委会
二〇一九年十一月

分　序

犯罪作为一种"社会病"，除了对社会肌体造成一定的损害之外，不仅受害人是犯罪的直接侵害对象，实际上犯罪人在某种程度上也是受害者。所以，近现代监狱在充分发挥惩罚隔离的基本功能之外，一直致力于把服刑人员矫正或改造成为社会的"新人"。应该说，这是一项十分艰难而又利于社会稳定的大业。因为，罪犯作为社会规则的极端越轨者，不仅用自己的犯罪行为践踏了法律和他人的权利与尊严，而且其中很多还有继续犯罪的可能，或者说目前的社会环境很难真正有效地阻止他们继续危害社会。

对犯罪行为人判处刑罚实行监禁，可能是当今社会治理犯罪一个无奈但却很有效的方式选择。中华人民共和国成立70年来，我们在实现刑罚的惩罚功能的同时，一直把监狱的监管改造、劳动改造、教育改造等有利于罪犯回归社会的内容充实到刑罚执行之中。其中，监管改造作为其他改造内容的前提条件，更显示出了它存在的重要性。

坚持以政治改造为统领，统筹推进监管改造、教育改造、文化改造、劳动改造的"五大改造"工作要求，是新时代监狱工作的总路线、总要求和总目标。为了引导罪犯积极改造，较快适应监狱生活，北京市监狱管理局组织编著了《"五大改造"教育读本丛书》，共计五本，《监管改造分册》是其中非常重要的一本。《监管改造分册》共分为九章，内容紧贴罪犯改造实际，图文并茂地介绍了罪犯从入监到出监，从接受行为约束到习惯养成，从基本生活保障到一日生活制度的考核与奖惩，从法律理念的教育培养到回归社会的各种条件准备等，都是罪犯改造过程中不可或缺的内容。通过对本册图书的深入学习，罪犯可以明确地了解监管改造的内容，熟知监管改造的要求，以便更好地参加监狱监管改造的各项活动，充分调动罪犯主体改造的积极性和能动性。

以政治改造为统领，统筹推进"五大改造"工作要求，实质上就是要在深入开展政治思想教育的基础上，加强对罪犯全方位的改造工作，深入实施分类分层次的科学改造，进而实现全面的依法治监。罪犯在监狱服刑期间，必须做到令行禁止，遵法守法，在认罪悔罪基础上，实现法治信仰和法治理念的培养与塑造，切实从被动的"要我改造"转向积极的"我要改造"，主动融入到"五大改造"中去，变刑期为学期，真正做到循规蹈矩。

我相信《监管改造分册》一定能够最大程度地满足罪犯接受监管改造的基本要求。真诚希望罪犯在监狱民警的指导帮助下，通过"五大改造"这个载体运行过程中的每个节点，不断磨炼意志品质，认真悔过，重做新人，成为遵纪守法的社会主义新时代合格公民。

中央司法警官学院

2019 年 9 月 9 日

目 录

总　序	/ 001
分　序	/ 003
第一章　概　述	**/ 001**
第一节　监管主体	/ 004
第二节　监管人员	/ 008
第三节　监管对象	/ 013
第四节　监管改造	/ 023
第二章　理　念	**/ 033**
第一节　政治引领	/ 036
第二节　厉行法治	/ 043
第三节　崇尚科学	/ 055
第四节　彰显文明	/ 061
第三章　入　监	**/ 069**
第一节　收监执行	/ 072
第二节　服刑指导	/ 075
第三节　坦白检举	/ 083
第四节　告别旧我	/ 089
第四章　养　成	**/ 097**
第一节　遵规守纪	/ 100

　　第二节　作息制度　　／ 109
　　第三节　定置管理　　／ 115
　　第四节　监管环境　　／ 121

第五章　保　障　　／ 133
　　第一节　生活标准　　／ 135
　　第二节　医疗保健　　／ 140
　　第三节　会见通信　　／ 151
　　第四节　特别保障　　／ 159

第六章　考　核　　／ 169
　　第一节　考核原则　　／ 171
　　第二节　计分考核　　／ 177
　　第三节　记事考核　　／ 182
　　第四节　考核效用　　／ 186

第七章　激　励　　／ 191
　　第一节　提请减刑　　／ 194
　　第二节　提请假释　　／ 203
　　第三节　分级处遇　　／ 210
　　第四节　离监探亲　　／ 216

第八章　惩　戒　　／ 221
　　第一节　行政处罚　　／ 223
　　第二节　刑事处罚　　／ 227
　　第三节　严管教育　　／ 233
　　第四节　警械使用　　／ 237

第九章　回　归　　／ 241
　　第一节　回归计划　　／ 244
　　第二节　出监准备　　／ 250

第三节　执行终结	/ 256
第四节　走向新生	/ 264

结束语 / 270

参考文献 / 272

监管改造分册

第一章

概　述

第一章 概述

在以政治改造为统领,由政治改造、监管改造、教育改造、文化改造和劳动改造所构成的"五大改造"中,监管改造发挥着基础性作用。监管,通常理解为"监督管理",在监狱领域则取"监禁管理"之义。

说到监狱,人们往往会想到我国古代"皋陶造狱"和"画地为牢"的传说,相传皋陶在上古虞舜时,被任命为司法长官,善于断案,刚正不

阿。由于认为监狱是皋陶所造,后世将其奉为"狱神"。而据史籍记载,"三王始有狱",是说监狱出现在夏禹、商汤、周文王时期。自从有了监狱,就有了对囚犯的监管。但是,直到中华人民共和国成立后的监狱领域才正式使用"监狱改造"这一专业术语。监管改造是指我国监狱通过监狱人民警察依法、强制剥夺在押罪犯的人身自由,维护监狱安全稳定并履行自身改造职能的刑事执法活动。

上述对监管改造的界定,涉及四个问题。第一,监管主体是我国依法设置的监狱;第二,监管人员是监狱人民警察;第三,监管对象是监狱的在押罪犯;第四,监管改造的性质是国家的刑事执法活动。

围绕以上问题,本章将依次介绍监管主体、监管人员、监管对象和监管改造的基本内涵。重点是简要叙述监狱的政治属性、法律属性和社会属性,监狱人民警察的政治属性、法律属性和社会属性,在押罪犯的属性、权利和义务,监管改造的构成和作用。

第一节 监管主体

> 监狱是国家的刑罚执行机关。
> ——《中华人民共和国监狱法》第 2 条

● 事例

新中国最早的一个大型罪犯改造场所[1]

北京市监狱管理局清河分局地处渤海之滨,天津市滨海新区境内,是 1950 年 2 月 24 日经中央人民政府批准成立的新中国最早的一个大型罪犯改造场所,面积 115 平方公里,下属 5 所押犯监狱(垦华、清园、潮白、前进、柳林)。60 多年以来,一代代清河人发扬"艰苦创业、团结拼搏、开拓进取、勇于争先"的清河精神,追求"让走出清河的人远离犯罪"的共同愿景,全力打造"开放、包容、法治、进步"的清河,战胜种种困难,先后改造各类罪犯十余万人,为维护首都政治稳定、社会安定,服务首都经济社会的发展做出了积极贡献。

以上介绍的北京市监狱管理局清河分局是新中国监狱的一个缩影。作为监管改造的主体,监狱是阶级社会的产物,伴随着国家的出现而产生,是构成国家机器的一项内容。当今世界各国,无论实行什么社会制度,都无一例外地设有监狱。恩格斯指出:"由于社会分裂为不可调和的敌对阶级,统治阶级为了维护其统治地位,建立了专门用以镇压被统治阶级的特殊的武装队伍、法庭、监狱、警察等强力工具。"监狱与警察、军队、法庭一起,构成国家政权力量,以实现政治、经济、文化和社会等方面的国家基本功能。

---

[1] 摘自北京市监狱管理局网站。

一、我国监狱是人民民主专政的重要工具

人民民主专政是中华人民共和国的国家性质，也被称为国体。在我国的国体中，民主与专政这两个方面是缺一不可、辩证统一的。只有在人民内部实行充分的民主，调动广大人民群众的积极性，形成强大的政治统治力量，才能对敌对分子实行有效的专政；也只有对敌对分子实行强有力的专政，打击他们的破坏活动，才能保障人民的民主权利和根本利益。人民民主专政是对我国社会主义制度的有力维护和坚强捍卫。社会主义制度是中华人民共和国的根本制度。中国共产党的领导是中国特色社会主义最本质的特征。禁止任何组织或者个人破坏社会主义制度。中国人民必须同敌视和破坏我国社会主义制度的国内外的敌对势力和敌对分子进行斗争。监狱是人民民主专政的重要工具，其职能体现在惩罚和改造犯罪分子两个重要方面。《宪法》第28条规定："国家维护社会秩序，镇压叛国和其他危害国家安全的犯罪活动，制裁危害社会治安、破坏社会主义经济和其他犯罪的活动，惩办和改造犯罪分子。"我国宪法规定的专政职能集中体现为"镇压""制裁""惩办"和"改造"等方面。其中，惩办犯罪分子的职能通过侦查机关、检察机关、审判机关、刑罚执行机关共同实现。改造犯罪分子则是监狱和社区矫正机构等刑罚执行机关的主要职能，实施中需要其他机关和社会单位的密切协同和配合。《监狱法》第1条规定："为了正确执行刑罚，惩罚和改造罪犯，预防和减少犯罪，根据宪法，制定本法。"其中"惩罚和改造罪犯"既是监狱法立法目的之一，也是对监狱专政职能的诠释。

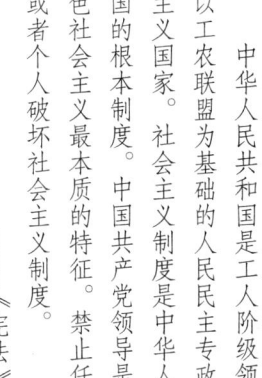

法律讲堂

中华人民共和国是工人阶级领导的、以工农联盟为基础的人民民主专政的社会主义国家。社会主义制度是中华人民共和国的根本制度。中国共产党领导是中国特色社会主义最本质的特征。禁止任何组织或者个人破坏社会主义制度。

——《宪法》第1条

二、 我国监狱是国家的刑罚执行机关

《监狱法》第 2 条第 1 款规定:"监狱是国家的刑罚执行机关。"这是对我国监狱法律属性的表述。我国的刑事司法可分为刑事案件的办理和刑事被执行人的管理两大部分。前者的司法行为体现为办案,属于法律的适用,围绕犯罪事实和刑事责任展开,其重点是调查、审查、审理犯罪嫌疑人、被告人是否实施了犯罪行为、犯罪行为是否已查实、是否应当承担刑事责任以及应当承担怎样的刑事责任;后者的执法行为体现为管理,属于法律的实施,围绕犯罪嫌疑人、被告人的羁押管理,以及罪犯的管理展开,这里称之为刑事执法。

所谓刑事执法,是国家特定行政机关在刑事司法领域所承担的对被执行人的管理和教育活动。这里需要明确构成刑事执法的三个必备条件。第一,主体是国家的特定行政机关,如监狱、社区矫正机构、公安机关等。第二,国家特定行政机关必须参加刑事司法活动,承担刑事司法职责。司法行政机关、公安机关等国家行政机关往往具有行政执法和刑事司法的双重功能,只有其参加刑事司法活动并承担刑事司法职责时,才能成为刑事执法的主体。第三,刑事执法的基本职责是刑事执行。刑事执行包括刑罚执行、刑事强制措施执行、强制医疗执行等内容。刑事执法通常不参与对刑事案件的侦查、检察和审判,其核心业务是在国家刑事司法过程中对刑事被执行人实施管理,属于国家权力体系中一项特别的行政活动。

三、 监狱是促进社会稳定的重要部门

在社会管理领域,监狱是促进社会稳定的重要部门,承担着重要的社会责任。第一,监狱是关押罪犯的场所,依法实现罪犯与社会的隔离,以此净化社会环境,为社会稳定安宁提供基础条件。第二,监狱通过对犯罪行为实施刑事处罚,实现社会公正。监狱的惩罚功能,使被害人和社会其他成员得到公平感,使犯罪所可能引发的社会冲突得以化解,使人们在秩序的轨道上行使自己的权利,从而促进社会的和谐发展。第三,监狱是维

护社会稳定的重要力量，监狱以其安全稳定的运作，为社会提供安全保障。第四，监狱作为社会组织的一个有机组成部分，担负着改造罪犯的历史使命，通过改造向社会输送守法公民。

◉ 延展

问：什么是刑罚，监狱与刑罚有着怎样的关系？

答：刑罚是国家专门针对犯罪人的惩罚手段。我国从夏代开始逐步确立五种主刑：墨、劓（yì）、剕（fèi）、宫、大辟。墨刑，是在额头上刻字涂墨；劓刑，是割鼻子；剕刑，是砍脚；宫刑，是毁坏生殖器；大辟，是死刑。最初的主刑除死

缇萦救父，汉文帝废除肉刑

刑外，都属于刻意损伤罪人肌体的肉刑。从汉代的汉文帝废除肉刑开始，刑罚的主刑变成了笞（chī）、杖、徒、流、死。笞，是用荆棍或竹板子打罪人；杖，是用棍子打罪人；徒，是强迫罪人服劳役；流，是把罪人发配到边远的地区；死，是死刑。这种以体罚刑和劳役刑为主的刑罚体系一直到清代末年才消失，随后形成了以自由刑为主的刑罚体系。中华人民共和国成立后，主刑为管制、拘役、有期徒刑、无期徒刑、死刑。除主刑外，还有附加刑，包括罚金、剥夺政治权利、没收财产、驱逐出境。

从华夏大地刑罚演进过程可以发现，在每一个重要的历史节点，主要的刑罚种类都是五项。为什么会这样，是巧合还是另有原因？对此有不同的说法，一种是"五刑"来自"五行说"，五刑是由五行相克而产生的。"火能变金色，故墨以变其肉；金能克木，故剕以去其骨节；木能克土，故劓以去其鼻；土能塞水，故宫以断其淫；水能灭火，故大辟以绝其生命。"[1]另一种说法是与中国古代的数字有关。我国古代的数字没有零，

---

[1]《逸周书逸文》。

是从一开始,最大的数字是九。在一至九之间,五这个数字居中。中,意味着刚正、公正。主刑用五这个数字,就代表着刑罚的公正和刚正。

从刑罚种类的演变还可以看出,刑罚的中心由肉刑转变到体罚刑、劳役刑,再到自由刑,逐步轻缓,走的是一条日趋文明先进之路。自古至今,监狱与刑罚紧密相连。在以肉刑、体罚刑、劳役刑为中心的刑罚背景下,监狱的主要任务是关押等待审讯和等待行刑的囚犯,因此在国家的刑事司法体系中,监狱处于附属的地位。但是,到了刑罚体系的中心变为自由刑之后,监狱的基本职能就发生了根本性的变化,成为执行自由刑的主要场所,监狱在国家的刑事司法体系中不再处于附属地位,而是负有执行刑罚和改造罪犯使命的国家专门机构。正因如此,我国监狱法对监狱的法律性质作出了准确的界定:监狱是国家的刑罚执行机关。

第二节　监管人员

> 监狱的管理人员是人民警察。
> ——《中华人民共和国监狱法》第 12 条

● 事例

专家型民警为龙头引领队伍发展[1]

在北京监狱系统,有一支能啃硬骨头的民警队伍,他们中,有擅长"攻坚克难"改造顽固罪犯的尖兵,有善于打开心结对罪犯开展心理矫治的行家。如今,这支队伍的正规化、专业化、职业化程度日益加深,教育改造成绩更是蒸蒸日上。打造这支队伍,北京市监狱管理局牢牢抓住了专家型民警这一龙头。

---

[1] 北京市监狱管理局:"北京监狱局圆满实现十九年'四无'目标",载《法制日报》2016年1月5日。

所谓专家型民警,就是在监管改造中,对某一领域具有专门研究、改造能力,有一技之长,实践经验丰富,工作业绩突出,能够引领和指导其他监狱民警攻坚克难的少数监狱民警,这部分人的作用发挥出来,能带动整体队伍的实力提升。评选专家型民警,就是为了提升民警改造能力。据了解,2006年起,北京市监狱管理局开始直接在从事罪犯管理教育工作的民警中评选专家型民警,时至今日,已评选命名局级专家型民警35名、监狱级专家型民警300名。

评选专家型民警的目的是要最大限度地发挥攻坚克难、改造罪犯作用。每年年初,两级专家型民警都要认领年度工作任务,包含攻坚克难教育转化重点罪犯、理论课题研究等诸多内容,年终还要对任务完成情况进行考核。

为充分发挥专家型民警的作用,北京市监狱管理局还专门建立了一项"会诊机制",由"局级专家"牵头,成立"攻坚克难小组",专门改造重点罪犯,全程参与对转化困难的罪犯的改造工作。不仅如此,专家型民警还是青年民警的"传帮带老师",不仅要负责给青年民警授课,答疑解惑,监狱局还通过"传帮带"组织专家型民警讲坛、青年民警与专家型民警问答等多种多样的活动,帮助青年民警尽快成长。

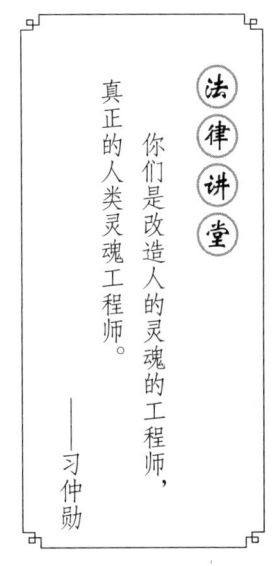

法律讲堂

你们是改造人的灵魂的工程师,真正的人类灵魂工程师。
——习仲勋

如今,在专家型民警引领下,北京市监狱管理局民警队伍在专业化队伍建设的路上越走越宽,成为确保监狱安全和提升教育改造质量的坚实保证。

以上事例记述了监狱人民警察队伍专业化建设的一个卓有成效的做法。根据《监狱法》的规定,监狱的管理人员是人民警察。监狱人民警察是依法行使国家刑罚执行权力、管理监狱事务,维护人民民主专政的刑事执法力量。

一、监狱人民警察是带有武装性质的国家刑事执法力量

监狱人民警察是我国人民警察的一个法定警种。根据有关法律规定，人民警察包括公安机关、国家安全机关、监狱、劳动教养管理机关的人民警察和人民法院、人民检察院的司法警察。监狱人民警察是我国人民警察序列的一个法定警种。在我国，人民警察是具有人民民主专政性质的国家治安行政力量和刑事司法力量，承担依法预防、制止和惩治违法犯罪活动，保护人民，服务经济社会发展，维护国家安全，维护社会治安秩序的任务和职责。《监狱法》第12条第2款规定："监狱的管理人员是人民警察。"监狱人民警察是国家的刑事执法力量，依法履行执行刑罚，惩罚和改造罪犯的职责。为保证监狱人民警察切实履行职责，我国法律赋予监狱人民警察依法行使以下职权：依法剥夺罪犯人身自由的职权；对附加剥夺政治权利的罪犯，依法剥夺其政治权利的职权；依法处理刑罚执行实务的职权；对罪犯实施政治改造、监管改造、教育改造、劳动改造和文化改造的职权。

监狱人民警察虽然不属于国家的武装力量[1]，但具有武装性，依法可以配备和使用武器，实行警务化管理。人民警察因公致残的，与因公致残的现役军人享受国家同样的抚恤和优待。人民警察因公牺牲或者病故的，其家属与因公牺牲或者病故的现役军人家属享受国家同样的抚恤和优待。

二、监狱人民警察是党和国家干部队伍的重要组成部分

目前，我国监狱人民警察属于国家的公务员序列。公务员是指依法履行公职、纳入国家行政编制、由国家财政负担工资福利的工作人员。公务员是国家公共权力的行使者、公共事务的管理者。监狱人民警察行使的刑罚执行权力属于国家公共权力，监狱人民警察管理的监狱事务属于国家的

---

[1]《国防法》第22条规定："中华人民共和国的武装力量，由中国人民解放军现役部队和预备役部队、中国人民武装警察部队、民兵组成。"

公共事务。因此，监狱人民警察是国家的公务员、是人民的公仆，是社会主义事业的中坚力量，是党和国家干部队伍的重要组成部分。监狱人民警察依法履行管理监狱的职责，即对监狱的人、财、物等各项事务进行管理，具体内容包括：依法管理罪犯；依法管理监狱的土地、资源和财产；管理监狱的设施和装备；管理监狱的政治工作和人事、财务等行政工作。

三、监狱人民警察是负有重大使命和重要责任的社会工作者

在社会建设领域，监狱承担着净化社会环境、实现社会正义、维护社会秩序和向社会输送合格公民的基本功能。监狱要显现和发挥这些社会功能，其主要的依靠力量是监狱人民警察。因此，监狱人民警察在社会建设领域负有重大使命和重要责任。监狱人民警察既要完成罪犯与社会的隔离，剥夺罪犯的人身自由，防止罪犯对社会的再次侵扰和破坏，又要围绕罪犯回归社会这一主题，实施五大改造。监狱人民警察要时刻提醒自己身上背负的社会公众的重托，充分认识自己身上承担的重大社会责任，时刻唤醒自己社会工作者的身份。在改造罪犯的过程中，监狱人民警察要更加积极主动地动员和利用社会有关单位和积极力量参与对罪犯的教育、帮扶，卓有成效地促使罪犯顺利重返社会、融入社会，并与他人和谐相处，从而尽量消解社会的负能量。

● 延展

问：监狱人民警察执行勤务时的法律保障包括哪些内容？

答：监狱人民警察执行勤务时的法律保障主要有：

监狱人民警察依法执行职务，受法律保护。根据《人民警察法》第5条和《监狱法》第5条的规定，人民警察依法执行职务，受法律保护。监

狱的人民警察依法管理监狱，执行刑罚，对罪犯进行教育改造等活动，受法律保护。

问：监狱人民警察执行勤务时的社会保障有哪些内容？

答：监狱人民警察执行勤务时的社会保障主要有：

（1）公民和组织有义务支持和协助监狱人民警察依法执行职务。根据《人民警察法》第34条和《监狱法》第44条、第68条规定，人民警察依法执行职务，公民和组织应当给予支持和协助。公民和组织协助人民警察依法执行职务的行为受法律保护。监区、作业区周围的机关、团体、企业事业单位和基层组织，应当协助监狱做好安全警戒工作。国家机关、社会团体、部队、企业事业单位和社会各界人士以及罪犯的亲属，应当协助监狱做好对罪犯的教育改造工作。

（2）拒绝、妨碍监狱人民警察依法执行职务的行为，要承担相应的法律责任。根据《人民警察法》第35条的规定，拒绝或者阻碍人民警察依法执行职务，有下列行为之一的，给予相应处罚：公然侮辱正在执行职务的人民警察的；阻碍人民警察调查取证的；拒绝或者阻碍人民警察执行追捕、搜查、救险等任务进入有关住所、场所的；对执行救人、救险、追捕、警卫等紧急任务的警车故意设置障碍的；有拒绝或者阻碍人民警察执行职务的其他行为的。以暴力、威胁方法实施前款规定的行为，构成犯罪的，依法追究刑事责任。

（3）监狱人民警察的警用标志、制式服装受法律保护。根据《人民警察法》第36条的规定，人民警察的警用标志、制式服装、警械、证件为人民警察专用，其他个人和组织不得持有和使用。违反规定的，没收非法制造、贩卖、持有、使用的人民警察警用标志、制式服装、警械、证件，予以治安管理处罚；构成犯罪的，依法追究刑事责任。

问：监狱人民警察应当遵守哪些纪律？

答：监狱人民警察应当遵守的纪律主要包括以下内容。

监狱的人民警察不得有下列行为：（1）索要、收受、侵占罪犯及其亲属的财物；（2）私放罪犯或者玩忽职守造成罪犯脱逃；（3）刑讯逼供或者体罚、虐待罪犯；（4）侮辱罪犯的人格；（5）殴打或者纵容他人殴打罪犯；（6）为谋取私利，利用罪犯提供劳务；（7）违反规定，私自为罪犯传递信件或者物品；（8）非法将监管罪犯的职权交予他人行使；（9）其他违法行为。监狱的人民警察有以上行为，构成犯罪的，依法追究刑事责任；尚未构成犯罪的，应当予以行政处分。

第三节　监管对象

监狱对罪犯实行惩罚和改造相结合、教育和劳动相结合的原则，将罪犯改造成为守法公民。

——《中华人民共和国监狱法》第 3 条

◉ 事例

穿过一道又一道的铁门[1]

罪犯李林（化名）曾是某村办企业的法定代表人，手下有 60 多名员工，后来他还当上了村主任。2015 年 7 月，李林因非国家工作人员受贿罪被法院判处有期徒刑 6 年。

"下了囚车后，我的腿已经软了，一直在想日子该怎么熬过去。"

今年 44 岁的李林，进入监狱两个半月。记者在监狱见到了他。

李林说，任企业法定代表人期间，他收受了别人贿赂的一辆奥迪车及部分现金后，允许行贿人使用自己所在村办企业的工程资质承揽生意。不久前，他受贿的事情败露，并被判刑入狱。

---

[1]"揭秘罪犯入监：接受入监教育前先隔离 1 个月"，载人民网，最后访问时间：2015 年 10 月 26 日。

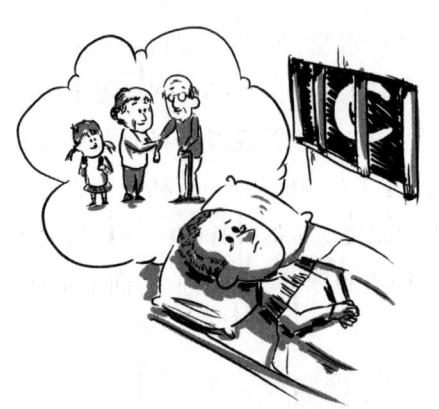

李林至今还记得刚刚入监时的忐忑。"穿过一道又一道的铁门，囚车停下了，我下车的时候都没站稳，心里只想着以后的路该怎么走。"李林称，在看守所时，自己就听几个多次"进宫"的犯罪嫌疑人说监狱的环境和管理有多严格，所以下囚车后，他的腿都软了。

在入监后的第一天晚上，李林失眠了。"在来监狱服刑前，我在看守所吃、睡都不习惯。"李林称，最初被法院判刑后还没来监狱时，他就整天晚上睡不着觉，一直在想以后6年的日子该怎么熬过去。

在李林入监第二天，民警就找李林谈话，试图了解李林的想法。但民警碰了壁，"尽管有问必答，但他总是靠着椅背，一副居高临下的姿态"。第一次谈话，李林给民警留下了这样的印象。实际上，李林是没有认清自己，他虽然口头上承认自己的罪行，但他从来不反思自己怎么成为了一名罪犯。

民警说，李林在监狱服刑初期，表现得很孤僻，不仅不与其他罪犯交流，连吃饭、打饭、刷碗也都是一个人排在队伍最后。就当初的行为，李林对记者说："我周围都是罪犯，还有'几进宫'的，素质太低，我不愿与他们为伍。"

曾经的优越感还让李林一直无法融入服刑的集体生活，学习叠被子、进行队列训练，他差不多用了半个月的时间。"我以前是村干部，我怎么会干这些？"李林说，在来监狱服刑之前，自己就没动手叠过被子。李林说，自己学得慢，倒不是因为动手能力差，主要还是因为心理上接受不了，"老是想不通自己为什么会在这里，所以学什么都慢，有抵触情绪"。自己虽然表面都是按照规定进行学习和训练，但是口服心不服，总是抱着一种糊弄的心态，觉着日子能一天天混过去。

此后不久，民警再找李林谈话。当时，民警提出了三个问题让李林思考：你是什么人、这是什么地方、你到这里干什么。

李林说，当时面对民警的提问，自己感觉当头被打了一棒，"我竟然无言以对。我来监狱就是服刑来的,以前的事情都已经过去了,覆水难收,我现在只能向前看,那就是积极改造自己"。李林称,此后他开始反思自己。

李林说,此后他的态度慢慢发生了转变,每天除了背诵并学习《监狱服刑人员行为规范》《弟子规》《光明行》等内容外,还给家人写了被羁押以来的第一封信。"自从被抓后,我一直没有跟家人联系,不知道怎么面对他们。那时候我很自私,根本也不考虑家里人对我有多担心,但是通过学习法律知识以及《弟子规》《光明行》后,我发现我以前  的做法太自我了。"他入监后的第一个国庆节,李林的家属会见了李林。李林告诉他们自己的心理负担已经彻底消除了,他会更加努力学习和改造,争取减刑。

如今,李林已经习惯了整理内务、上课、练队列……每天都有新的学习内容,民警们通过法律常识、监规纪律、监狱日常规范、心理健康等方面的教育,努力提高罪犯的身份意识、改造意识和遵规守纪意识。"这里就像一所社会大学堂。我和其他人没什么不一样,相比他们来说,我也许更要改造自己的人生观、世界观。"李林说,"从一名企业一把手到罪犯,我虽然认罪了,却一直没有严肃地思考过这个问题。民警的管教让我认识了自己今后的改造方向。"

以上事例介绍了一名在监狱关押的罪犯接受监管改造的情况。监狱的监管对象是依法被判处刑罚并在监狱服刑的罪犯。

一、罪犯的属性

(一) 罪犯的政治属性

从政治的角度看,罪犯是国家惩办和改造的对象。根据我国《宪法》

第28条的规定，国家惩办和改造犯罪分子。在监狱服刑的罪犯是国家惩办和改造的对象。这充分显示了监狱作为人民民主专政的工具这一根本属性。作为惩办的对象，罪犯要接受监狱依法加于其身的刑事处罚。作为改造的对象，罪犯要接受监狱依法施予的各种改造。无论惩罚，还是改造，都带有国家的强制力，都是强迫进行的，在押罪犯必须接受。应当看到，在我国，改造是由监狱主动发起的，监狱是主体，通过监狱人民警察组织实施改造。此时，罪犯是被迫的受体。但随着改造进程的不断推进，罪犯由被迫变为主动，开始自觉改造、自我改造。监狱与罪犯双方的良性互动，使得大部分罪犯由"要我改造"演变成"我要改造"。

应当注意，虽然罪犯属于国家惩办和改造的对象，但罪犯也是人，具有作为人的固有的尊严和人格。我国宪法第33条明确规定，国家尊重和保护人权。这一规定同样适用于在押罪犯。人权涉及人道和权利两个概念。从人道的角度看，我国监狱对罪犯的改造，既符合人民的根本利益，又符合罪犯自身的切身利益，极具人道主义内涵和精神。从权利的角度看，在执法实际中，监狱对罪犯的合法权利加以切实保护，体现了对权利的尊重。可以说，罪犯权利保障与坚持人民民主专政之间没有任何的冲突，相反双方呈现互相促进的关系。

(二) 罪犯的法律属性

从法律的角度看，罪犯是接受刑罚处罚的对象。也就是说，他们是法律意义上的罪犯。首先，罪犯身份的认定具有严格的法定性。罪犯这一法律身份是法定机关依照法定程序确定的。只有经过人民法院的刑事审判活动，并作出生效裁判之后，才能将实施危害社会行为的公民确定为罪犯身份。其次，罪犯身份的存在具有严格的时空限定性。被判处刑罚并入狱服刑的罪犯，只在所判刑期之内具有罪犯身份，一旦刑罚执行完毕，其法律意义上的罪犯身份则告终止。

应当注意，具有罪犯身份的人，其原有的国家公民的身份并没有发生改变。根据我国宪法的规定，凡具有中华人民共和国国籍的人都是中华人民共和国公民。具有我国国籍的罪犯，入狱前是我国的公民，入狱后仍然是我国的公民。任何公民（包括罪犯）既享有宪法和法律规定的权利，同时又必须履行宪法和法律规定的义务。

(三) 罪犯的社会属性

从社会的角度看，罪犯是被依法强制与社会隔离的对象。罪犯因其犯罪行为给社会带来严重的危害，必须依法接受刑罚的处罚。《监狱法》第2条第2款规定："依照刑法和刑事诉讼法的规定，被判处死刑缓期二年执行、无期徒刑、有期徒刑的罪犯，在监狱内执行刑罚。"这里之所以强调"监狱内"，就是指出监狱执行刑罚，必须采用监禁的方式，实现罪犯与社会的隔离。所以，罪犯是被依法强制与社会隔离的对象。

必须看到，在押罪犯虽然处于与社会相对隔离的监禁状态，但仍然是社会的组成部分。尽管现实中仍存在各种偏见，但整体上看，我们的社会并没有将罪犯排斥在外，更没有将其视为社会的"另类"，而是始终期待他们洗心革面，顺利重返社会。在促使罪犯回归并融入社会的过程中，监狱人民警察身负极其重要的社会责任。在押罪犯也必须充分意识到自己身上的社会责任，自觉服从监狱人民警察的管理，主动接受社会积极力量的帮教，争取早日以守法公民的身份重新融入社会。

二、罪犯的权利

在押罪犯的权利，是一个相对的概念，是相对于罪犯在监狱服刑之前，作为自由公民的权利而言的，也就是说，罪犯的权利是由自由公民的权利转变而来的。那么，罪犯的权利较之服刑之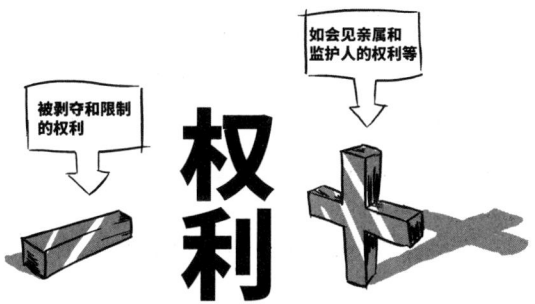
前自由公民的权利发生了哪些变化呢？这里为了便于理解，用"减加"来表示。"减"是指罪犯被剥夺和限制的权利，如人身自由等。"加"是指在监狱服刑期间新增加的权利，如会见亲属和监护人的权利等。

(一) 监狱服刑期间依法被剥夺的权利

1. 罪犯在服刑期间的人身自由被剥夺

被判处有期徒刑，交付执行时剩余刑期在三个月以上的罪犯，和被判处无期徒刑的罪犯，在监狱内对其执行刑罚，其所承受的刑罚属于自由刑。被判处死刑缓期执行的罪犯，所承受的刑罚属于生命刑，但在缓期执行期间应用自由刑的执行方式，由监狱执行监禁，并强制实施改造，以观后效。上述罪犯在监狱服刑期间，被剥夺人身自由。人身自由的剥夺，还不同程度地波及罪犯其他权利，一些以人身自由为前提和基础的权利处于无法实现的状态。

2. 部分罪犯在服刑期间的政治权利被剥夺

在监狱服刑的罪犯当中，有一部分人的刑事判决在主刑以外还有剥夺政治权利的附加刑。剥夺政治权利是剥夺下列权利：选举权和被选举权；言论、出版、集会、结社、游行、示威自由的权利；担任国家机关职务的权利；担任国有公司、企业、事业单位和人民团体领导职务的权利。附加剥夺政治权利的刑期，从徒刑执行完毕之日或者从假释之日起计算；剥夺政治权利的效力当然施用于主刑执行期间。因此，这部分罪犯在服刑期间的政治权利被剥夺。

这里需要说明的是，被剥夺政治权利的罪犯，其选举权被依法剥夺。但是，未被剥夺政治权利的罪犯，依法享有选举权，对这部分罪犯经选举委员会和执行监禁的机关共同决定，可以在原户籍所在地参加选举，也可以在执行场所参加选举；可以在流动票箱投票，也可以委托有选举权的亲属或者其他选民代为投票。

(二) 监狱服刑期间依法受限制的权利

在押罪犯权利受到被剥夺人身自由这一现实的重大影响，罪犯的一部分权利因其失去自由而无法自主行使。

1. 受限制的夫妻同居权

夫妻同居权，对于在押罪犯也是受到限制的权利，罪犯通常情况下不得离开监狱，与其配偶没有接触的机会，夫妻同居的权利也就成了受限制的权利。但是，如果监狱为罪犯提供了夫妻同居的机会，如罪犯在暂予监外执行和离监探亲期间，夫妻的同居权可以暂时实现。

2. 受限制的生育权

罪犯的生育权，与夫妻同居权联系紧密。正常情况下，也是在得到监狱提供的机会后才有了实现的可能。

3. 受限制的监护权

在押罪犯对未成年子女或其他应当受到监护的公民的监护权，因其处于与社会隔离的状态而无法实现。

4. 受限制的社会活动权利

在押罪犯因为处在与社会相隔离的状态，参加社会活动的权利受到限制，许多社会活动不能参加。凡是以人身自由为实现基础的权利，在押罪犯都不能正常行使。比如到狱外参加学习、参加劳动、经商、观看演出，甚至是到商场购物，这些都是被限制的。由此也反映出自由刑的极大痛苦性，剥夺自由本身就有其固有的痛苦，还波及许多以人身自由为实现前提的公民权利，致使这些权利成为悬空搁置、无法正常落地的权利。

(三) 监狱服刑期间依法享有的权利

1. 生命权和健康权

生命权和健康权是罪犯最基本的生存权。罪犯具有在被服、食物、居住、医疗卫生等方面获得基本生活保障的权利。

2. 人格尊严和人身安全权

罪犯的人格不受侮辱，人身安全不容侵犯。我国《监狱法》第14条明文规定，严禁监狱人民警察实施侮辱罪犯人格的行为，严禁刑讯逼供或者体罚、虐待罪犯，否则要追究行为人相应的行政责任及刑事责任。

3. 财产权及继承权

罪犯的合法财产，依法受到保护。罪犯入监时带来的非生活必需品，由监狱代为保管，待释放时发还；罪犯有正当用途时，可准予领取和使用。同时，罪犯依法享有继承权。

4. 申诉、控告、检举权

(1) 申诉权。罪犯对生效的判决不服的，可以提出申诉。对于罪犯的申诉,人民检察院或者人民法院应当及时处理。

（2）控告权。在押罪犯在自身合法权益受到侵害时,有向监狱机关、公安机关、监察机关和人民检察院提出控告的权利。

（3）检举权。在押罪犯对监狱内外他人的违法犯罪行为,特别是司法机关、刑罚执行机关及其工作人员的渎职侵权等行为,有向有关国家机关检举揭发的权利。

5. 会见权

在押罪犯在被监禁期间,处于与外界相隔离的状态,但是隔离不等于隔绝,罪犯可以依照规定享有会见亲属和监护人的权利。根据《监狱法》第48条的规定,罪犯在监狱服刑期间,按照规定,可以会见亲属、监护人。

6. 通信权

根据《监狱法》第47条的规定,罪犯在服刑期间可以与他人通信,但是来往信件应当经过监狱检查。监狱发现有碍罪犯改造内容的信件,可以扣留。罪犯写给监狱的上级机关和司法机关的信件,不受检查。

7. 知情权

罪犯对服刑改造过程中对涉及自身利益的监狱执法信息依法享有知情权。这些信息包括静态信息和动态信息。前者有"监狱的性质、任务和职责权限""罪犯的基本权利和义务""监狱人民警察的纪律要求""对监狱工作进行举报投诉的方式和途径"等信息。后者有自己在计分考核、分级处遇、奖惩、刑罚变更、考试成绩、劳动情况、个人钱款账户等方面的信息,但不包括涉及国家秘密、工作秘密和其他罪犯个人隐私的信息。

8. 个人发展权

实现人的全面发展,是马克思主义的精髓之一,也是人权保障的最高追求。发展权对在押罪犯来说,又具有特定的内涵,那就是围绕重新回归人民的行列、重新成为守法公民、重新成为社会合格成员,过上与其他社会成员一样的好生活,在押罪犯要洗心革面,自我改造,自觉改造。我国监狱尊重和保护在押罪犯的发展权,并为此付出了巨大的努力。

三、罪犯的义务

(一) 遵守宪法、法律和法规的义务

罪犯必须遵守宪法,必须认清自己是国家惩办和改造的对象,必须遵守宪法规定的公民的基本义务。在押罪犯还要遵守刑法、监狱法以及国务院制定的行政法规,做一个守法之人。根据《宪法》第5条的规定,一切违反宪法和法律的行为,必须予以追究。这一规定,同样适用于在押罪犯在服刑期间的违法和又犯罪的行为。

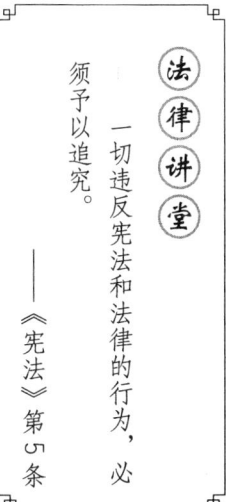

法律讲堂

一切违反宪法和法律的行为,必须予以追究。

——《宪法》第5条

(二) 遵守监规纪律的义务

监规纪律是监狱根据我国法律和执行刑罚、改造罪犯的实际需要而制定的罪犯行为守则,是国家刑罚赖以实现的重要手段。司法部颁发的《监狱服刑人员行为规范》规定了罪犯在服刑期间必须遵守的基本规范、生活规范、生产劳动规范、学习规范、文明礼貌规范,是监管纪律的集中体现。在押罪犯有遵守监规纪律的义务。对于违犯监规纪律的行为,监狱依法制止、惩处。

(三) 服从管理的义务

罪犯有服从监狱人民警察依法管理的义务。《监狱法》第5条规定,监狱的人民警察依法管理监狱、执行刑罚、对罪犯进行教育改造等活动,受法律保护。监狱人民警察与在押罪犯之间,形成管理者和被管理者的特定关系。这种管理的特定性源自于国家刑罚严厉的强制性,国家刑罚通过国家法律授权监狱人民警察来具体实施。因此，在押罪犯必须尊重监狱人民警察的神圣职责，维护监狱人民警察的执法权威，服从监狱人民警察的命令，听从监狱人民警察的指挥。

（四）接受改造的义务

罪犯有接受政治改造、监管改造、教育改造、文化改造和劳动改造的义务。罪犯要在监狱的统一安排下，参加政治思想教育，接受行为养成训练，接受集中教育和个别教育，参加各种文化活动，有劳动能力的罪犯，必须参加劳动。

● 延展

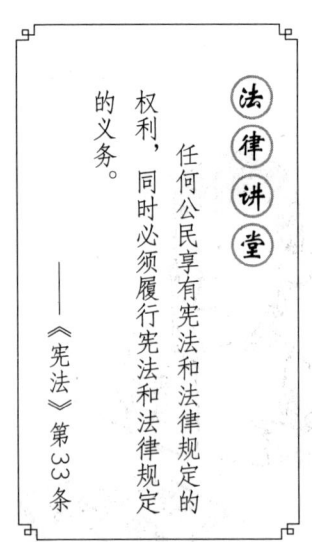

法律讲堂

任何公民享有宪法和法律规定的权利，同时必须履行宪法和法律规定的义务。

——《宪法》第33条

问：如何正确理解罪犯权利与义务的关系？

答：根据《宪法》第33条的规定，任何公民享有宪法和法律规定的权利，同时必须履行宪法和法律规定的义务。对于罪犯也是如此。享有权利是履行义务的基础，履行义务是实现权利的保障。罪犯只有严格履行义务，才能保证个人权利的充分实现；如果不认真履行义务，甚至实施违反国家法律法规及监规纪律的行为，那么自己的权利可能会依法受到相应的限制或剥夺。因此，罪犯的权利和义务是相互依存、相互促进的关系。

第四节　监管改造

坚守安全底线，践行改造宗旨。

——司法部党组

● 事例

监管与看护并行　治疗与改造相伴[1]

北京市有唯一一所集中关押传染病罪犯的监狱，艾滋病犯监区是这所监狱中较为特殊的监区，毒瘾、犯罪经历和诸多病症常在这里的罪犯身上并存着，监狱民警肩负着教育改造、看护治疗的职责，同时还时刻面临着被感染的风险。

12月1日，第31个世界艾滋病日，记者来到这里，探访与艾滋病病毒日夜相伴的他们，以及他们背后的故事。

李警官，27岁，从部队转业到监狱刚满两年，却已是艾滋病监区颇受欢迎的民警。年轻、高知、热情，成为拉近他与这些艾滋病犯的"砝码"。不过，在教育改造艾滋病犯时，如何保持安全距离，李警官并非没有纠结。

因为有过部队历练，李警官初到艾滋病监区时并没有太多不适。他对艾滋病犯没有任何歧视心理，也很愿意和他们聊天沟通。但他也逐渐了解到，病犯们很多都患有肝炎、梅毒、皮肤病等多种并发症，非常容易传染。

管理艾滋病犯不容易，李警官觉得自己"身兼数职"：既是教师，也是医生，还是看护。"艾滋病犯很多都非常孤僻，他们的心声需要有人去

---

[1] 摘自"监管与看护并行　治疗与改造相伴"，载《法制日报》2018年12月2日，记者黄洁、张雪泓。

倾听。"李警官说，除了每天几乎上百次出入监区执行送药、送水、组织活动等大大小小的常规事务外，他还得想方设法走进他们的内心。

班里有一名罪犯性格非常孤僻，谁都不理，还总在会见日跟家人抱怨其他罪犯欺负他。李警官调查了一番，发现这名罪犯所谓的被欺负都是编造出来的，目的是得到家人更多的同情。于是，李警官主动走近他，整整4个月，只要班内组织活动就拉上他，只要有时间就去跟他聊天。起初，谈话完全是自说自话，换不来对方一点反应。但在李警官的坚持下，这名罪犯最终还是打开了心扉，并主动找他谈话。

每所监狱内都设有一所医院，专门为在押的罪犯进行治疗。郭警官就是一所监狱医院传染科的一名医务民警，且对口治疗艾滋病犯。

郭警官介绍，艾滋病犯在确诊并被监狱收押以后，医院会对其进行全面体检并对病情进行评估，然后针对每个人制订不同的治疗方案。平时的抗病毒药物都是由他开具长期医嘱，由护士配药，再由监区民警每天取药、发药，监督罪犯按时用药，保证罪犯进行不间断的抗病毒治疗。

31岁的郭警官，结婚不到一年。从2016年初到艾滋病监区后，他每周都要下监区巡诊两次，且随时准备入监区处理紧急发病情况。和监区其他民警一样，面对诊疗对象，郭警官也面临职业暴露的风险。

对于每天都面对着感染风险的一线民警，监狱相关负责人直言"心疼"，对民警来说，他们与艾滋病犯在一起的时间比与妻子、父母在一起的时间多得多，他们工作非常辛苦，还要长期面对感染风险。但社会对于这一民警群体，仍缺少足够的照顾和关爱，希望他们的付出能够更多地被理解。

这所监狱秉承"在治疗中改造"的理念，不断完善管理手段和管理规范，并配合严格的医疗辅助，在帮助艾滋病罪犯恢复身体机能的同时，安排适合他们的活动内容，使其重拾生活信心。同时，监狱对罪犯严格管理、严格教育，提升其身份意识，并通过日常制度、行为规范、自身修养等教育，促使他们改造转化、重新做人。

以上事例介绍了监狱对艾滋病罪犯实施监管、治疗和转化的过程，其中涉及的对罪犯的日常管理、生活卫生和医疗保障等内容都属于监管改造的范畴。监管改造是我国监狱机关通过监狱人民警察依法、强制剥夺在监狱内服刑罪犯的人身自由，维护监狱安全稳定并履行自身改造职能的刑事执法活动。

一、监管改造的构成

监管改造是监狱的执法活动，基本上涵盖监狱的狱政管理、刑罚执行、生活卫生管理等业务。

依法强制剥夺罪犯的人身自由，是监管改造的根本性内容。依法在监狱内服刑的罪犯当中，无期徒刑和有期徒刑属于自由刑，以剥夺罪犯的人身自由为实现方式。死刑缓期二年执行是我国法律规定的生命刑的一种执行方式，本质上属于剥夺罪犯的生命，但在其缓期执行期间以剥夺人身自由的方式执行。总之，监狱对罪犯的刑罚执行均以剥夺人身自由为实现方式。在监狱执法实践中，对罪犯人身自由的剥夺又被称之为监禁，即严格将服刑罪犯的活动范围限定在监狱内，除非确有正当理由，罪犯不得离开监狱，这就是刑罚意义上的惩罚。监狱惩罚罪犯的任务就是通过监管改造来实施和实现的。

依法维护监狱安全稳定，是监管改造的基础性内容。安全稳定是监狱工作的基本要求。没有一个安全稳定的环境和局面，监狱所有工作必将受到严重干扰，处于无序状态。"不以规矩，不能成方圆"，监管改造通过规范化监管，营造安全环境，建立监管流程，维护监管秩序，防控监管风险和应对监狱突发事件，为其他改造手段的顺利实施提供基本保障。

履行监管改造自身的改造功能，是监管改造的核心性内容。新中国监狱奉行"以改造人为宗旨"的工作方针，以将罪犯改造成为守法公民为目标，形成了改造罪犯基本手段的体系。党的十八大以来，中国特色社会主义建设进入新时代，司法部以习近平新时代中国特色社会主义思想为指导，于2018年提出以政治改造为统领，形成政治改造、监管改造、教育改造、文化改造和劳动改造"五大改造"。其中，监管改造是具有特殊功能的改造罪犯的基本手段。

二、监管改造在五大改造体系中的作用

(一) 监管改造是保证其他改造活动有序进行的基础性工作

监管改造是监狱的基础性工作，为政治改造、教育改造、文化改造和劳动改造的顺利实施提供基本保障。在这个方面，监管改造具有以下功能。

1. 组织功能

组织是监管改造的基本功能。首先，我国监狱形成了"内在式"罪犯组织管理模式。监狱内的基本押犯单位实际是由人民警察和服刑罪犯混编成一体的组织，管理人员直接置身于罪犯正式组织之中，并且担任这些组织的行政领导，同时还配置有专职的政治思想工作人员。这一模式便于发挥人民警察集体力量，实现对罪犯的直接管控，也便于在罪犯群体中树立集体主义精神，建立良好的狱内人际关系。其次，我国监狱建立了直线型的罪犯基础组织架构。监狱下设押犯监区，监区下设罪犯班组，形成"监狱——监区——班组"的直线型组织形态。还有，监狱从罪犯入监一直到罪犯出监，规划设计出不同的组织形态，实现罪犯服刑的流程化，借以实现对服刑初期、服刑中期和服刑后期罪犯的分阶段管理和改造。

2. 协调功能

协调是管理的一项重要的功能。我国的监管改造是特殊的协调控制工作。一是对监狱行刑各种要素的协调。监狱行刑过程有很多的要素，如程序、时空、剥夺、处遇等，这些要素需要强有力的协调，进而整合为一个有机的整体，使刑罚的执行更富有弹性、更富有激励作用，从而具有更加强烈的改造功能。二是对各种改造手段的协调。改造罪犯已发展为多手段共同作用的活动，各种手段需要整合协调，使之形成合力，避免出现互相牵制或者争夺时间、空间等不和谐现象。

3. 控制功能

控制是监管改造的又一个重要功能，是整个监狱活动的重要问题。控制是指监狱以及时有效的控制措施，为监管改造罪犯提供信息、管制、秩序等必要的基础状态与条件，使监管改造工作安全有效地运行。

第一,控制罪犯的再犯机会和能力。监狱依据国家的强制力,依法实现罪犯与社会相对隔离,以此净化社会环境。但是,罪犯不是自愿而是被强制进入监狱这一隔离区的,是被迫接受剥夺人身自由的刑事处罚,刑罚

坚决反对这种行为

的惩罚所带来的痛苦感,可能会促使其想尽办法早日离开监狱。而罪犯一旦非法逃离监狱,就会扰乱社会秩序,并有可能继续危害社会。因此,监狱历来将防止罪犯脱逃、越狱,控制其对社会的再次危害机会和能力,列为监狱安全的一件大事。

第二,预防和减少狱内犯罪。罪犯在狱内服刑,其社会危害性不会自然消失,仍是"高危人群"的一份子,罪犯在监狱内仍有实施犯罪行为的可能。监狱通过对狱内犯罪的预防、控制和处理,为罪犯服刑改造提供安全稳定的环境,并对罪犯人身安全、管理人员的人身安全以及国家和公民财产安全加以切实的保护。狱内的安全,表面上看起来是一个监狱内部的管理问题,但从社会功能的角度看,也是维护社会稳定的重要措施。

(二)监管改造是具有独特功能的基本改造手段

在政治改造为统领的"五大改造"中,监管改造不仅为其他改造的顺利实施发挥着基础性的保障作用,其本身还是具有独特功能的改造罪犯的基本手段。监管改造自身的改造作用具体表现在以下几个方面。

1. 行为养成

良好的习惯是成功的一半,良好的习惯会使人受益终身。促使养成良好的集体生活习惯,是监管改造的一项长期性基本业务。罪犯来到监狱服刑,身上往往携带着各种轻重不同的恶习、陋习,这些恶习、陋习像病毒一样侵蚀着罪犯的心灵,是罪犯新生路上的绊脚石。正所谓"习闲成懒,习懒成病。"恶习和陋习往往根深蒂固,绝非一朝一夕就能改变。也会成为一种极具破坏性的力量,因此,消除恶习,摒弃陋习,是监管改造的重要

任务。监管改造通过严格的管理，对罪犯的生活、内务、言行、举止、交往等方面，都要按规定要求去实施，做到不折不扣，一丝不苟。久而久之，严格的管理就会使罪犯养成良好的行为习惯，摒弃各种恶习和陋习。

2. 保障感化

罪犯的狱内生活，一向被视为监狱的基本问题，是监管改造的基本内容之一。我国监狱对罪犯的生活卫生、会见通信等管理，以科学文明为准则，充分发挥出人道主义的保障和感化作用。

3. 考核评价

我国的监管改造实行明确的、系统的量化和定性考核，将预期的改造目标和罪犯服刑行为要求，以规范的形式、标准的形式，公开昭示出来，让罪犯对照检查，争取达标。罪犯考核的结果与罪犯的切身利益紧密相连，旨在焕发罪犯活力，发挥引导作用。

4. 激励督导

在现代管理科学中，激励理论是一系列有效管理方式和方法的科学总结。将激励理论引入监管改造之中，充分运用各种激励手段改造罪犯，为监管改造增添了重要的改造功能。监管改造还致力于建立科学的奖励体制，依法运用奖励手段，充分激发和强化罪犯积极改造的内在驱动力。

5. 惩戒威慑

罪犯入狱后，要接受监禁和管理。特殊的监禁条件和监禁环境，对罪犯可以产生必要的震慑作用，使其切身感受刑罚所固有的痛苦和国家法律的威严，这是迫使罪犯萌发和强化改造动机的不可或缺的外因；监狱管理中的处罚措施和戒备手段的运用，也迫使罪犯初步认识到，踏踏实实改造才是惟一正确的出路。

● 延展

问：监管改造具有哪些典型特征？

答：监管改造具有依法管理和强制实施两个典型特征。

（1）依法管理。自有监狱以来，监狱的管理经历了由人治到法治的质变。在人治时代，被监禁人的管理听凭"狱官擅自决断"。而今的监管改造，事关罪犯切身利益，事关惩罚和改造罪犯的成效，事关社会安全稳定的大局，必须融入全面推进依法治国的法治进程之中。监管改造要实现依法管理，必须解决监管改造要依据哪些法的问题。监管改造的法律依据分为四个层次。一是全国人民代表大会制定的宪法和刑法、刑事诉讼法。二是全国人民代表大会常务委员会制定的监狱法、人民警察法等法律。三是国务院制定的行政法规。四是司法部制定的行政规章。监管改造者要牢固树立宪法法律至上、法律面前人人平等、权由法定、权照法使等基本法治观念。在尊法、学法、守法、用法等环节上，监管改造者要尊崇法治、敬畏法律、了解法律、掌握法律、遵纪守法、捍卫法治、带头护法、厉行法治、依法办事，做到"心中高悬法律的明镜，手中紧握法律的戒尺"。[1]在监管改造中营造处理管理事务依法、遇到管理问题找法、解决管理问题用法、化解管理中矛盾靠法的法治环境。

（2）强制实施。强制性是监管改造的典型特征之一。监管改造的强制性来自于监狱的政治属性。监狱是人民民主专政的工具之一，承担着"惩办和改造犯罪分子"的专政职能。无论是对罪犯的惩罚还是对罪犯的改造，专政职能都以强迫为前提，既要强迫对罪犯实施惩罚，也要强迫对罪犯实施改造。政治上的强迫，转化为法律  上的强制。从法律层面看，监狱负责执行的刑罚是自由刑（有期徒刑、无期徒刑）和以自由刑为实际执行方式的生命刑（死刑缓期二年执行）。自由刑是剥夺罪犯人身自由的刑罚，监狱通过实施罪犯与社会相隔离并在监狱内进一步限定其活动范围，来实现对罪犯人身自由的剥夺。众所周知，人身自由在公民权利体系中处于仅次于生命权利的高阶，尤其重要的是人身自由是实现许多公民权利的基础。人身自由一旦被剥夺，许多权利就无法实现。自由刑给罪犯带来的痛苦和许多权利无法实现的现实，使得罪犯

---

[1] 中共中央总书记、国家主席、中央军委主席习近平2015年2月2日在省部级主要领导干部学习贯彻十八届四中全会精神全面推进依法治国专题研讨班开班式上的重要讲话。

在服刑中产生严重的抵制心理，并化为对监狱管理的对抗行为。另外，监狱关押管理的是世界上难以管理的人群，多数罪犯入监时带有行为散漫、放荡不羁、仇视社会等恶习和陋习。有鉴于此，监狱对服刑罪犯必须实行强制管理。这项活动内容属于监管改造的范围，具体表现在：强制罪犯接受管理、强制罪犯参加教育、强制罪犯依法参加劳动、强制罪犯遵守罪犯基本规范等方面。

问：在理解监管改造的强制实施特征时应当注意哪些问题？

答：在理解监管改造的强制实施特征时，应当注意以下问题。

第一，惩罚与改造相结合。惩罚，是指监狱依法对罪犯实施监禁，借以剥夺其人身自由。惩罚体现刑罚的内在属性，其目的在于实现社会公平正义。改造，是监狱依法通过管理、劳动、教育等各种手段，有系统地改变犯罪思想、矫正犯罪恶习的活动。惩罚与强制，既有联系又有区别。惩罚是对罪犯利益的剥夺，其本质是给罪犯带来痛苦，造成损害，以实现刑罚内容。凡是惩罚必然需要强制，但并非所有的强制都属于惩罚。改造作为监狱的专政职能之一，也具有强制性，但并非追求给罪犯带来痛苦和折磨，而是为了促成罪犯的良性转化。强制是具有一定程度的强力干预，其本质是为了罪犯走上正途，以实现改造目标。

第二，剥夺与保障相同步。也就是说，要在管理中剥夺被管理者（罪犯）的人身自由和部分公民权并对其合法权利予以保障。刑罚意味着剥夺，但是罪犯的人权也要得到保障。通过管理，既要实现和完成刑罚的剥夺，又要充分保障罪犯的合法权利，这是任何其他管理所没有的。在这方面，监管改造有三个作用：一是保证法律规定的刑罚必须对罪犯实行剥夺的部分，得到准确无误的剥夺。二是保证法律规定罪犯应当拥有的权利，得到充分的保障。三是除去法律规定的必须剥夺和必须保障的权利以外，有目的地将其余部分权利纳入管理调控之中，使之成为改造罪犯的引导和激励手段。

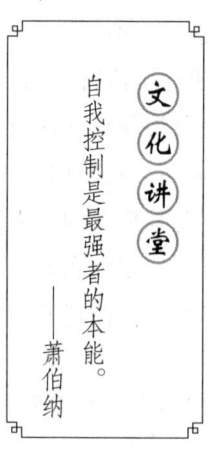

文化讲堂

自我控制是最强者的本能。
——萧伯纳

第三，强制与自觉相匹配。强制与自觉是指服刑罪犯的他律和自律。监管改造带有极强的强制性。在监狱实施惩罚方面，强制罪犯接受刑事处罚，强制罪犯遵守监规纪律；在改造罪犯方面，强制罪犯接受教育，参加劳动。自觉，是罪犯在接受强制性的管理和教育过程中，初步适应监狱生活，并产生安心服刑、积极改造的愿望，继而将遵守监规、参加学习和劳动变成自觉自愿的行动。在这一转变过程中，强制性的他律是前提，自觉性的自律是目标。

监管改造分册

第二章

理　念

第二章 理 念

我们的先人总结了事业成功的三要素:"天时、地利、人和"。要做到"人和",就需要人们同心协力,心往一处想,劲往一处使。正所谓"二人同心,其利断金"。[1]两个人同心合意,其锋利程度能把金属切开。这些都说明了统一思想认识、形成共同理念的重要性。理念是认识和观念的理性升华,来自于实践,又指导着实践。

中华人民共和国成立后,以毛泽东同志为主要代表的中国共产党人,以改造社会、改造人类的博大胸怀和远见卓识,提出了一系列改造罪犯的思想和理论。毛泽东同志指出:"所谓被改造的客观世界,其中包括了一切反对改造的人们……""人是可以改造的,就是政策和方法要正确才行"。这些科学的理念迅速武装了监狱工作者的思想,新中国监狱由此呈现出与旧社会监狱截然不同的崭新面貌,改造罪犯工作取得了举世瞩目的巨大成就。

党的十八大以来,以习近平同志为核心的党中央提出了新的发展理念,习近平同志指出:发展理念是发展行动的先导。发展理念不是固定不变的,发展环境和条件变了,发展理念就自然要随之而变。如果刻舟求剑、守株待兔,发展理念就会失去引领性。新时代的监狱工作要以新的发展理念为指导,不断更新观念,用科学的理念武装头脑,坚守安全底线,践行改造宗旨,以政治改造为统领,统筹推进监管改造、教育改造、文化改造、劳动改造。

在新时代监狱的监管改造中,应当坚持四项基本理念,即政治引领的理念,厉行法治的理念,崇尚科学的理念,彰显文明的理念。这就是本章探讨的主要内容。

---

[1]《周易·系辞上传》。

第一节 政治引领

党政军民学,东西南北中,党是领导一切的。

——习近平

● 事例

"祖国,我的祖国啊,你把我造就成了人"[1]

毛主席的建议和刘主席的特赦令所引起的欢腾景象,我至今难忘。

广播员的最后一句话说完,广播器前先是一阵短暂的沉寂,然后是一阵欢呼、口号和鼓掌所造成的爆炸声,好像是一万挂鞭同时点燃,响成一片,持久不停。

从1959年9月18日清晨这一刻起,全所的人就安静不下来了。战犯们议论纷纷。从院子里的另一头传来了大下巴的声音:"要放都放,要不放就都别放!"

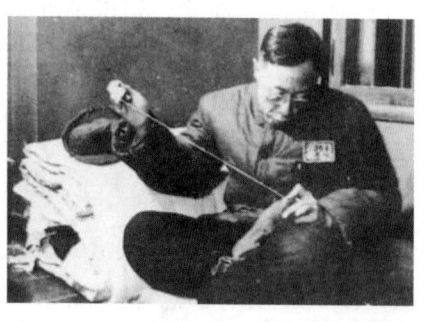

"你是自己没信心,"有人对他说,"怕把你剩下!"

"剩我?"大下巴又红了眼睛,"除非剩下溥仪,要不剩他就不会剩我。"

他说的不错,连我自己也是这样看的。大概是第二天,副所长问我对特赦的想法,我说:"我想我只能是最后一个,如果我还能改好的话。但是我一定努力。"

特赦释放,对一般囚犯说来,意味着和父母子女的团聚,但这却与我

---

[1] 摘自末代皇帝爱新觉罗·溥仪:《我的前半生》。

无太大的关系。我母亲早已去世，父亲殁于1951年，最后一个妻子也于1956年跟我办了离婚手续。即使这些人仍在，他们又有谁能像这里的人那样了解我呢？把我从前所有认识的人都算上，有谁能像这里似的，能把做人的道理告诉我呢？如果说，释放就是获得自由和"阳光"，那么我要说，我正是在这里获得了真理的阳光，得到了认识世界的自由。

特赦对我来说，就是得到了做人的资格，开始了真正有意义的新生活。十年来的经历和学习，使我弄清了根本的是非。这十年间，抗美援朝的胜利，日本战犯的认罪，中国在外交上的胜利和国际声誉的空前提高，国家、社会、民族的变化，包括我的家族以及往最小处说，例如我自己体质上的变化，这一切奇迹都是在共产党——十年以前我对她只有成见、敌意和恐惧——的领导下发生的。这十年来的事实以及一百多年的历史，对我说明：决定历史命运的，正是我原先最看不起的人民；我在前半生走向毁灭是必然的，我从前特靠的帝国主义和北洋反动势力的崩溃也是必然的。我明白了从前陈宝琛、郑孝胥、吉冈安直以及神仙菩萨所不能告诉我的所谓命运，究竟是什么，这就是老老实实做一个自食其力、有益于人类的人。和人民的命运联结在一起的命运，才是最好的命运。

"哪一方面是对的，便站到哪一方面去。"

这是需要勇气的。特赦令给我鼓起了勇气，而且对每个人都一样。

我们学习、劳动更起劲了。许多人等待着下次的学习评比。食品加工组做出的豆腐又白又嫩，畜牧组的猪喂得更上膘了，我们医务组消除了任何差误，甚至连大下巴也老实起来，没跟人吵过嘴。

又一个多月过去了。一天晚上，副所长找我谈话，谈起特赦问题，问我："这两个月你怎么想的？"

我把我前面想的说了，并且认为有几个人改造得不坏，我举出了畜牧组的、食品加工组的，以及上次学习评比得奖的几个人。

"你现在比较容易想到别人的长处了。"副所长笑着说，"如果特赦有你，你如何想呢？"

"不可能的。"我笑笑说。

不可能的。我回到屋里还是这样想。"如果……有呢？"一想到这里，我忽然紧张起来。后来想，将来会有的，还要一个相当长的时间。总之，希望是更大了。我不禁幻想起来,幻想着我和老万、小瑞他们一样,列身在一般人之间,做着一般人的事,我幻想着可能由劳动部门分配到一个医疗单位,当一名医务助理员,就像报上所描写的那样……但是,这是需要一个相当长的时间的,需要等到人民批准了我,承认我是他们中间的一分子。想着未来的幸福,我几乎连觉都睡不着了。

第二天,得到了集合的通知,我们走进了俱乐部大厅,迎面看见了台上的巨幅大红横披,我的呼吸急促了。横披上写着的是:"抚顺战犯管理所特赦大会"。

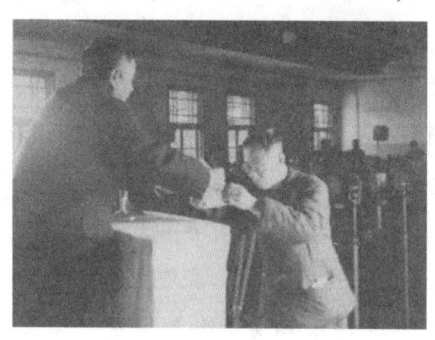

台上坐着最高人民法院的代表、两位所长和其他一些人。台下是静悄悄的,似乎可以听见心跳的声音。

首长简短地谈了几句话之后,最高人民法院的代表走到讲台当中,拿出一张纸来,念道:

"爱新觉罗·溥仪!"

我心里激烈地跳动起来。我走到台前,只听上面念道:

中华人民共和国最高人民法院特赦通知书

遵照1959年9月17日中华人民共和国主席特赦令,本院对在押的伪满洲国战争罪犯爱新觉罗·溥仪进行了审查。罪犯爱新觉罗·溥仪,男性,五十四岁,满族,北京市人。该犯关押已经满十年,在关押期间,经过劳动改造和思想教育,已经有确实改恶从善的表现,符合特赦令第一条的规定,予以释放。

中华人民共和国最高人民法院
一九五九年十二月四日

不等听完,我已痛哭失声。祖国,我的祖国啊,把我造就成了人!

——引自爱新觉罗·溥仪《我的前半生》

末代皇帝爱新觉罗·溥仪在《我的前半生》中讲述了他获得特赦的经过,他在战犯管理所关押期间,多次由衷地表达了对中国共产党、中华人民共和国和中华民族的高度认同感。我国监管改造罪犯工作从新中国成立初期就非常重视政治的引领作用，在五大改造的推进中，政治引领的理念又上升到了一个新的高度。

政治引领的理念，根植于监狱的根本属性，是指监狱机关在新时代监管改造罪犯过程中，坚持党的绝对领导、坚持总体国家安全观、自觉遂行重大政治任务的基本观念。

一、坚持党的绝对领导

中国共产党是中华人民共和国的执政党，坚持党的领导是中国特色社会主义建设的根本保证。在中国特色社会改革和建设中，党是领导一切的。监狱工作也不例外，必须绝对服从党的领导。新中国监狱工作从一开始就把党的领导放在第一位，监狱的各级机关和单位都按照规定建立党的组织。与此同时，从上到下设立专门的政治工作岗位。例如，监狱一级设政治委员、监区一级设政治教导员，分别在各自管辖范围内履行党的政治工作职责。监狱民警

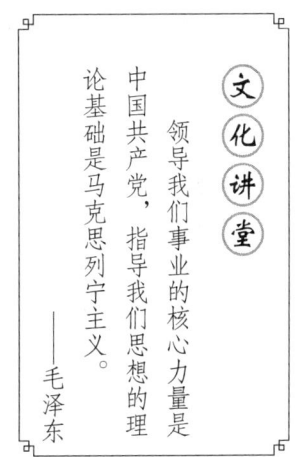

文化讲堂

领导我们事业的核心力量是中国共产党，指导我们思想的理论基础是马克思列宁主义。

——毛泽东

队伍中绝大多数是中国共产党党员或者是拥护党的领导的工作人员。党的领导是中国特色社会主义的根本保证，也是监狱正确执行刑罚、成功改造罪犯的根本保证。

二、坚持总体国家安全观

坚持总体国家安全观，是构成新时代坚持和发展中国特色社会主义的一项基本方略。党的十九大报告阐述了总体国家安全观的深刻内涵，即必须坚持国家利益至上，以人民安全为宗旨，以政治安全为根本，统筹外部安全和内部安全、国土安全和国民安全、传统安全和非传统安全、自身安全和共同安全，完善国家安全制度体系，加强国家安全能力建设，坚决维护国家主权、安全、发展利益。

在总体国家安全观的指引下，监狱机关要树立大局意识和总体观念，将监狱执法领域所涉及到的利益主体全部纳入管理视界，全面关注所有人的利益，从一面观、两面观、三面观过渡到面面观。

所谓一面观，指只关注服刑罪犯的利益，那种以犯人为本的思想就是一面观的突出表现。

所谓两面观，指同时关注服刑罪犯和监狱民警双方的利益。在以人为本的理念中，要解决"依靠谁"和"提高谁"的基本问题。监狱民警是监管改造的主体，是实施监管改造所依靠的主要力量；监管改造要取得预期的成效，也必须提高监狱民警的执法水平和改造质量。监狱执法不仅要关注罪犯利益，也必须高度关注监狱民警的利益。

所谓三面观，要求关注监管改造领域所涉及的所有人的利益。除了罪犯和警察，监管改造领域还存在许多在监狱看不见的人。例如，刑事案件的被害人及其亲友就属于这一范围内的人。一般的刑事犯罪案件都有明确的被害人，罪犯正是基于侵犯了被害人的合法利益，而触犯刑法、构成犯罪、被追究刑事责任并在监狱服刑的人。从一定意义上讲，正是因为被害人的利益严重受损才导致国家不得不动用刑罚手段惩罚犯罪人，安抚被害人。惩罚和安抚，贯穿刑事案件侦查、起诉、审判和执行每一个环节，监狱执行刑罚也不例外，只不过刑事案件的被害人在监狱内成了看不见的人。但是，只要从监管改造的各种制度设计看，监狱实际处于刑事案件的加害方（罪犯）和刑事案件的被害方（被害人及其亲属）之间，任何一项管理制度都力求在双方利益之间达成一种动态的平衡。形象一点讲，监狱民警好比担着一副扁担，一头挑着的是服刑罪犯，另一头挑着的是被害方。如果只考虑罪犯的利益，不考虑被害方的切身利益和感受，监狱民警身上这副担子就会失衡。

所谓面面观，就是将社会公众的利益和普遍感受考虑进去，用公正的执法效果、良好的监管成效、过硬的改造质量来回应社会对监狱活动的关切。有为才能有位，监狱和民警对社会稳定做出了切实有效的努力，自然会赢得受人尊重的社会地位。

三、 坚持深入推进扫黑除恶专项斗争

自 2018 年开始，进行为期三年的扫黑除恶专项斗争是以习近平同志为核心的党中央作出的重大决策，事关社会大局稳定和国家长治久安，事关人心向背和基层政权巩固，事关进行伟大斗争、建设伟大工程、推进伟大事业、实现伟大梦想。全面深入推进扫黑除恶专项斗争，各级各部门要坚持以习近平新时代中国特色社会主义思想为指导，提高政治占位，自觉把扫黑除恶作为重大政治任务抓紧抓好，坚决打赢这场硬仗，切实保障人民安居乐业、社会安定有序、国家长治久安。

监狱系统是扫黑除恶专项斗争的特殊战场，司法部要求各地监狱要继续做好涉黑涉恶罪犯的收押、管理、深挖、改造工作。以北京市监狱管理局为例，2019 年 6 月，扫黑除恶专项斗争进入纵深推进的新阶段以来，监狱管理局党委提高政治站位、坚持首善标准，充分发挥监狱系统在押罪犯"线索库"的优势，制定下发罪犯坦白检举违法犯罪线索摸排处置和适用奖励的工作意见，以"四个一"工作模式为切入点，即各监狱每季度召开一次全体罪犯坦白检举动员大会，管班民警每周召开一次专题班会，每月对在押罪犯逐人进行一次专门谈话，在押罪犯每月写一次坦白检举材料，持续深入开展违法犯罪线索大摸排。

在扫黑除恶的特殊战场，各监狱不断强化职能作用，始终坚持"四个严格"。一是严格罪犯收监环节，主动与市公安局监管总队加强工作对接，及时掌握涉黑涉恶罪犯送押动态，提前做好收押改造的准备工作。二是严格涉黑涉恶罪犯管控措施，严肃监规纪律，规范行为养成，净化狱内改造环境，坚决铲除牢头狱霸滋生的环境和土壤。三是严格涉黑涉恶罪犯教育改造，制定下发加强对黑恶罪犯教育改造的工作意见，明确黑恶罪犯教育转化的重点任务，尤其突出对涉黑涉恶罪犯的政治改造，达到教育一个、

影响一片的效果。四是严格涉黑涉恶罪犯刑罚执行，严格把握黑恶势力犯罪罪犯减刑假释的实体和程序条件，从严掌握黑恶势力犯罪罪犯减刑、假释、暂予监外执行适用，确保每一起案件都经得起历史的检验，不断提升刑罚执行的公信力。与此同时，还建立完善了违法犯罪线索深挖彻查、涉黑涉恶罪犯教育管控、扫黑除恶考核激励问责、专项斗争宣传发动保障四大工作机制，为建立专项斗争长效机制作出了有益尝试。

● 延展

问：自2018年开展的为期三年的"扫黑除恶"与以往的"打黑除恶"的区别体现在哪里？

答：一是重视程度不同。自2018年开展的"扫黑"，重视程度前所未有。党中央、国务院专门印发通知，整合多部门力量，集党和国家之力要把这个问题解决好。二是广度和深度不同。过去"打黑"更多是从社会治安的角度出发，强调点对点打击黑恶势力犯罪。这次"扫黑"是"从夯实党的执政根基、巩固执政基础、加强基层政权建设、维护国家长治久安的角度，在更大范围内，更全面、更深入的扫除黑恶势力，不但要打击犯罪，还要打击违法行为。三是过去"打黑"打的多，防的少。这次"扫黑"更加重视综合治理、源头治理、齐抓共管。

第二节　厉行法治

要坚持法治、反对人治。

——习近平

● 事例

他是累犯吗？[1]

罪犯向某某，男，汉族，2009年7月16日因抢劫罪被人民法院判处有期徒刑3年，并处罚金人民币2000元。判决生效后，于2009年9月23日移送监狱服刑，因该犯在服刑期间确有悔改表现，2011年9月2日，监狱所在地中级人民法院对其予以减去有期徒刑4个月，该犯于2011年10月6日刑满释放。向某某被刑满释放后又因抢劫罪，被人民法院于2012年3月21日判处有期徒刑10年9个月，并处罚金人民币4000元。判决生效后，向某某于2012年5月14日再次入监服刑，刑期执行至2022年7月27日止。

2015年4月16日，罪犯向某某提出减刑申请，监区依法对其进行立案办理。在办案过程中，办案人员注意到人民法院的生效判决书认定该犯为累犯。

在对累犯这一情节进行核实时，办案人员发现，向某某出生日期为1991年8月6日，而第一次抢劫犯罪时间为2009年2月2日，当时不满18周岁。根据2011年5月1日起施行的《刑法修正案（八）》第六条的规定，《中华人民共和国刑法》第65条第1款修改为："被判处有期徒刑以上刑罚的犯罪分子，在刑罚执行完毕或者赦免以后，在五年以内再犯应当判处有期徒刑以上刑罚之罪的，是累犯，应当从重处罚，但过失犯罪和不满十八周岁的人犯罪的除外。"向某某的前罪属未成年犯罪，依法不能将其认定为累犯，而人民法院作出的判决书将其认定为累犯，可能未考虑

---

[1] 载12348中国法网案例库，最后访问时间：2019年4月25日。

到其前罪属未成年犯罪这一情况。根据相关法律规定，如将向某某认定为累犯，会较大地影响其权益。具体影响包括：第一，原判量刑从重。根据《中华人民共和国刑法》第 65 条的规定："被判处有期徒刑以上刑罚的犯罪分子，刑罚执行完毕或者赦免以后，在五年以内再犯应当判处有期徒刑以上刑罚之罪的，是累犯，应当从重处罚"，如果没有累犯这一从重量刑情节，向某某的刑期会比原判低。第二，实际服刑时间增加。根据有关规定，如果其身份是累犯，向某某在减刑时，其起始时间及间隔时间要比其他同等条件罪犯延长 6 个月以上，每次减刑幅度要比其他同等条件罪犯减少 3 个月到 6 个月有期徒刑。因此，向某某的减刑条件将更严，减刑幅度更小，从而导致实际服刑时间增加。因涉及到对该犯提请减刑是否需要从严的原则性问题，办案人员决定暂缓对该犯减刑案件的办理并向监狱领导进行汇报。

监狱领导高度重视，因案件可能需要法院再审，要求办案人员要有高度的责任意识，并迅速做出工作部署。第一，收集案件证据、核查重点环节。查阅该犯档案正卷与副卷；针对该犯的出生日期、前罪犯罪时间等关键问题对向某某进行询问，制作询问笔录；同时向该犯户籍地公安机关发函核实该犯户籍信息。经过核查，基本认定该犯在第一次犯罪时不满 18 周岁。第二，查阅法律条文。根据《刑法修正案（八）》第 6 条、第 50 条的规定，人民法院作出判决时，《刑法修正案（八）》关于累犯的规定已经生效实施。结合案件证据和法律规定，基本认定该犯累犯情节认定错误。第三，向原判法院提出处理建议。根据刑事诉讼法规定，将证据材料及处理建议提交作出生效判决的人民法院。

人民法院对该案再次进行开庭审理后，于 2015 年 5 月 12 日作出裁定，对向某某予以改判，判处有期徒刑 10 年 3 个月，不予认定其系累犯情节。

以上事例讲述了监狱为纠正罪犯生效判决中的错误而付出的努力和收效，体现了监狱在执行刑罚中厉行法治的理念。谈到法治，必谈权利的重要性，《慎子》中有个例子，"一兔走街，百人追之，分未定也；积兔满市，过而不顾，非不欲兔，分定不可争也"。这个故事是说：一只兔子在大街上狂奔，上百号人在后面紧追，为什么呢，是因为它的所有权没有确定；集市上卖的那么多只兔子，可人们却看也不看，这不是不想要兔子，

而是所有权已经确定，不能再去争抢了。梁启超指出，这里的"分"就是指权利，"创设权利，必借法律，故曰定分止争也"。

在现代社会中，不仅需要法律，更需要法治。厉行法治的监管改造理念，主要体现在以下三个方面。

一、坚持公平正义

公平正义是人类社会的共同追求。"公者，无私之谓也；平者，无偏之谓也。"正，即居中而不偏斜；义，谓天下合宜之理。公平正义合起来的基本含义，是无私以立其身，居中以去其邪，秉天下合宜之理，止世间不平之事。由此可见，针对国家机关及其工作人员而言，公平正义是履行职责的底线和标准。

公平正义是社会主义法治的生命线。维护社会公平正义，是党的十八大作出的庄重承诺。社会公平正义的实现，离不开司法和执法公正。司法和执法公正对社会公正具有重要引领作用，司法不公对社会公正具有致命破坏作用。

刑罚执行是刑事司法的最后一道程序，监狱执法必须坚持公平正义的原则。

（一）坚持一视同仁

公平正义体现法律面前人人平等的法治精神，监狱对罪犯坚持一视同仁，注重罪犯之间的权利公平、机会公平和规则公平。所谓权利公平，是指服刑罪犯的权利不因经历、智力的

差别而有所不同，其未被剥夺和限制的公民权益要得到同等的保障与尊重。所谓机会公平，是指罪犯在涉及自身利益的一系列问题上建立公平的

竞争机制，罪犯能普遍地享受到积极改造带来的成果。所谓规则公平，包括实质性规则公平和程序性规则公平。监管改造制度要符合公平的要求，在罪犯日常考核、奖惩、提请减刑、假释等关键环节要使罪犯受到平等对待，切实排除人情、人际关系的干扰。

这里需要注意的是一视同仁与区别对待的关系。一视同仁并不排斥区别对待，区别对待是在一视同仁的基础上，根据罪犯的实际情况所作出的待遇和教育处置。

（二）法理情理交融

经过多年的努力，我国有关监狱执法的法律体系已经基本建立。但法律并不能覆盖公平正义的全部内容。监管改造中公平正义的实现，必须注重法理与情理的相互统一。情理，指社会公众的普遍感情，是大众情感的集中体现，是社会公众议事论理、判断是非的普遍标准。监管改造中遇到的各种问题，并不都是法律问题，并非所有问题都有法律来规制。有法律规制的应当进行合法性审查，没有法律规制的应当进行合理性审查。所谓的合理性审查，判断的标准就是社会公众所普遍认可的情理。在监管改造中，用法理为情理提供正当性支持，以情理强化法理施行的社会效果。在涉及罪犯处遇等社会关注的焦点和敏感问题上，监狱既要遵循法律、法规的相关规定，又要适当考虑人民群众的普遍性情感；既要维护执法的严肃性，又要考虑社会现实状况和人民群众的接受程度。这些问题的解决方案应当合法和合理的统一，使其结果尽量体现实质上的公正。

（三）法德相得益彰

国家和社会治理需要法律和道德共同发挥作用。坚持依法治国和以德治国相结合，是实现社会公平正义的主要渠道。监管改造领域也不例外，必须坚持一手抓法治、一手抓德治，大力弘扬社会主义核心价值观，弘扬中华传统美德，培育罪犯社会公德和个人品德，既重视发挥法律的规范作用，又重视发挥道德的教化作用。以法治体现道德理念，强化法律对道德建设的促进作用；以道德滋养法治精神、强化道德对法治文化的支撑作用，实现法律和道德相辅相成，法治和德治相得益彰的管理效果。

二、 全面实现依法管理

依法管理历来是我国监狱强调的管理总基调。厉行法治的理念，基础是树立依法管理的观念，破除"以法管理"的观念。依法管理和以法管理，字面上只差了一个字，还是一个谐音字，但其内涵截然不同。依法管理，意味着管理者和被管理者要依法，管理者必须接受法律规制，管理者和被管理者都在法之内，任何人不得将自己摆在法治外，更不能摆在法之上。以法管理，意味着管理者是用法律作为管理工具实施管理，是约束被管理者的手段，而管理者不受法律的规制，管理者在法之外，甚至是在法之上。依法管理中，法是规范，法是标准；以法管理中，法是工具，法是手段。依法管理是法治的精髓，以法管理是人治的表现。法治和人治的区别不在于有没有法，不是说有法就是法治，法治和人治的区别在于，前者将法置于至高无上的地位，人们仰视法律、信仰法律、遵从法律。后者将法作为管理工具使用，而同样为人的管理者则在法之上。监狱执法领域人治的遗毒如果没有肃清，没有树立法律至上的精神，就会喜欢以法去约束和指责他人，自己却不愿受法的约束，存在言不讲法，行不守法的现象。管理人员要彻底完成从人治向法治的质变，就是要真正做到依法管理，而摒弃以法管理。可谓一字定乾坤。

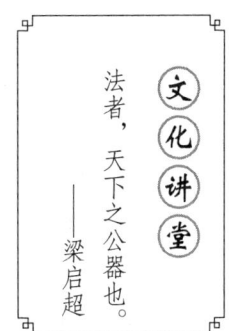

文化讲堂

法者，天下之公器也。
——梁启超

三、 明确相关法律的适用

监管改造中，对罪犯的合法权利加以切实的保障，是厉行法治的基本要求。当罪犯认为自己的合法权利受到侵害时，可以提出法律救济。处理罪犯与监狱发生的各种涉法纷争，最为重要的是明确法律适用问题。

(一) 民事诉讼法的适用问题

监狱是国家的刑罚执行机关，罪犯是在监狱被执行刑罚的对象，监狱

与罪犯之间是监管与被监管的刑事法律关系,而民事诉讼法的调整范围是平等主体之间的民事法律关系。所以,罪犯及其亲属与监狱在监管改造中出现的纷争,不属于民事诉讼的受案范围。请看以下案例。

何某诉某监狱民事赔偿案

何某因非法持有毒品罪获刑7年,于2004年5月19日到某监狱服刑。2006年8月12日,何某出现发热、抽搐等症状,监狱将其送往某卫生院治疗。次日,何某病情加剧,监狱将其转入省司法警官总医院救治。8月14日,何某因抢救无效死亡。

2007年12月20日,某市医学会作出医疗事故鉴定,认为何某病例属于一级甲等医疗事故,司法警官总医院承担轻微责任,某卫生院不承担责任。

据此,死者母亲张某起诉至某县人民法院,认为某监狱应该承担延误患者就医而导致患者死亡的民事责任;另外两家医院应该承担医疗纠纷人身损害赔偿责任,张某向监狱及两家医院索赔30万元。

某县人民法院审理后认为,何某与某监狱是监管与被监管的关系,不是平等主体之间权利义务民事法律关系。本案是医疗事故损害赔偿纠纷,属平等主体之间的民事法律关系。

2008年10月21日,某县人民法院作出判决:某监狱不是本案合适被告,依照《民事诉讼法》的相关规定,驳回死者家属张某对监狱的起诉。死者家属张某不服,上诉至某市中级人民法院,坚持认为监狱与死者的民事法律关系成立,监狱应该承担民事法律责任,请求二审法院撤销原裁定,将监狱作为被告进行审理。

某市中级人民法院组成合议庭,经审查认为:张某提起本案的诉因系医疗事故损害赔偿纠纷,监狱系国家刑罚执行机关,与何某之间是监管与被监管的关系,并非平等主体之间的民事法律关系,故一审法院根据相关法律规定,以不属于人民法院民事诉讼的受理范围为由,裁定驳回张某对某监狱的起诉并无不当。张某上诉理由不能成立,不予支持。原审裁定适用法律正确,应予维持。因此作出维持一审裁决的终审裁定。

在这起案件中,原告提出的民事诉求被驳回,其原因在于监管改造是国家的刑罚执行行为,被告监狱与死亡罪犯之间是监管与被监管的关系,并非平等主体之间的民事法律关系,不属于民事诉讼法的调整范围。但是,在监管改造中,发生在罪犯与罪犯之间、罪犯与他人之间的民事纠纷适用民事诉讼法的规定。因监狱工作人员作出与行使职权无关的个人行为时,如果与罪犯发生民事纠纷的,适用民事诉讼法的规定。

(二) 行政诉讼法的适用问题

行政诉讼是公民、法人或其他组织认为行政主体以及法律法规授权的组织作出的行政行为侵犯其合法权益而向法院提起的诉讼。包括监管改造、劳动改造和教育改造在内的监狱执行刑罚行为,不属于《行政诉讼法》的受案范围。根据相关司法解释,公安、国家安全等机关依照刑事诉讼法的明确授权实施的行为,不适用行政诉讼法。监狱是国家的刑罚执行机关,负责对判处死刑缓期二年执行、无期徒刑和有期徒刑罪犯执行刑罚。监狱执行刑罚的行为有刑事诉讼法的明确授权,所以,不适用行政诉讼法。请看以下案例。

刑满释放人员刘某某提起行政诉讼案

刑满释放人员刘某某,1998年6月在监狱服刑期间因工致伤,在治疗未愈的情况下刑满释放,同时与监狱协商达成协议,由监狱一次性支付其治疗费、补偿费计24500元,并保证不再纠缠监狱。嗣后刘某某反悔,以监狱对其治疗未予终结、支付的费用不足为由多次上访并提起劳动仲裁、民事及行政诉讼,但均被有关机构和法院驳回或不予受理。

有关部门就在押罪犯在劳动中致伤致残或者死亡如何处理问题征求最

高人民法院意见。最高人民法院经研究认为：根据刑事诉讼法和监狱法的相关规定，对于被判处死刑缓期二年执行、无期徒刑、有期徒刑的罪犯，由监狱依法组织从事生产劳动，属于监狱执行刑罚的行为。监狱依据刑事诉讼法授权实施的执行刑罚的行为不应纳入行政复议及行政诉讼的受案范围。如果监狱对罪犯的工伤补偿行为存在《国家赔偿法》第17条规定的情形，应当适用刑事赔偿程序处理。

（三）行政复议法的适用问题

行政复议是公民、法人或其他组织通过行政救济途径解决行政争议的一种方法。根据《行政复议法》和司法部《司法行政机关行政复议应诉工作规定》，对司法行政机关作出的关于行政赔偿、刑事赔偿决定不服的，可以提出行政复议。但是，对于执行刑罚的行为不能申请行政复议。例如，监狱组织罪犯生产劳动，是依据刑法、刑事诉讼法和监狱法的有关规定进行的执法活动。罪犯不是职工，不属于《劳动法》调整的范畴。罪犯在劳动中致伤、致残或死亡，应当按照监狱法的有关规定及其配套规章处理。对处理不当的，监狱管理机关应依据有关法律法规，按照公正执法和维护稳定的原则，提出处理意见，责成监狱予以纠正。依照《行政复议法》第6条和《司法行政机关行政复议应诉工作规定》第7条的规定，监狱对罪犯在劳动中致伤、致残或死亡的补偿决定行为，不属于司法行政机关行政复议范围。

（四）国家赔偿法的适用问题

国家赔偿是指国家机关及其工作人员因行使职权给公民、法人及其他组织的人身权或财产权造成损害，依法应给予的赔偿。国家赔偿由侵权的国家机关履行赔偿义务。国家赔偿分为行政赔偿和刑事赔偿两大部分，监狱被列为刑事赔偿义务主体。《国家赔偿法》第17条、第18条规定了刑事赔偿的范围，第19条规定了刑事赔偿的排除情形。根据司法部《司法行政机关行政赔偿、刑事赔偿办法》第5条规定，司法行政机关的监狱部门及其工作人员在行使职权时，有下列侵犯人身权情形之一的，应当予以刑事赔偿：刑讯逼供或者体罚、虐待在押罪犯，造成身体伤害或死亡的；

殴打或者唆使、纵容他人殴打在押罪犯，造成严重后果的；侮辱在押罪犯造成严重后果的；对服刑期满的在押罪犯无正当理由不予释放的；违法使用武器、警械、戒具造成公民身体伤害、死亡的；其他违法行为造成在押罪犯身体伤害或者死亡的。根据该办法第8条的规定，属于下列情形之一的，司法行政机关不予赔偿：与行使司法行政机关管理职权无关的机关工作人员的个人行为；在押罪犯自伤自残的行为；因公民、法人和其他组织自己的行为致使损害发生的；法律规定的其他情形。

当罪犯的合法权益因监狱及其人民警察行使职权而遭受侵害时，有权申请国家赔偿，国家赔偿是罪犯权利救济的主要方式。

根据修正后的《国家赔偿法》，刑事赔偿实行举证责任倒置的制度。请看以下案例。

叶某申请某监狱国家赔偿案

1994年12月23日，叶某因犯诈骗罪被人民法院判处有期徒刑11年，剥夺政治权利3年。1995年1月20日被暂予监外执行。1996年9月18日，叶某在被暂予监外执行期间因犯奸淫幼女罪，被某县人民法院数罪并罚判处有期徒刑15年，剥夺政治权利4年。在交付执行前，叶某以患有"舌根部恶性淋巴肿瘤"为由，申请暂予监外执行。1996年11月12日，某县公安局决定对其暂予监外执行一年；2000年5月10日，叶某获准继续暂予监外执行一年。2001年12月21日，某县人民法院以叶某病情好转为由将其送监执行。2002年2月至4月，某监狱将叶某安排在监狱医院服刑。期间，叶某以患有"舌根部恶性淋巴肿瘤"为由，向某监狱申请暂予监外执行。后经某大学附属医院（以下简称附属医院）检查，未见叶某患有舌根部恶性淋巴肿瘤的病灶和手术切除切口。2004年9月16日，叶某因左眼视物模糊要求医治，根据当时监狱医院病历记载，叶某主诉病症为左眼视物模糊呈雾状已十余年，经监狱医院检查，诊断为玻璃体云雾状浑浊。2005年6月至2006年6月期间，监狱医院针对叶某的眼病，先后采取监狱医院检查，外请附属医院眼科专家会诊、检查及至附属医院进行检查、手术等形式进行诊断、治疗。2006年6月8日，叶某经附属医院作三

面镜检查,诊断为左眼视网膜脱离、右眼视网膜色素变性;同年6月21日,叶某在附属医院眼科实施左眼巩膜外冷凝+硅胶加压+环孔手术。2006年8月、2007年1月经附属医院两次复查,手术部位环扎脊清晰,未见新鲜裂孔。2006年6月至2008年10月间,监狱医院针对叶某给予对症药物治疗。2009年11月22日,叶某刑满出狱。2009年12月19日,经某县残联指定医院进行鉴定,结论为叶某双眼视力残疾等级为一级。

2010年7月15日,叶某以在某监狱服刑期间受到监狱医院虐待致双眼残疾为由,申请国家赔偿,提出2002年3月28日被监狱医院注射8支杜冷丁药水,面部被多次电击,此后服刑期间视力下降直至双眼残疾。某监狱于2010年9月14日作出不予赔偿决定书。2010年11月26日,省司法厅复议予以维持。叶某不服复议决定,向省高级人民法院赔偿委员会申请作出赔偿决定。在省高级人民法院赔偿委员会审理期间,某监狱提供了相关证据材料。

省高级人民法院赔偿委员会审理认为,杜冷丁系国家特殊管理的麻醉药品,某监狱医院对麻醉药品实行采购、使用、空瓶回收和专册登记簿的管理制度。2002年3月期间,监狱医院具有麻醉药品处方权的主任医师对其他2名重病犯人的治疗仅开出3支杜冷丁麻醉药品处方,并登记在册。某监狱对使用电警棍亦有严格的适用情形和审批程序,2001年以来,监狱医院不再配置警棍,也没有使用警棍的记录。叶某称被电击,但面部未留有痕迹,又无其他证据印证。其服刑前已患有眼部疾病,视力为700多度,左眼视物模糊症状已十余年。服刑期间,某监狱考虑到赔偿请求人叶某患有眼部疾病,将其安排在监狱医院服刑,叶某的眼部疾病得到监狱医院的及时医治,并外请附属医院眼科专家会诊,同时对其实施左眼视网复位手术治疗。对此,有某监狱提供的2003年8月至2008年10月间的病历予以印证。某监狱提供的以上证据可以采信,赔偿请求人叶某提出的相关主张理据不足,不予采纳。省高级人民法院赔偿委员会据此作出决定,维持省司法厅的复议决定。

修正后的《国家赔偿法》规定,被羁押人在羁押期间死亡或者丧失行为能力的,赔偿义务机关的行为与被羁押人的死亡或者丧失行为能力是否存在因果关系,赔偿义务机关应当提供证据。本案即属于适用举证责任倒置的情况。针对上述案件,省高级人民法院赔偿委员会审理认为,监狱作为刑罚执行机关，对罪犯依法进行监管的同时也负有保障其人格尊严、人身安全等职责，根据国家赔偿法的规定，监狱对其行为与被羁押人一级视力残疾之间是否存在因果关系负有举证责任。本案最终通过审查某监狱对此事实的举证责任完成情况，认定赔偿请求人双眼残疾与监狱行为无关。

● 延展

问：罪犯可以依法委托代为处理涉法问题，请问在哪些情形下律师可以会见罪犯？

答：有下列情形之一的，律师接受在押罪犯委托或者法律援助机构指派，可以会见在押罪犯：

（1）在刑事诉讼程序中，担任辩护人或者代理人；

（2）在民事、行政诉讼程序中，担任代理人；

（3）代理调解、仲裁；

（4）代理各类诉讼案件申诉；

（5）提供非诉讼法律服务；

（6）解答有关法律询问、代写诉讼文书和有关法律事务的其他文书。

其他案件的代理律师，需要向监狱在押罪犯调查取证的，可以会见在押罪犯。罪犯的监护人、近亲属可以代为委托律师。

问：律师会见罪犯应履行哪些程序？

答：律师需要会见在押罪犯，可以通过传真、邮寄或者直接提交的方式，向罪犯所在监狱提交下列材料的复印件，并于会见之日向监狱出示原件：（1）律师执业证书；（2）律师事务所证明；（3）罪犯本人或者其监护人、近亲属的委托书或者法律援助公函或者另案调查取证的相关证明文件。

监狱应当留存律师事务所出具的律师会见在押罪犯证明原件。罪犯的监护人、近亲属代为委托律师的，律师第一次会见时，应当向罪犯本人确认是否建立委托关系。

律师会见在押罪犯需要助理随同参加的，律师应当向监狱提交律师事务所出具的律师助理会见在押罪犯的证明和律师执业证书或者申请律师执业人员实习证。律师会见在押罪犯需要翻译人员随同参加的，律师应当提前向监狱提出申请，并提交能够证明其翻译人员身份的证明文件。

监狱应当及时审查并在三日以内作出是否批准的决定。批准参加的，应当及时通知律师。不批准参加的，应当向律师书面说明理由。随同律师参加会见的翻译人员，应当持监狱批准通知书和本人身份证明参加会见。

监狱收到律师提交的相关材料后，对于符合规定情形的，应当及时安排会见。能当时安排的，应当当时安排；不能当时安排的，监狱应当说明情况，在四十八小时内安排会见。在押罪犯可以委托一至两名律师。委托两名律师的，两名律师可以共同会见，也可以单独会见。律师可以带一名律师助理协助会见。

问：律师会见罪犯应遵守哪些规定？

答：律师会见在押罪犯，应当遵守监狱的作息时间。监狱应当保障律师履行职责需要的会见时间和次数。律师会见在押罪犯时，监狱可以根据案件情况和工作需要决定是否派民警在场。辩护律师会见被立案侦查、起诉、审判的在押罪犯时，不被监听，监狱不得派民警在场。律师会见在押罪犯，认为监狱及其工作人员阻碍其依法行使执业权利的，可以向监狱或者其上级主管机关投诉，也可以向其所执业律师事务所所在地的市级司法行政机关申请维护执业权利。情况紧急的，可以向事发地的司法行政机关申请维护执业权利。

律师会见在押罪犯，应当遵守监狱管理的有关规定，恪守律师执业道德和执业纪律，不得有下列行为：

（1）传递违禁物品；

（2）私自为在押罪犯传递书信、钱物；

（3）将通讯工具提供给在押罪犯使用；

（4）未经监狱和在押罪犯同意对会见进行录音、录像和拍照；

（5）实施与受委托职责无关的行为；

（6）其他违反法律、法规、规章以及妨碍监狱管理秩序的行为。

第三节　崇尚科学

科学技术是第一生产力,创新是引领发展的第一动力。

——习近平

● 事例

北京监狱大宗物品采购全流程智能化管理[1]

2018年8月10日上午,北京市监狱管理局在未成年犯管教所举办大宗物品采购电商平台现场会,在全市13所监狱部署大宗物品采购电商平台。大宗物品采购电商平台是北京市监狱管理局将互联网电商思维与监管改造工作结合的成功实践。此举旨在全面提升首都监狱物品采购信息化水平,推动监狱物品采购模式转型升级,解决监狱大宗物品采购信息化水平低、民警采购任务繁重、监狱罪犯分级处遇管控不精细等问题。

据了解,2017年3月,北京市监狱管理局将互联网电商思维与监管改造工作结合,建设大宗物品采购电商平台,将淘宝式网上购物模式应用于罪犯采买、食堂物资采购工作,并以未成年犯管教所为试点单位,试行物品采买网上选购、网上交易、分级配送的大宗物品采购新模式,大力推进监狱大宗物品采购工作全流

---

〔1〕 "将淘宝式网上购物模式应用于罪犯采买、食堂物资采购工作",载《民主与法制时报》2018年8月10日。

程信息化、智能化。经过一年多的建设和试点，大宗物品采购平台以其便捷性的操作、智能化的管理得到了试点单位民警的认可和实际工作的检验。

该平台涵盖了罪犯日用品采买、民警食堂物资采购、罪犯食堂物资采购、罪犯综合账务管理等系统模块，将原有"手工填报、人工多级核算"的采购模式转变为"商品网上展示、价格网上公布、网上申请、网上审批、网上交易"的淘宝式采购模式，罪犯可采用PAD终端、狱务公开显示屏、新生在线教育改造平台等方式采购物品，在实现了电子商务通用功能的基础上，根据监狱业务进行了定制开发，其中，在罪犯采买工作中，根据罪犯分级处遇规定，设定了不同处遇级别的商品采买范围、种类、数量及金额，实现民警对不同处遇级别罪犯的精细化管控。在食堂物资采购工作中，开发了在线实时比价、综合控费功能，通过与市场实时比价的方式，实现了采购物资性价比的科学管控；购买记录一键调取，有效避免了重复采购、过量采购的问题。平台应用，监狱物品采购实现了从申请到配送各环节的实时监控、过程留痕、价格监管，所有采购资金均在网上流转，以电子化流程智能监管采购各环节，使采购工作更加公开透明。为应对央行关于办理银行卡新规的影响，建立罪犯账务综合管理系统，试行家属微信转账、支付宝转账新模式，家属经实名认证后，可在监狱微信平台上直接转账汇款，以移动支付模式为罪犯和家属提供便利，保障了罪犯权益，与此同时，系统自动核实家属身份、监督转账金额是否符合要求，进一步织密了监管安全防护网。

据悉，大宗平台采购电商平台已在北京市未成年犯管教所试点运行2年，极大地提升了监狱物品采买工作效率，将原来民警一周的工作量缩短到一天即可完成，民警工作效率提升75%。系统采用全部流程电子化操作，实现全部流程无纸化，将民警从订单填报、审核等繁琐的工作中解放出来，可以更多聚焦于罪犯教育改造等核心工作。平台应用以来，在同等采购标准下，民警食堂、罪犯食堂采购成本，较去年同期下降10.5%，有效节约了资源。未管所负责罪犯物品采购民警表示，"平台上线以来，极大地节省时间成本和人力成本，工作零误差"。

以上事例反映了监狱机关向科技要警力的实际做法，反映出监管改造中所坚持的崇尚科学的基本理念。崇尚科学，指监狱机关在监管改造中致力于揭示并遵循管理罪犯的客观规律的基本理念。崇尚科学的理念，构筑于我国监狱长期坚持的科学管理实践。科学管理是现代监狱管理的基本特征，强调在探究监管规律的基础上，用科学的思想观察问题，用科学的方法处理问题，用科学的知识解决问题。

一、坚持以人为本

坚持以人为本的理念，前提是全面和准确地理解以人为本的理念。以人为本所讲的"人"，包含两层含义：一是指全体社会成员，即马克思所说的"每个人""一切人"。二是指人民，人民是"人"的主体和核心。[1]从第一种含义看，"人人"都应为本，关注社会每一个成员的生存和发展是以人为本的要义。如果以社会某一些人为本，无视其他人的存在，排斥其他人的利益，则完全背离以人为本的本意。从第二种含义看，人民是"人"的主体和核心，以人为本要维护好实现好人民的根本利益。由此可见，监管改造中的以人为本，既要通过惩罚和改造罪犯，预防和减少犯罪，维护人民的根本

利益，又要关注执法管理过程中涉及的每一个人，关注他们的生存和发展，关注他们的切实利益。有一种观点认为以人为本就是"以犯人为本"，既违背了以人为本的本意，又违反了监狱的行刑目的和根本职能，且无视监管视野中罪犯以外的人的存在和利益。

监管改造中的以人为本，意味着将监管改造过程中所涉及的人纳入关注的视野，重点解决为了谁、依靠谁、提高谁、保障谁、改造谁等一系列

---

[1] 教育部邓小平理论和"三个代表"重要思想研究中心："深刻认识以人为本的科学内涵"，载《人民日报》2006 年 10 月 16 日。

问题。具体包括以下几个方面：为了维护人民的根本利益，为了公众有一个安定和公正的社会环境，为了刑事被害方得到法律的安抚，依靠监狱民警对罪犯实施有效监管，保障监狱民警公正执法，提高监狱民警的执法能力，依法剥夺和保障罪犯的法律权利，保障利益关联人的合法权益，改造罪犯，使其顺利回归社会。

二、坚持实事求是

"是"就是事物发展的客观规律。实事求是，是崇尚科学的理念的本质属性，也是监狱实施科学管理的精髓。第一，我国监狱长期致力于探索监狱执法的客观规律，形成了现行的"惩罚与改造相结合，以改造人为宗旨"的工作方针。"立足于改造"是这一方针在监管改造当中的具体体现，是一切管理活动的出发点和归宿。应当看到，惩罚和改造是监管改造的两项基本职能，都需要在管理当中加以实现和落实。但是，管理的立足点不是惩罚，而是改造。监管改造在对罪犯实施刑罚惩罚的前提下，始终围绕着改造罪犯进行。第二，监管改造要做到实事求是，就必须解放思想。目前我国的改革开放已经进入"深水区"，每一个管理领域都面临着进一步解放思想的任务，监管改造也是如此。在经历监狱布局调整和监狱体制改革后，监管改造面临大量的新情况和新问题，思想僵化、墨守成规已然成为探索新时期监狱执法规律的严重障碍。坚持解放思想，实事求是，就是要主动适应时刻变化着的监管改造工作的实际，自觉地从那些不合时宜的观念、做法和体制的束缚中解放出来，既要发扬优良传统，又要创造新鲜经验。第三，实践证明，监管改造的制度设计、措施出台，符合客观规律的，就会顺风顺水，事半功倍。不符合客观规律的，势必逆风逆水，事倍功半。符合执法规律的制度和措施带有顽强的生命力；不符合执法规律的制度和措施即便得到强力推行，也难免夭折。

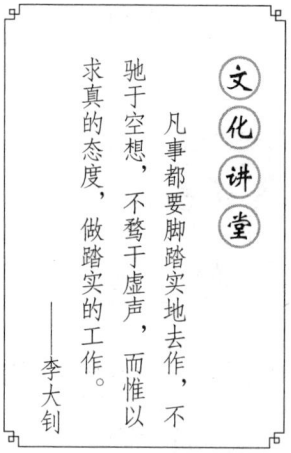

文化讲堂

凡事都要脚踏实地去作，不驰于空想，不骛于虚声，而惟以求真的态度，做踏实的工作。

——李大钊

三、 坚持科技强警

先进的监管技术，在监管改造中不是可有可无、可快可慢、可多可少的，应当从科学强警的战略高度认识监管技术在狱政管理中的地位。一个装备精良、训练有素的监狱民警与一个"身无寸铁"、无防身制敌之术的警察，其安全执法力自然不可同日而语。监管技术的应用可以起到固本、开源、增效的显著作用。要像对待围墙一样对待基本的监管技术，像对待警服一样对待警察的基本技术装备。没有基本物质屏障和基本技术支撑的监狱，是不达标、不及格的监狱。但是，在监管改造中，人、物、技不是平行并列的关系。人是根本，是目的；而物和技则是屏障和支撑。人只有借助物和技才能耳聪目明、力量倍增，物和技只有用在人的身上才能发挥其效用。将人防、物防和技防相提并论的思路有严重缺陷和认识误区，割裂人、物、技三者的有机联系，所谓的物防、技防则容易走向见物不见人的单方面发展的歧途。要保障监狱的安全稳定、从而维护社会稳定，就必须走科技强警之路，向科技要警力。"人、物、技"三者的有机结合，就可以催生一支新型的科技警力。这支警力由以现代的警用装备武装并熟练掌握先进监管技术的人民警察组成。监狱民警的装备和技术建设，要符合监狱民警的职业特点，满足监狱民警的工作需求，向基层监管单位倾斜，向一线人民警察倾斜。

◉ 延展

问：如何理解监狱民警对罪犯的直接管理？

答：监狱民警对罪犯的直接管理，是被多年的监管改造实践证明了的科学的管理方法，其基本含义和要求如下：

（1）管理关系上做到无障碍。一般的管理活动采用层级管理方式，我国监狱也实行"监狱与监区"的

层级管理。直接管理不是对层级管理的否定,而是建立在层级管理基础上,强调在监狱民警和罪犯之间建立起直接的管理关系。在狱政管理实践中,则强调打掉发生在监狱民警与罪犯之间的管理阻碍层,这个阻碍层就是罪犯中的"牢头狱霸",他们凭借自己的影响力,常常欺凌其他罪犯,奠定"霸主"地位。对此,监狱民警坚持直接管理,就可以及时打击这些罪犯嚣张气焰,维护执法的公平正义。

(2)管理主体上做到无移位。在狱政管理中,监狱民警是管理主体,而罪犯只能是管理对象,不能成为管理主体。基于管理、学习、劳动的需要,监狱往往要利用一些服刑改造表现比较好的罪犯,从事一些辅助性、事务性活动,以前将这些罪犯叫做"值班罪犯""杂务犯",现在一般称为"事务或特殊岗位罪犯"。对这类事务或特岗罪犯,监狱只能是利用,而不能依靠;只能更加严格管理,不能放松管理。要严防其利用岗位的优势破坏正常监管秩序,严防其成为掌握一定管理权的特殊主体。

(3)管理职权上做到无转让。只有监狱民警才能行使对罪犯的管理权,监狱不得安排工人从事罪犯的管理工作,监狱民警不得将监管权转让给他人特别是罪犯。按照直接管理的要求,该自己亲自做的事情必须亲自做,禁止罪犯从事的活动要严格落实,绝不能出现"罪犯管理罪犯"的现象。

(4)管理效果上做到无脱管。无数的罪犯脱逃案例表明,罪犯欲脱逃则先脱管,要防脱逃必先防脱管。直接管理追求的管理效果,就是罪犯一天二十四小时不脱管,实现罪犯时刻不脱离管理人员的视线,不脱离互监小组,不脱离视频监控的视野。

第四节　彰显文明

监狱是反映一个国家社会文明程度的窗口。

——佚名

● 事例

带你走进高墙内的世界[1]

2018年6月22日上午，北京市监狱管理局在未成年犯管教所举办了主题为"践行改造宗旨 守护北京平安"第八届监狱开放日活动，邀请部分在押罪犯家属、社会各界人士60余人走进未成年犯管教所，零距离了解监狱工作。

活动开始前，来宾一行参观了未管所特警队训练和未管所落实"一四五四"北京行动纲领工作业绩展。开放日仪式上，来宾一同观看北京监狱教育改造工作介绍片，正行、塑心、净魂三个篇章，全面展示和宣传首都监狱系统践行改造宗旨和实践成果。

开放日上，在押罪犯自编自演了形式多样的文艺节目。一场《诗经木瓜》汉服表演唱，展现传统文化育人正行、润物无声；一出《责任》小品表演，勾勒社会协同拥抱回归、大爱无边；一曲《天之大》独唱，引发亲情修复协同帮教、救赎灵魂，让在场的观众纷纷落泪。

在监狱民警的引导下，来宾依次参观了在押罪犯的监舍、学习区、心理矫治中心、内视观想中心、出监教育功能区等场所，详细了解未管所在刑罚执行、狱务公开等方面的工作情况，以及未管所针对未成年罪犯和届临出监罪犯的针对性改造情况。

---

〔1〕"带你'穿越高墙'：北京市监狱管理局举办开放日活动"，载中国长安网，2018年6月22日。

"我们在坚守安全底线的同时，积极践行改造宗旨，突出对在押罪犯的政治、监管、教育、文化、劳动改造，发挥正行、塑心和净魂的积极作用，近年来，刑释人员重新犯罪率保持持续低位运行，"北京市监狱管理局相关同志介绍。

2018年12月19日，垦华监狱邀请17名在押罪犯家属参观监狱，现场了解在押罪犯的服刑生活情况，以进一步增强监狱执法的透明度。

在民警的引导下，17名在押罪犯家属分别参观了监区和心理健康指导中心等场所。参观结束后，监狱组织家属观看监狱宣传短片，并与11名在押罪犯一起召开了座谈会。监狱民警向家属讲解了在押罪犯一日服刑过程，宣讲了当前减刑假释工作规定，并对在押罪犯家属关心的问题进行了现场解答。

活动受到了在押罪犯及其家属的高度欢迎。在押罪犯王某的母亲在参观结束后说道："没想到监狱的服刑环境这样好，与我认为的阴森恐怖的情形完全不同。非常感谢监狱能为他们提供这么好的条件，也感谢监狱能够提供这次参观的机会，我一定会配合监狱教育好孩子。"

上述事例讲述了监狱开展"开放日"活动的经过和成效。邀请服刑罪犯的家属参观监狱，让罪犯家属亲身感受监狱文明整洁的服刑改造环境，了解监狱给予罪犯的人道主义待遇，彰显了监狱监管改造的文明管理理念。

清末法学家沈家本曾援引过西方学者的一句话，大意是观察一个国家监狱的实际状况，可以评测这个国家的文明程度。新中国监狱被视为国家社会文明进步的一个重要窗口，监狱管理者历来秉承彰显文明的监管改造理念，具体体现在持续改善监管环境、不断规范文明执法行为、对罪犯施以人道主义待遇等方面。

一、持续改善监管环境

监狱的监管改造环境为监狱提供惩罚与改造罪犯所必需的物质条件和精神条件，也是直接体现和反映监狱文明管理程度的标志。良好的环境对矫治罪犯的不良行为，保证罪犯的身心健康，促进罪犯的改造有重要的作用。可以说，没有一个文明的监管改造环境，就不可能实现真正意义上的文明监管。

新中国监狱的监管改造环境一直处于不断完善的进程中，在社会主义建设进入新时代的大背景下，监狱监管环境的目标是满足以下需要：一是建设法治监狱的需求。从监管硬环境的角度看，监狱建设应严格按照监狱法及监狱建设标准执行。从监管软环境的角度看，监狱要致力于营造良好的法治氛围。二是建设平安监狱的需求。监狱安全是监狱工作的重中之重。监管环境建设必须符合监管安全的需要，做到安全、坚固、适用、经济、庄重。平安监狱的建设，也离不开营造罪犯安心服刑、积极改造的监管氛围。三是建设人文监狱的需求。人文监狱是将人类优秀文化的精髓贯穿于监狱领域的建设目标，包括监狱事业中的人文精神、人文环境、人文关怀、人文素养。作为国家刑罚执行机关的监狱，应当具备庄重、质朴、充满生机的文化氛围。四是建设生态监狱的需求。监狱要处理好人与大自然的关系。监狱要运用春夏秋冬四时之大自然的生机，激发罪犯积极向上的服刑心态，消除沉闷、枯燥的消极心理，营造生机盎然的狱内生态环境。现行的《监狱建设标准》，将新建监狱与改建扩建监狱的绿地率分别由以前的 20% 和 15% 提升至 25% 和 20%。另外，建设节能环保型的监狱也是生态文明监狱的题中之意。

二、 持续推进狱务公开

狱务公开是监狱严格文明执法、主动接受监督的重要举措，充分体现了彰显文明的理念。其基本含义是指监狱依法将执法的依据、程序和结果分别向社会公众、罪犯亲属和罪犯公布。

狱务公开的对象，分别为社会公众、罪犯近亲属和罪犯。根据不同的对象，监狱依法公开相应的执法信息。

狱务公开分为应当公开和依申请公开。应当公开按司法部统一的标准执行，依申请公开则是监狱或监狱管理机关根据罪犯近亲属或罪犯的申请，向罪犯家属或罪犯本人公开其个人执法信息。狱务公开是刑罚执行工作的重要组成部分，是监狱依法履行职责、接受监督的具体体现。

狱务公开坚持以下原则：第一，依法公开原则。狱务公开要坚持依法公开原则，严格依照有关法律法规和规章规定的内容和程序，向社会公众、罪犯及其近亲属公开相关执法信息，不得公开涉及国家秘密、工作秘密和个人隐私的信息，以及可能妨害正常执法活动或者影响社会稳定的执法信息。第二，及时准确原则。狱务公开要坚持及时准确的原则，凡是依法应当公开的执法事项和信息，都应当在法定期限内采用方便、快捷的方式及时公开，在内容上确保客观、真实、准确。第三，强化监督原则。狱务公开的初衷和目标是监狱机关主动接受监督，构建开放、透明的阳光执法机制，杜绝暗箱操作。监狱机关应当增强监督意识，主动公开狱务信息，加强内部监督，依法接受检察机关监督，自觉接受人大、政协、纪检、检察及社会公众监督，确保狱务公开工作持续健康开展，以狱务公开促进执法公正。

监狱向社会公开的内容包括：第一，监狱执法基本信息，如监狱的性质、任务和职责权限等；第二，刑罚执行情况，如罪犯减刑、假释、暂予监外执行的法定条件、程序和结果；第三，狱政管理情况，如对罪犯服刑改造表现进行考评的条件和程序等；第四，教育改造情况，如罪犯思想、文化、职业技术教育等；第四，劳动改造情况，如罪犯劳动项目、岗位技能培训、劳动时间、劳动保护和劳动报酬等；第五，生活卫生情况，如罪犯伙食、被服实物量标准、食品安全、疾病预防控制等；第六，其他应当向社会公开的信息。

除向社会公众公开的内容外，监狱还应当依法向罪犯近亲属公开有关罪犯的个人服刑信息。公开的内容包括：第一，监狱的名称、地址及联系方式。第二，对监狱提请罪犯减刑、假释、暂予监外执行建议有异议的处理方式。第三，监狱对罪犯实行分级处遇、考评、奖惩的结果，以及对结果有异议的处理方式。第四，罪犯立功或重大立功的结果，以及对结果有异议的处理方式。第五，罪犯食品、日用品消费及个人钱款账户收支等情况。第六，罪犯身体健康状况、体检结果以及疾病诊治等情况。第七，监狱认为需要向罪犯近亲属公开的其他信息。

对罪犯公开，除向社会公众和罪犯近亲属公开的内容外，监狱还应当以监区或监区为单位，向罪犯全面公开监狱执行刑罚和管理过程中的法律依据、程序、结果，以及对结果不服或者有异议的处理方式，但对涉及国家秘密、工作秘密和罪犯个人隐私的信息不得公开。

对涉及罪犯个人服刑情况的相关信息，可以依法向罪犯及其近亲属告知，也可以根据罪犯及其近亲属的申请依法予以公开。

狱务公开的主要方式是：借助新闻媒体、运用狱内宣传手段、开展狱务咨询、印发《狱务公开手册》等传统公开方式的同时，积极利用现代信息技术创新公开的方式方法，拓宽公开的渠道，使罪犯近亲属和社会公众能够更加方便、快捷地获得公开信息。

对罪犯公开，可以通过狱务公开专栏、监狱报刊、狱内广播、闭路电视、电子显示屏、罪犯教育网等方式，在罪犯学习、生活、劳动区域及时公布狱务公开的相关信息；还可以通过在狱内设置狱务公开信息查询终端，实现罪犯对计分考评、分级处遇、行政奖惩、刑罚变更执行等重要服刑信息的自助查询。

对罪犯近亲属公开，可以通过在会见场所设置电子显示屏、狱务公开信息查询终端，为其提供信息查询服务；也可以通过设立狱务公开服务热线，及时解答罪犯近亲属对监狱执法管理工作提出的疑问；还可以通过运用手机短信、微信等现代信息手段，向罪犯近亲属及时发布罪犯个人服刑改造的相关信息。

对社会公众公开，可以通过门户网站、政务微博、微信公众平台等新

兴媒体，增强狱务公开的影响力和舆论引导力；还可以通过召开执法情况通报会等方式，主动向社会人士、执法监督员介绍监狱执法管理及保障罪犯合法权益的情况，听取意见和建议。

三、对罪犯实施人道主义待遇

文明管理要求监狱对罪犯施以人道主义的待遇，切实保障法律所规定的罪犯基本生活待遇。自监狱产生之始，罪犯待遇就是监狱管理的基本问题。自由刑出现并很快占据了刑罚体系的中心之后，罪犯待遇管理的内容也出现了由窄到宽的趋势，即由单纯的生活待遇管理逐步拓展到权益保障这样一个更大的范畴。自由刑对罪犯的惩罚，以剥夺人身自由为实现手段，即以监禁作为刑罚的惩罚手段。惩罚不体现在罪犯在服刑期间的待遇上，也就是说，罪犯的待遇是行刑的基本要素，但不是刑罚的惩罚手段。坚决反对以恶劣的生活条件、低下的生活标准来惩罚罪犯。

罪犯待遇是监狱行刑的基本要素，而且是最为敏感的一个要素，处置不当会带来各种不良后果，招致公众的不满。例如，如果罪犯的待遇标准过低，远远低于社会平均水平，罪犯的基本生存权得不到保障，则必然引发公众对罪犯的同情之心，也必然招致对监狱行刑的不满。相反，如果罪犯的待遇过高，超过社会一般生活水平，比社会普通公民的生活好得多，这同样是难以令人接受的：首先，公众的心理不平衡，认为罪犯在监狱内不是服刑，而是享乐，对刑罚的执行效果必然产生怀疑；其次，罪犯待遇过高，可能吸引个别人为了得到这种待遇而想办法进入监狱，那就会引发新的一种犯罪，为了进监狱而故意去犯罪；其三，在监狱内服刑的罪犯不愿到社会上去，不愿被释放，愿意留在监狱享受很高的待遇，释放后还想办法回来，产生"回水"现象。

有鉴于此，当今监狱管理在处理罪犯待遇问题时，都要十分重视待遇管理的社会影响，注意考虑公众特别是监狱所在社区公众的接受程度，防止两个极端（过低或者过高）现象的出现。

我国监狱在处理罪犯待遇时，在确保罪犯基本生活能够得到满足的前提下，一方面注意罪犯的基本生活待遇不超过当地普通公民的平均生活水平，另一方面则注意罪犯的基本生活待遇与当地平均生活水平同步发展，随着社会平均生活水平的逐步提高，逐渐提高罪犯的基本生活待遇标准。在当前情况下，特别要注意确保罪犯基本生活标准能够满足罪犯的基本需要，并随着社会生活的发展逐步提高其待遇标准。

◉ 延展

问：先进文明的监管环境有哪些基本要求？

答：监管环境的整体风貌要与监狱所在地区的自然环境和社会环境相融合，融入现代文明成果，融入优秀文化元素。第一，监管环境要与监狱所在地区的周边环境相融合。监狱所在地区的周边环境，包括自然环境和社会环境。监狱建筑既要保持庄严、肃穆的整体效果，又要与周边的自然环境相协调。同时，要参照所在地区的民用建筑的基本格调，追求古朴大方的风貌。第二，监管环境要融入优秀文化元素。中华文化在建筑上有集中的体现，为监狱建筑提供了很好的滋养，可以有选择地融化到监狱建筑中。第三，监管环境要融入当代文明成果。绿色、环保是当代建筑的主题和主流，完全可以吸收进监狱的建设之中，可以充分利用可再生能源，建设节能监狱。另外，智能化监管设施与监狱建筑充分融合，已成为监狱建设的一条主线。

监管改造分册

第三章

入　监

第三章 入监

在古希腊神话中，有一种叫菲尼克斯的神鸟，被诗人描述为"不死鸟"，其寿命极长，每隔500年，就找到一棵大树，用香草香料和树枝筑一个巢，然后在这个巢里自焚，在火焰中化为灰烬，接着又在火焰里重生，这个新生儿用珍贵的香料做一枚蛋，把灰烬装进去，然后带着这个"骨灰盒"回到故乡埃及，把蛋葬在太阳神庙里。完成了这个流程的"菲尼克斯"，又能再活500年。郭沫若受这个神话启发，把此鸟移植到我国古代传说中的凤凰身上，于1920年赋

凤凰涅槃，重获新生

诗《凤凰涅槃》。郭沫若把中国的"凤凰"、西方的"不死鸟"、佛教的"涅槃"三者合一，创造了一个"凤凰涅槃"的新词，凤凰浴火重生之后，其羽更丰，其音更清，其神更髓。这一"创造"迅速得到传播，成为人们喜爱的寓言故事。

我国有些监狱建有"凤凰涅槃"的雕塑，意寓期待入监服刑的罪犯不畏痛苦、义无反顾、执着改造、迎接新生。本章从罪犯被押送到监狱服刑开始，探讨入监教育期间的监管改造问题，并启发和勉励罪犯以浴火重生的姿态，立志告别旧我、开始塑造新我的狱内人生历程。

第一节 收监执行

对被判处死刑缓期二年执行、无期徒刑、有期徒刑的罪犯，由公安机关依法将该罪犯送交监狱执行刑罚。对被判处有期徒刑的罪犯，在被交付执行前，剩余刑期在三个月以下的，由看守所代为执行。

——《中华人民共和国刑事诉讼法》第264条

◉ 事例

罪犯郭某被收监[1]

罪犯郭某，男，因贪污罪被北京市第三中级人民法院一审判处有期徒刑12年，刑期自2015年11月25日起至2027年11月24日止，并处罚金人民币50万元。郭某对一审判决不服，提出上诉，北京市高级人民法院作出终审裁定，因郭某犯贪污罪判处有期徒刑10年6个月，刑期自2015年11月25日起至2026年5月24日止，并处罚金人民币50万元。

判决生效后，看守所于2017年12月14日，将罪犯郭某押送至监狱执行刑罚。收押监区对法律文书及相关材料进行审核，发现罪犯郭某附加刑罚金50万元，但法院提供的文书中缺少财产性判项执行情况说明。由于新的减刑、假释规定对罪犯的财产性判项的履行情况提出了要求，罪犯无正当理由拒不履行财产性判项的，会给日后的减刑和假释带来严重的不利影响。因此，监狱要求送押单位与交付执行的人民法院联系，由交付执行的人民法院尽快将郭某罚金50万元的执行情况说明送达监狱。

随后，监狱医院对郭某进行身体检查。通过审阅看守所提供的郭犯入所半年健康体检表、被监管人员郭某情况说明及治疗病例材料，并经郭犯口述，初步确定其患有冠状动脉粥样硬化性心脏病、不稳定型心绞痛、高

---

[1] 该事例由北京市第二监狱提供。

血压2级（极高危组）、高脂血症、心律失常、窦性心动过缓、心房纤颤，具体身体情况还要等血液生化化验结果出来后再进行确定。根据2013年1月1日起实施的《监狱法》规定，郭某符合收监条件，当日下午15时办理完全部交接手续，监狱将罪犯郭某收押。鉴于罪犯郭某患有严重疾病，监狱在积极为其治疗的同时，在体检结果出来后考虑是否为其提请暂予监外执行。

在罪犯郭某的收监过程中出现了两个新情况：一是罪犯的财产性判项由于涉及减刑和假释问题，要求交付执行的人民法院提供执行情况说明；二是对罪犯的身体检查，2012年修订后的《监狱法》取消了暂不收监的规定，如果经身体检查，发现罪犯符合暂予监外执行条件的，由监狱在收监后，向上级管理机关提请暂予监外执行。

收监是监狱执行刑罚的起始环节。审判和执行是国家刑事司法过程当中的两个前后相连的阶段。人民法院的刑事判决或裁定发生法律效力后，根据法律规定应当在监狱内执行刑罚的罪犯，要交由监狱执行刑罚。这样就产生一个审判与执行的衔接问题。

将依法交付监狱执行刑罚的罪犯，由审判阶段转至监狱执行阶段，要经过交付执行、送交罪犯和收监三个环节来衔接。人民法院的重要职责是依法交付执行。交付执行的主要形式是将交付执行的法定文件及时准确地送达羁押该罪犯的公安机关和将要担负对该罪犯执行刑罚任务的监狱。公安机关主要负责送交罪犯，自收到人民法院送达的执行通知书、判决书之日起一个月内，应当将该罪犯送交监狱执行刑罚。监狱则负责将符合法定条件和程序、法定手续完备的交付执行的该罪犯，予以收监。人民检察院负责对人民法院、公安机关和监狱的交付、送交和收监活动的合法性实行监督。

监狱应当对哪些罪犯收监执行呢？这个问题实际上是要回答监狱的刑

事管辖范围。《监狱法》第 2 条第 2 款明确规定："依照刑法和刑事诉讼法的规定,被判处死刑缓期二年执行、无期徒刑、有期徒刑的罪犯,在监狱内执行刑罚。"同时,第 15 条第 2 款规定:"罪犯在被交付执行刑罚前,剩余刑期在三个月以下的,由看守所代为执行。"

监狱收监的程序有哪些呢?

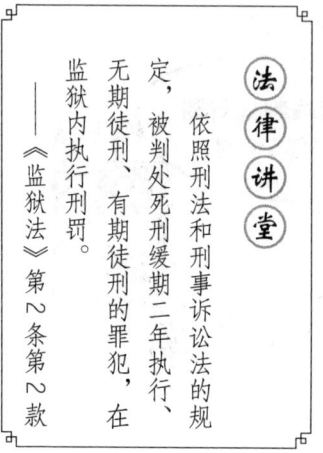

依照刑法和刑事诉讼法的规定,被判处死刑缓期二年执行、无期徒刑、有期徒刑的罪犯,在监狱内执行刑罚。
——《监狱法》第 2 条第 2 款

(1) 法律文书检验。监狱在对罪犯进行收监时,应当对人民法院交付执行的法定文书进行检验。罪犯被交付执行刑罚时,只要法定文书检验符合前述法律规定的,监狱应当予以收监。

(2) 人身和物品检查。监狱对交付执行的罪犯进行收监时,应当严格检查该罪犯的人身和所携带的物品。对交付执行的罪犯进行人身检查时要注意:首先验明正身,严防出现收监对象与有罪判决罪犯不相符;对要收监的罪犯的身体特征,应当做必要的客观记载。

对交付执行的罪犯随身携带物品进行必要的检查。依照法律规定,罪犯所携带的非生活必需品,必须由监狱代为妥善保管,或者在征得罪犯的明确同意之后,退回其家属。发现违禁品,一律予以没收。

(3) 收监登记。监狱对罪犯收监,应由监狱指定执行收监工作的监狱人民警察依法填写罪犯入监登记表。入监登记表是罪犯进入监狱服刑改造的原始记录,应当按规定装入罪犯档案。

(4) 罪犯身体检查。监狱应当对交付执行的罪犯进行身体检查。对罪犯实行身体检查的意义在于,一是及时准确地了解掌握收监罪犯的身心健康状况,二是预防传染性疾病进入监狱或在监狱内流行。经身体检查,对于具有暂予监外执行情形的收监罪犯,监狱可以提出书面意见,报省级以上监狱管理机关批准。

(5) 通知罪犯家属。通知罪犯家属,是执法公开,保护罪犯、罪犯亲属、监护人合法权益的重要措施,同时也是便于家属探视和与罪犯联系的必要措施。法律规定,罪犯收监后,监狱应当通知罪犯家属,通知书应当自收监之日起五日内发出。

◉ 延展

问：监狱收监的意义是什么？

答：收监，是审判与监狱执行刑罚相衔接的一系列司法活动的一个重要环节，而对于监狱来说，则是监狱对罪犯执行刑罚的起始活动。常言说"万事开头难"，准确完备地做好罪犯收监工作，就为监狱的执行刑罚、改造罪犯开了一个好头，为今后的改造工作打下了良好的基础，所以必须依法严肃认真地做好罪犯的收监工作。

问：监狱在哪些情形下不得收监和不予收监？

答：《监狱法》第16条明确规定："罪犯被交付执行刑罚时，交付执行的人民法院应当将人民检察院的起诉书副本、人民法院的判决书、执行通知书、结案登记表同时送达监狱。监狱没有收到上述文件的，不得收监；上述文件不齐全或者记载有误的，作出生效判决的人民法院应当及时补充齐全或者作出更正；对其中可能导致错误收监的，不予收监。"

第二节　服刑指导

> 学制度，正言行，立规矩，打基础。
> ——北京市监狱管理局

◉ 事例

扣好新生的第一粒扣子[1]

2014年5月4日，习近平总书记在与北京大学师生座谈时说："人生

---

〔1〕 作者：陈帅、刘炫。

的扣子从一开始就要扣好。"新入监罪犯日常管理教育,是罪犯在监狱服刑改造的第一站,也是罪犯了解监狱监规、适应服刑生活、树立改造目标的关键时期。如何为新入监罪犯扣好新生的第一粒扣子,让他们在最短的时间里适应监狱生活,燃起新生的希望,是摆在民警面前的严峻课题。一位连续三年带出局级优秀班组的民警用辛勤的努力给出了答案。

罪犯韩某,入监后一直心浮气躁、情绪低落,有时因为一点小事就会与人发生口角,反映出对监狱服刑生活的极度不适应。于是这位管班民警一有空就会找韩某聊天,终于在一次谈话中,韩某打开了"话匣子"。

"您不知道。我们家的老房子要拆迁了,我得签字,可我现在回不去,家里人也挺着急的,你说这可怎么办好?"

"要解决这个问题,还得先了解相关的法律和政策。"对于韩某的忧虑,管班民警一时也无法给出专业性的答复,但给他提了一条建议,"你看这样行不行,写信让家人咨询一下律师,看看怎样办委托代理。我也给你找找相关的法律书籍,你也了解了解。"

"您说的还真是,与其干着急,不如咨询一下律师看看如何解决。"听了民警的话,韩某把自己的想法写信告诉给了家人。并在此后的时间里,开始读起民警给他找来的法律书籍。

在不久后的一次会见中,家里人告诉他事情已经妥善解决了,韩某的生活热情一下子被点燃了,整个人面貌一新,不光自己在班内表现得很积极,在他的影响带动下,班内以前比较沉闷的人也被他调动起来,积极投入到班组建设活动中。

正所谓"树有千类百种,人有千差万别"。因成长经历、家庭环境、社会背景不同,情况复杂,每批入监罪犯并非一张白纸。他们在入监阶段给民警带来各种难题。例如,职务犯罪罪犯通常年纪大,身体状况差,心理落差大,与其他罪犯不能和谐相处怎么办?"多进宫"罪犯恶习深,抵触情绪强,反改造意识强,消极对抗管理怎么办?文化程度低的罪犯,法制观念淡薄,遵规守纪意识差,违反监规纪律怎么办?单亲家庭关系的罪犯,性格孤僻,情感淡漠,思想固执,做出偏激的行为怎么办?90后罪犯年轻气盛,以个人为中心,缺少集体观念和公德意识怎么办?

面对新入监罪犯的管教难题,这位管班民警深入分析了原因:一是新入监罪犯调入时间短，且生活习惯、个人素质、年龄等存在差异，容易因琐事产生口角；二是班组罪犯之间缺少相互融合，缺少凝聚力，个人利己思想比较严重，缺少集体观念。经过长期细心摸索，这位管班民警初步形成了"一带两抓三会五课"工作模式。

"一带"，是指管班民警引领、模范示范。管班民警认为，开展班组工作，与罪犯第一次见面谈话非常重要，每当班里有新入监罪犯调入，他都亲自带新入监罪犯进班，安排床铺、宣讲纪律，在稳定新入监罪犯紧张情绪的同时，也让新入监罪犯明白了哪些事该做，哪些事不该做。

"两抓"，是围绕入监教育监区"明身份、懂规矩、学养成"的目标，抓罪犯的队列训练、抓罪犯的内务卫生训练，通过严格的班组日常管理，来提高罪犯的行为规范养成。

"三会"，是每天的班组碰头会、见面会，每周的班组会和每月的总结会。只有经常性地深入班组与罪犯交流沟通，认真对待、诚信解决罪犯反映的问题，才能将班组内各种矛盾隐患消除在萌芽状态。

"五课"，是指参加监狱的政治改造讲座、法律课、文化课、精品课讲座、心理课的辅导学习。除了引导罪犯积极参加监狱和监区的各项活动外，管班民警还经常组织罪犯开展文化小课堂教育，亲自讲授班内罪犯最关心的、最关注的事情，解决罪犯中存在的问题，提高罪犯的思想认识。

在这种工作模式推动下，罪犯班组的活动越来越丰富，罪犯间的关系也越来越融洽，班组风气也由此焕然一新，切实做到了新生路上一个都不能少，为此后连续三年被评为局级优秀班组奠定了坚实的基础。

以上事例讲述了一名罪犯入监以后接受服刑指导的经历。罪犯被押送到监狱，完成收监程序后，要接受疾病筛查和入监教育。

在服刑指导方面，重点是强化罪犯的身份意识、服刑意识、责任意识、悔罪意识，解决"你是什么人、这是什么地方、你来到这里干什么、你在服刑期间该怎样做"的问题。

一、身份意识

"你是什么人"，这是入监服刑罪犯必须认清的基本问题。在国家动用刑罚对犯罪分子进行惩治的过程中，在不同的阶段对犯罪分子的称谓是不一样的。侦查阶段被称为犯罪嫌疑人，在起诉和审判阶段被称为被告人，有罪判决生效后则被称为罪犯。不同的称谓代表不同的身份。被依法送押到监狱服刑的，无论以前在社会上是什么身份，到了监狱就都是罪犯。罪犯这一身份的确定，来自于国家审判机关的生效判决，国家审判机关的生效判决代表国家意志，国家刑罚执行机关对生效判决的执行具有国家威严。罪犯是国家的罪犯，罪犯这一身份非经法律程序不得改变，任何人不得试图挑战国家的权威。罪犯必须尽快认清自己的罪犯身份，一言一行都必须与这一身份相符。

有的人虽然走进了监狱，穿上了囚服，但由于不服从法律的判决，不愿认同自己罪犯的社会角色，大都不愿接受监规纪律的约束，小到日常言行举止，处处与罪犯的社会角色要求大相径庭。例如，罪犯王某入狱之前是国家机关的领导干部，因受贿罪、巨额财产来源不明罪被判刑16年。刚入狱，王某的言谈举止俨然一副官员的做派，与人谈话时还要倒背着手。为了矫正他的错误意识，民警批评他说："你犯罪也跟你错误的身份意识、特权意识有着直接的原因，你总认为自己是领导干部，就可以干老百姓不能干的事。"后来，王某说："这些天，我经历了从领导干部到犯罪嫌疑人、被告人、罪犯的人生转折，但真正从思想上开始认清犯罪事实、犯罪危害和罪犯身份，则是在入监之后。一个来月的入监教育，使我刻骨铭心。"罪犯身份也决定了罪犯的法律地位，在服刑指导中，监狱会在第一时间告知罪犯在服刑期间的权利和义务，罪犯应当依法行使权利，履行义务。与此同时，罪犯应当认识到，罪犯的权利和义务是一枚硬币的两面，相辅相成。没有无权利的义务，也没有无义务的权利。

二、服刑意识

"这是什么地方",是新入监罪犯必须明了的重要问题。根据我国监狱法的规定,罪犯要在监狱内服刑,之所以强调监狱内,是因为罪犯所承受的自由刑,必须用监禁的方式来进行,也就是说,监狱有极强的封闭性特征,是用围墙、电网、岗楼完成与社会相隔离的特定场所。罪犯必须无条件地认同监狱这一特定环境,并尽快适应监狱环境。罪犯在监狱内还必须接受严格的行为管束,不服从管理,擅自行动,将受到监规纪律的处罚。罪犯的服刑意识,还体现对狱内生活环境的认同。罪犯要学习监狱罪犯行为规范,"不但会背,更要会做"。例如,北京市某监狱创立了罪犯入监教育实训基地。通过服刑改造中所涉及的各场景行为规范模拟的实际操练,达到实际应用与应知背诵的有机结合,促使罪犯在改造中做到知行合一。

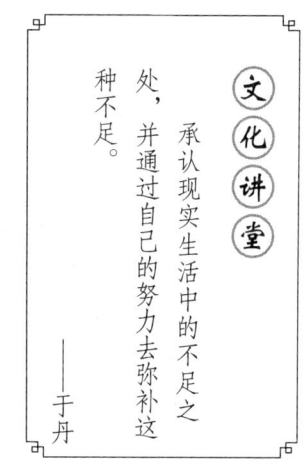

文化讲堂

承认现实生活中的不足之处,并通过自己的努力去弥补这种不足。

——于丹

三、责任意识

"你来到这里干什么",这个问题要求罪犯认清自己在监狱服刑期间的社会责任。人在这个世界上,身上承担着沉甸甸的社会责任。在现实生活中,不少犯罪分子社会责任意识淡薄,为牟取私利,挑战道德底线,置他人生命健康于不顾。2008年,"三鹿奶粉事件"也暴露出犯罪分子缺乏最起码的社会责任感。当年9月8日甘肃省岷县14名婴儿同时患有肾结石病症,从而成为当时社会关注的焦点。三天后,全省共发现59例肾结石患儿,其中一部分患儿的病症为肾功能不

全，并有一人死亡。这些患儿均食用了三鹿牌奶粉，经过权威部门检测，证明该品牌奶粉已受到三聚氰胺污染。据通报，截至2008年12月底，全国累计报告因食用三鹿牌奶粉和其他个别问题奶粉，导致泌尿系统出现异常的患儿共29.6万人，其中有部分患儿死亡。后来，三鹿集团宣布破产，原董事长田文华被判无期徒刑，还有多名高管被判刑。

唤醒并强化罪犯的社会责任意识，是监狱自身的重要任务，自罪犯入监开始并延伸到整个刑罚执行过程。罪犯来到监狱时，背负着国家的刑事责任，接受刑罚的惩罚，这是罪犯要对自己的过去负责的必然结果。罪犯在监狱服刑期间要接受国家的强制性的改造，完成由犯罪人到守法公民的蜕变，这是罪犯对自己的未来负责的集中体现。在过去和未来之间有一座桥梁，那就是过好自我救赎的狱内生活每一天。在自我救赎的过程中，罪犯要认清自己的社会责任，不仅对被害人受到的损失和伤害后果负责，也要对自己出狱后的前途负责，还要对自己的家庭和亲人负责。而这一切，都要求罪犯严格遵守监规纪律，规范自己的言行，踏踏实实改造，用自身的积极表现洗刷自己的罪恶，向国家、人民、社会谢罪，并回应亲人的期盼。

四、悔罪意识

"你在服刑期间该怎样做"，要解决这个问题，有一个重要的前提，那就是必须树立起真诚悔罪的意识。年过六旬的退休工人董某因为纵火罪和毁坏公物罪被判刑四年。"我没犯罪，判得太重了！我承认点了垃圾桶，但我没有放火烧车。"最初他被送到某监狱接受入监教育时，不仅不认罪服法，还多次以自己患有高血压为由不服从管理，经常不叠被子。案发前，董某所在小区停车位比较紧张。一天，有人把车停在了他的停车位。董某因一时不满，点着了旁边的垃圾桶，结果最后烧到了对方的车。从入监甄别身份开始的近两个月时间里，董某天天喊冤叫屈，认为自己被判得重了。尽管民警反复做他工作，但效果不佳。"我们认为，第三方的专业律师会发挥更大的作用。"某监狱通过专业律师给董某做辅导，结果仅用一次就做通了董某的工作。当时朝阳区司法局一共派来了4名律师，他们分别从不同的角度给董某耐心讲解。最终董某认罪，开始服从管理。

为了促使新入监的罪犯培养和强化身份意识、服刑意识、责任意识和悔罪意识，北京市某监狱抓住入监管理和教育的关键，系统实施四项具体业务，即"学制度，立规矩，正言行，打基础"。

第一，学制度。罪犯来到监狱，在适应监狱环境的过程中，首当其冲的是学习《监狱法》和《监狱服刑人员行为规范》等一系列的法律、法规、规章和规范性文件，学习监规纪律，学习应知应会的其他内容，使其成为狱内生活的标准，该怎么做、不该怎么做，入脑入心。

第二，立规矩。"没有规矩，不成方圆。"监狱的生活是一种特定环境下的社会集体生活，必然产生各种各样的规矩。这些规矩不是为了"折腾人"，而是出于维护集体正常秩序的需要，也是罪犯养成良好生活习惯、营造良好的改造氛围的需要。罪犯在监狱服刑中，要把衣、食、住、行、用、通信、会见、娱乐等方面的一整套规矩"内化于心"，变成自己内在的价值观念、处事原则和行动指南，变成自觉自愿自律的行动。

第三，正言行。"循礼循仪循规矩，正衣正冠正言行。"罪犯在监狱生活中，要把规矩"外化于行"，站有站相，坐有坐相，言谈举止中规中矩，待人接物文明有礼。

第四，打基础。罪犯在服刑当中，既要规范行为，更要转变思想。但是，思想的转变不是一朝一夕就能完成的，往往需要一个漫长的过程，入监教育的时间是非常有限的，在此期间彻底转变思想是不现实的。所以，这个阶段的重点是抓行为规范，"学制度，立规矩，正言行"都是着重讲"规范"，而"打基础"则重点解决深层次的思想观念问题。打基础主要体现在两个方面：一是打认识基础，每一个罪犯都要对"你是什么人""这是什么地方""你来这里干什么""你应当怎样做"等问题有一个清晰准确的解读。二是打劳动的基础，每一名罪犯都要积极树立劳动光荣的观念，学习劳动技能，掌握安全生产知识，养成积极劳动习惯，用辛勤的汗水洗刷自己的罪恶。

● 延展

问：新入监的罪犯应当以怎样的心态度过监狱服刑生活？

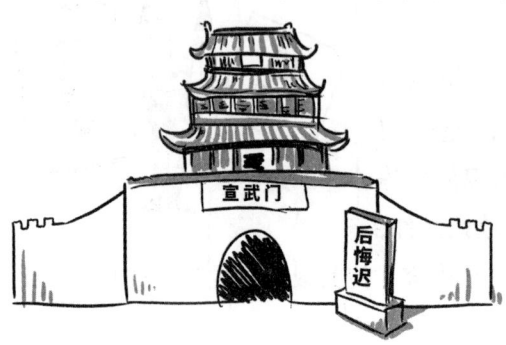

答：老北京的宣武门被称为"死门"。宣武门门外的菜市口是有名的刑场，在清代，死囚从宣武门出去，经过护城河上的断魂桥，到了菜市口就可以结束自己的人生了，据说宣武门门洞的旁边本来有块石碑，上面刻着"后悔迟"三个字，意思是出了宣武门死囚再为自己的所作所为后悔也已经没有用了。而今，在监狱服刑的罪犯大多也在为自己的过去懊悔不已，但并非"后悔迟"。虽然有"一失足成千古恨"一说，但"放下屠刀，立地成佛"，则昭示出犯了罪的人，也可以有光明的前途。

既然前途是光明的，入监服刑的罪犯就应当以一种积极的心态去努力争取。英国著名文豪狄更斯以前说过："一个健全的心态比一百种智慧都更有力量。"这句不朽的名言告诉我们：有什么样的心态就会有什么样的人生，那么，罪犯服刑应当抱有哪些积极心态呢？

一是敬畏之心。不少罪犯在社会上"天不怕、地不怕"，恣意而为，到头来锒铛入狱。人生在世，没有敬畏之心是非常可怕的。"敬"是尊重，"畏"即畏惧。曾国藩说："心存敬畏，行有所止。"只有心存敬畏，才能有如履薄冰的谨慎态度；才能有战战兢兢的戒惧意念；也才能在变幻莫

测、纷繁复杂的社会里，不浮躁，不被私心杂念所扰，保持内心的执著和清静，恪守心灵的从容和淡定。罪犯来到监狱要改变自己的命运，就要敬畏天地，敬畏生灵，敬畏法律，敬畏社会规则。敬畏心不是迷信，具有警戒与自省的作用，有助于规范与约束人的言行举止。

二是感恩之心。有的罪犯习惯于把太多事

情视为理所当然，因此心中毫无感恩之念。既然是当然的，何必感恩？一切本该如此，他们应该有权利得到的。正是因为有这样的心态，这些人才会过得很纠结。人是社会的动物，离开了社会，一个人很难生存和发展。谁敢说从呱呱坠地到长大成人，从来没有得到过别人的帮助？知恩图报，是人的品性，是生活中的大智慧。感恩是一份美好感情，是一种健康心态，是一种良知和生活动力。

三是进取心。被判刑入狱是人生的重大挫折，有的罪犯因此而失去自信，自甘堕落，不思进取，抱着破罐破摔的心态，混刑度日。看看自己周围的大部分人在做什么，别人都在铆足劲积极进取，争取光明前途。"人亦人也，我亦人也，缘何不如人也。"面对服刑改造生活，积极改造信心不足的，要振作精神，换个活法，在不断进取中努力改变自己的命运。

第三节　坦白检举

今天的一切是由昨天决定的，明天将取决于你今天的选择。

——佚名

◉ **事例**

种瓜得瓜　种豆得豆[1]

罪犯张某因抢劫罪被判处有期徒刑 8 年，在入监教育期间，主动坦白了自己还有一起盗窃罪，价值 3000 多元。就在他坦白交代的第二天，当地公安机关通知监狱机关，已侦破此案。在

---

[1] 该事例由北京市第二监狱局提供。

对张某这起盗窃案的追诉过程中,鉴于张某经教育后,已经主动坦白交代自己的余罪,并且有悔改表示,监狱机关建议应从轻处理,这一建议得到采纳,法院裁定对张某的余罪免于刑事处罚。张某深有感触地说:"我坦白盗窃案后,真有些后悔,担心被加刑。结果证明我的担心是多余的,这块石头总算落了地。"

另一名罪犯周某,因抢劫罪被判处有期徒刑6年,但入监后,拒不交代自己与他人合伙盗窃电视机、录像机的余罪。刑罚执行机关多次宣传坦白政策,可周犯无动于衷,抱着侥幸心理,继续隐瞒,试图蒙混过关。"法网恢恢,疏而不漏",在此期间周犯的余罪被同案犯检举揭发,周犯在人证、物证面前也只能供认,最终被人民法院加刑7年,与前罪合并执行13年。

罪犯张某和周某在入监服刑前都有余罪,但二人对待余罪的心态和做法却不同,导致的结果也截然相反。可谓是种瓜得瓜,种豆得豆。

以上事例充分说明,监狱服刑罪犯彻底交代余罪与试图隐瞒余罪的结果完全不同。党和国家对待犯罪分子一向采取惩罚与宽大相结合的政策。如果罪犯彻底坦白交代问题,就可以得到从轻处理;如果继续刻意隐瞒,必将受到法律的严厉制裁。在坦白与否这个关键点上,何去何从,罪犯要算清账,就像有人所说:"今天的一切是由昨天决定的,明天将取决于你今天的选择。"

坦白,在监狱执法中是一个比较宽泛的概念,既包括罪犯向司法机关和执行机关坦白自己服刑前的余罪,也包括罪犯向司法机关和执行机关坦白服刑期间的新罪,还包括罪犯向执行机关坦白自己严重的违纪行为。无论哪种情况,罪犯都可以得到从轻处理。

罪犯在入监教育阶段,坦白主要指向罪犯服刑前的余罪。与坦白相关的法律规定主要有刑法,以及最高人民法院的司法解释和具体规定。《刑法》第67条第1款规定,犯罪以后自动投案,如实供述自己的罪行的,是自首。对于自首的犯罪分子,可以从轻或者减轻处罚。其中,犯罪较轻的,可以免除处罚。该条第2款规定,被采取强制措施的犯罪嫌疑人、被告人和正在服刑的罪犯,如实供述司法机关还未掌握的本人其他罪行的,

以自首论。该条第3款规定犯罪嫌疑人虽不具有前两款规定的自首情节，但是如实供述自己罪行的，可以从轻处罚；因其如实供述自己罪行，避免特别严重后果发生的，可以减轻处罚。

以上规定涉及三个概念：一般自首、余罪自首和坦白。

一般自首，指犯罪人自动投案，如实供述自己罪行的行为。这种自首必须具备以下条件：首先，犯罪人自动投案，指犯罪人在犯罪之后归案之前，主动、直接向公安机关、人民检察院、人民法院交待自己的犯罪事实，听候司法机关处理的行为。其次，犯罪人如实供述自己的全部罪行。只供述部分的罪行不能认定为自首。

余罪自首在理论上也被称之为特别自首或准自首。余罪自首的主体只能是已经被采取强制措施的犯罪嫌疑人、被告人和正在服刑的罪犯。这种自首，必须是如实供述司法机关还未掌握的自己的其他罪行，即司法机关正在审查的罪行或者正在服刑之罪以外的其他罪行，而非只是补充自己已为司法机关所知之罪的犯罪细节。最高人民法院的相关规定，将余罪自首中关于"司法机关尚未掌握的本人其他罪行"的含义，界定为"与司法机关掌握的或者判决确定的罪行属不同种罪行"。这一解释，进一步确定了"余罪自首"中所谓的"余罪"只能是与已掌握罪行不同的异种罪行。异种罪行一般应以罪名予以区分。如本节开篇事例中，罪犯张某因犯抢劫罪被判刑，入监教育期间如实供述司法机关还未掌握的自己的盗窃罪行，前后罪名不一样，属于异种罪行，以余罪自首论。

坦白是指如实供述自己的罪行。无论是一般自首还是余罪自首，如实供述自己的罪行，都是必备的要素。如果不构成一般自首和余罪自首，但是如实供述自己罪行，则可认定为坦白的，也可以从轻处罚。例如，某罪犯因受贿罪被判刑，在监狱服刑期间又主动交代了司法机关尚未掌握的其他受贿罪行，由于前后罪行属于同一种类，不能认定为余罪自首，但可以认定为坦白，同样可以得到从轻处罚。不仅如此，如果罪犯如实供述自己罪行（坦白），从而避免特别严重后果发生的，还可以减轻处罚。

对于有余罪的监狱服刑罪犯来说，要了解我国法律有关规定，相信党和国家的刑事政策，积极主动地坦白判决时漏掉的罪行。反观一些刻意隐

瞒自己罪行的罪犯,他们往往抱着侥幸心理,幻想逃避惩罚,但又时刻担心有一天被他人检举,进而背负更重的刑罚。他们心理负担沉重,往往食不甘味、噩梦连连,可谓寝食难安。与其担心害怕,惶惶不可终日,不如坦然面对,早日痛下决心,主动向司法机关如实供述自己的余罪,彻底放下心中沉重的包袱,早日得到解脱。事实表明,在是否主动交代自己问题的关键节点上,经历过苦苦挣扎和内心煎熬的罪犯,在作出正确选择后,得到的不仅仅是从轻发落的结局,更多是心灵解脱之后的释然,从此轻装前行,在认罪悔罪、积极改造的征程上迈出坚实的第一步。

监狱敦促罪犯坦白交代余罪的同时,也引导、监督和鼓励罪犯检举狱内外违法犯罪行为。检举是我国宪法赋予公民的一项基本权利,也是监狱法赋予服刑罪犯的一项特定权利,同时被界定为罪犯的一项义务。也就是说,罪犯有权利也有义务检举狱内外的违法犯罪行为。

作为权利,罪犯向司法机关和执法机关检举狱内外违法犯罪行为,受法律保护。受理机关对检举的内容严加保密,对检举人严加保护。罪犯在检举过程中完全可以打消顾虑,放心大胆地据实举报。检举一经查证属实,执法和司法机关会依法给予相应奖励。

作为义务,罪犯如果对于狱内外的违法犯罪行为知情不举,包庇违法犯罪分子,使其逍遥法外,一经揭露并查证属实的,知情不报者将受到纪律和法律的惩处。

从监狱执法实际看,监狱在罪犯中开展的检举揭发活动有两个方面。一是社会上的违法犯罪行为,重点是久侦不破的下列案件:重大抢劫、盗窃案件;故意杀人、放火案件;涉黑涉恶案件及黑恶势力"保护伞";蓄意报复社会的爆炸案件;涉毒案件;强奸案件;拐卖妇女、儿童案件;藏匿枪支弹药、爆炸物、管制刀具案件,等等。二是监狱内的违法犯罪行为,重点是尚未查清的下列案件:预谋脱逃、组织越狱和暴动越狱案件;

煽动闹事、行凶的案件；私藏现金、赌博案件；欺压、殴打他人的案件；拉帮结伙、制造混乱、串联同案犯订立攻守同盟、散布反改造言论的案件；其他危及监管安全、扰乱监管秩序的案件。

监狱在入监教育阶段，通常把敦促罪犯坦白和检举活动并称为"坦白检举教育"。这项活动始于入监，并延续到刑罚执行终结，是贯穿监狱执法始终的重要举措。罪犯在这一活动中应当做到以下几点：

首先，珍惜机会。党和国家对犯罪分子一贯采取给出路的刑事政策，监狱机关在罪犯当中开展坦白检举教育，就是给罪犯悔过自新、改变命运的机会。监狱服刑罪犯要坚信党和国家的刑事政策，打消各种顾虑，不要怕这怕那，犹豫不决，抓住坦白检举的机会，把自己的余罪和自己掌握的他人的犯罪违法行为吐干净，说清楚。只有这样做，才是对国家、对社会、对人民负责任，只有这样做，才是对自己、对亲人、对家庭负责任。

其次，端正态度。做老实人、办老实事、说老实话，是一个人赢得周围人尊重的基本点。这一点对罪犯尤为重要，一些人过去就是吃了不老实的亏，而走上犯罪道路的。在坦白检举过程中，必须痛改前非，说实话、说真话。有的个别罪犯为一己之利，任意捏造，胡说一气，无中生有，栽赃他人，这都是不老实的表现，既害了别人，又害了自己。每一名罪犯都应当牢记一点：诬陷他人是要受到法律制裁的。

最后，严守规程。坦白检举是一件严肃的事件，事关司法和执法的公正，事关罪犯本人和检举对象的切身利益。罪犯在坦白检举时，必须严格按照监狱机关的要求，遵守操作规程。特别注意两点：一是

要有证据意识，坦白和检举的内容要通过自己掌握的证据材料来证明，没有证据材料的，要提供证据线索。对于坦白和检举本身，要按照监狱机关的要求，接受询问并配合完成询问笔录的制作，也可以按照要求自行书写坦白检举材料。这样做的目的是证实坦白和检举自身行为的真实性，为

坦白检举行为人得到从宽的后续处理提供证据。二是要有自我保护意识。坦白和检举要按照监狱机关规定的路径提交并接受核实，监狱机关和司法机关按照法律规定为坦白检举人保密，并对其加以保护，以防坦白检举人受到打击报复。坦白检举人也要具有自我保护意识，决不能向其他罪犯或无关人员泄露内情，否则会给查清事实制造障碍，又会给自己带来麻烦。

总之，罪犯自入监教育阶段开始，一直到刑罚执行终结，整个服刑过程中要重视坦白检举这件大事，珍惜机会，端正态度，争取服刑改造的良好开端和结局。

● 延展

问：坦白是酌定从轻情节还是法定从轻情节？

答：坦白原为酌定量刑情节，《刑法修正案（八）》增设了第67条第3款，使坦白成为法定量刑情节。根据本款规定，如实供述自己罪行的，可以从轻处罚；因其如实供述自己罪行，避免特别严重后果发生的，可以减轻处罚。例如，归案后的绑架案犯如实供述人质的所在地点，使人质获救的，归案后的爆炸案犯如实供述爆炸物的安放地，避免了爆炸事故的，可以减轻处罚。

问：实践中比较常见的不如实供述身份的情况，是否影响自首的认定？

答：根据最高人民法院的有关规定，如实供述自己的罪行，应包括供述主要犯罪事实和姓名、年龄、职业、住址、前科等情况，并对如何认定"如实交代身份"进行了明确。以不如实供述身份是否影响定罪量刑为标准，如果犯罪嫌疑人供述的身份等情况与真实情况虽有差别，但不影响定罪量刑的，可认定为"如实供述自己的罪行"；如果犯罪嫌疑人自动投案后隐瞒自己的真实身份等情况，如冒用他人姓名企图隐瞒前科情况，影响对其定罪量刑的，则不能认定为"如实供述自己的罪行"。

问：通过非法途径获取他人犯罪线索并予检举揭发的，能否认定为立功？

答：司法实践中，犯罪分子为获得从宽处罚，有时会不择手段地以贿买、暴力、胁迫、引诱犯罪等非法手段，或者通过违反监管规定获取他人犯罪线索，对上述情形若认定为立功，则违背了立功制度的初衷。因此，最高人民法院规定，犯罪分子将从以下途径获取的他人犯罪线索予以检举揭发的，均不能认定为立功：（1）通过贿买、暴力、胁迫等非法手段获取的线索；（2）被羁押后与律师、亲友会见过程中违反监管规定获取的线索；（3）本人以往查办犯罪职务活动中掌握的线索；（4）从负有查办犯罪、监管职责的国家工作人员处获取的线索。

第四节　告别旧我

在煎熬与磨砺中告别旧我，你会懂得更加珍惜自己。

——方益松

● **事例**

在忏悔中奋进新生[1]

"服刑改造是一个痛苦的过程，不仅是身体上的，更有精神上的，但是这个过程也是一个机会，一个救赎自己的机会。我将不惧痛苦，勇于担当，接受惩罚，真心救赎……"北京某监狱2018年局级改造标兵方某在监狱召开的改造标兵展示汇报会上如是说。自2010年入监以来，在民警的帮助教育下，方某通过深挖犯罪根源，真诚忏悔罪错，自觉遵规守纪，严格服从管理，积极参加劳动的实际行动，完成了与旧我的决裂，正大步迈向新生的彼岸。

方某，32岁，因故意伤害罪被北京市第一中级人民法院判处无期徒刑，剥夺政治权利终身。入监之初，无期徒刑的压力压得他喘不过气来，

---

[1] 赵远征："在忏悔中奋进新生"，载《北京新生报》。

天空对他来说永远都是灰暗的，彷徨绝望仿佛是他生命的全部。管班民警及时发现了他的问题，对他进行了一系列有针对性的教育。从深挖犯罪根源，清算犯罪危害账入手，教育他要学会换位思考，不能总想着自己，要设身处地从受害人的角度考虑，去体会犯罪行为造成的伤害、制造的痛苦、酿成的悲剧。警官的教育和挽救唤醒了方某内心的良知。他终于从沉沦中渐渐苏醒振作起来。

在监狱的统一部署下，方某积极撰写违法犯罪史、个人成长史和认罪悔罪书，他从深挖犯罪根源，清算犯罪损失账，认清犯罪应受惩罚性等方面对自己的犯罪行为进行深刻思考。他在认罪悔罪书中这样写道："我的犯罪虽然源于一时的冲动，但这其实是我不学法、不懂法、不敬畏法律的必然结果。我的犯罪行为剥夺了他人的生命，不仅严重触犯了国家的法律，给受害人和受害人的家庭造成了永远无法弥补的伤害，同时也给我自己的亲人带去了抹不去的伤痛。我的犯罪行为必然要受到法律的严惩。我对我曾经犯下的罪行感到非常悔恨。"

在民警和亲人的教育下，方某将认罪悔罪作为努力获得新生与自由的起点，用实际行为与过去诀别，真正从罪恶的束缚中挣脱了出来。他说："认罪悔罪是服刑改造的基础；重新做人是服刑改造的最终目的。只有从内心深处拷问自己，曾给社会、他人、家庭和自己造成了多大的伤害；只有用一颗真诚忏悔之心认罪悔罪，才能真正完成灵魂的救赎。入狱服刑，就像人生路上跌了一大跤，确实可悲、痛苦，但已无法改变，必须正视。正视它的过程就是接受改造，真心赎罪的过程，就是自己努力爬起来的过程。"

劳动是罪犯走向新生的必修课。方某用勤勤恳恳、踏踏实实、积极劳动的行动永远告别旧我，收获新生的希望。

作为监区的事务犯，抬饭桶、发饭菜、刷菜盒子、打扫水房、倒垃圾等都是方某的劳动任务。这些劳动看似简单，但想做好还真是不容易。且不说事务犯一年365天没有休息，就是每天的日常劳动也丝毫不轻松。监区在四楼，每日三餐需要抬着八九十斤重的饭桶从一楼到四楼，这绝对是个重体力活，但他永远都是抢着干。每天发三顿饭菜，要求干净利落，不出差错。冬天还好，要是夏天，面前热气蒸腾，身上汗流浃背，胳膊上被

烫得一片片红肿那是经常的事情,但他从来没有叫过一次苦。每天中午都要刷洗全监区罪犯使用过的近百个菜盒子,一遍热水一遍凉水,夏天热水熏蒸,冬天凉水刺骨,手上总是裂开大大小小的口子,但是他从来没有发过一次牢骚。打扫水房,身高一米八的他需要猫腰钻到水池子下面用手一点点地抠饬,常常累得腰酸背痛、满头大汗。每当有人问他干嘛这么较劲时,他总会憨憨地笑着说:"这可不是较劲。我干的活都关系到大家的卫生健康,可不能有一丝一毫地马虎。只要大家满意,我累一点不算什么。其实,这何尝不是认罪赎罪,自我救赎的机会呀。"

入监已经快十年了,正是在劳动中,方某逐渐认识到劳动对于罪犯实现新生转变具有的重要意义和作用。他发现劳动的每个环节都能有助于改善自己的性格,增长自己的能力。通过服从岗位分配,遵守劳动纪律,保质保量完成劳动任务,他认识到了规则的重要;通过与其他事务罪犯配合,他树立了良好的团队协作意识,增强了组织协调能力和灵活处理人际关系的能力。就连每日分发馒头这件事情,也让原本脾气急躁、耐不下性子的他变得越来越温和细致了。方某常说:"虽然在监狱里的劳动是刑罚要求的强制手段,但是只要我们明确身份、端正态度,一样能在劳动中收获信心和成长。"如今,方某的努力得到了民警和其他罪犯的认可,更坚定了他改造新生的信心。

踏实改造的努力从来不会白费。2018年全年零违纪的方某获得了一次减刑的机会,并被评为局级改造标兵。他常说:"这些年的改造生活让我认识到,只要深挖犯罪根源,真诚认罪悔罪,服从警官管理,自觉遵规守纪,积极参加劳动,就一定能够收获属于我们自己的新生梦想。"让我们预祝方某在未来改造新生的大路上一直大步向前,早日回到亲人的怀抱。

以上事例讲述了一名罪犯痛改前非、脱胎换骨、迎接新生的历程。在负责罪犯入监教育的某监狱有一个罪犯宣誓广场,当中矗立着"凤凰

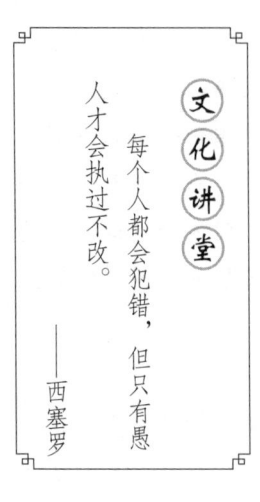

文化讲堂

每个人都会犯错，但只有愚人才会执过不改。
——西塞罗

涅槃"的雕塑，意寓期待罪犯不畏痛苦、执着改造、迎接新生。罪犯要完成自我的改造，就必须经历无以复加的痛苦。

说到痛苦，投入监狱服刑的罪犯要承受着失去人身自由所带来的固有的痛苦，这是一种从始至终、持续不断的痛苦感受。其实，在国家动用刑罚惩治犯罪的过程中，接受痛苦的何止是罪犯。罪犯的犯罪行为不仅给国家和社会带来了难以弥补的损害，而且给刑事被害人及其家庭和亲人带来了难以愈合的伤痛，同时也给自己的家庭和亲人带来了难以言状的苦难。可以说，在刑事案件中没有"赢家"。

被害人以及家属是最痛苦的一个群体。特别是遭遇犯罪致病、致残、致贫的被害人及其家属，因为罪犯（被执行人）在监狱服刑或无赔偿能力，让他们的生活陷入困境。2015年12月29日，李某与被执行人盘某发生口角继而发生打斗，盘某用一把尖刀将李某砍倒致其左颈动脉大失血死亡，后盘某被法院判处有期徒刑15年，并在附带民事诉讼判决盘某赔偿李某父母李某丧葬费32231元。判决发生法律效力后，被执行人支付了9000元赔偿款后就再没有履行付款，由于被执行人盘某未能继续履行，被害人李某的家人申请法院强制执行。在执行过程中，被害人李某的家人未能提供被执行人的财产线索，执行民警到盘某家核实情况，只见一间破败的土坯房里简陋的生活用品，困顿显而易见，且盘某现在监狱服刑，不具有赔偿能力，李某家人无法获得赔偿。而同时，李某的父亲又身患重病，连续住院治疗导致家中的生活境况更是雪上加霜，在案件发生后，唯一的儿子死亡，生活的"多重打击"几乎让李

司法为民，我们为您老两口申请了司法救助，希望可以帮二老渡过难关！

某父亲对生活失去信心。看到这种情况，执行法官意识到这个案件不是"执行难"，而是真正的"执行不能"。承办法官积极协调，争取到了剩余

的赔偿金额 23200 元司法救助金,帮助李某家人渡过眼前的难关。[1]

在我国南方曾经发生过这样一起盗窃案,四个年轻人为了喝酒小聚,合伙盗窃了一个变电站的变压器,砸坏以后卖了里面的铜线,价值万元的变压器,他们只卖 2000 元。就在这 2000 元背后,有两家工厂因停电停产;几十家农村种植厂的香菇因停电毁于一旦;当时正是麦子扬花灌浆的时候,因浇不上水,几千亩麦子绝收绝产;也许这四个盗窃变压器的青年不知道,他们这四家的麦子也在其中。因工厂断电停产,工人下岗;因香菇菌种坏死,种植户赔了全部家当;因麦子绝收,多少农家断了口粮。

罪犯家庭和亲人也因罪犯入狱服刑陷入持久的苦难之中。在上述盗窃案发生后,罪犯年迈的父母,因为觉得无颜再见邻里乡亲,全都离家出走,流浪他乡。日本作家东野圭吾创作的长篇小说《信》中的主人公是一对在父母死后相依为命的兄弟。因工作受伤而失业的哥哥武岛刚志,为了筹备弟弟的学费,铤而走险犯罪杀人。原本成绩优异前途光明的弟弟武岛直贵,因为哥哥突如其来的犯罪,不得不背负杀人犯弟弟的精神债务,坠入社会歧视的轮回。一封封寄自高墙之内的家信,寄托了哥哥对弟弟的无尽牵挂,同时也为弟弟带来了无尽的噩运。弟弟难以忍受歧视,与哥哥断绝关系。后来,多年未见哥哥的弟弟去监狱演出,只在现场远远地看着哥哥。[2]

面对犯罪给多方主体带来的痛苦和伤害,为引导新入监的罪犯挖犯罪根源,反思自己走上犯罪道路的原因,负责罪犯入监管理教育的某监狱,自 2015 年以来,组织新收罪犯开展了清算社会危害账、亲情伤害账和经济损失账活动。监狱将上述"三笔

---

〔1〕"被害人遭遇犯罪致贫,司法救助解'执行不能'之困",载云南省法院决胜"基本解决执行难"信息网。

〔2〕"东野圭吾新作《信》引进出版",参见人民网,2009 年 10 月 9 日,最后访问时间:2018 年 5 月 8 日。

账"具体细化成 17 项,并设计成表格的形式,要求每名罪犯根据自己情况如实填写,监区按照档案逐一核对后汇总。同时开展教育,组织每名罪犯完成算清"三笔账"的文字材料。要求从自身犯罪给社会、国家、被害人以及自己家人带来的伤害与损失几个方面进行自我剖析。

监狱算清"三笔账"的活动,还扩展到了所有押犯,在细化的 17 项中,仅"社会危害账"就占 14 项,包括所有押犯被判刑期总数、因暴力犯罪造成的被害人死亡人数、涉及毒品犯罪中所认定的毒品数量、涉及财产型犯罪的涉案金额等内容。在 2015 年首次参与调查的 200 余名罪犯中,共涉及罪名 300 余项,被判处罚金、没收财产、民事赔偿等财产刑高达 24 亿元;在毒品犯罪中涉案毒品达到 21 万克;在贪污、受贿、走私、诈骗等犯罪中,涉案金额达到了 3 亿元。

通过清算"三笔账",罪犯对自身的罪行重新认识,并深刻反思。罪犯张某说,以前虽然也谈认罪悔罪,但从来没有精确地计算过自己的犯罪给社会和他人造成何种程度的损失。这次清算,既对给国家造成的伤害和损失感到痛悔,也对给亲人带来的伤害感到羞愧。

"三笔账"实际都是因犯罪而来的痛苦账。清账活动的开展,有助于罪犯反思自己罪行的社会危害性、刑事违法性、应受处罚性,有助于反省自己的成长史、犯罪史和改造史,也有助于罪犯痛定思痛,痛下决心,痛改前非,学凤凰涅槃,浴火重生。

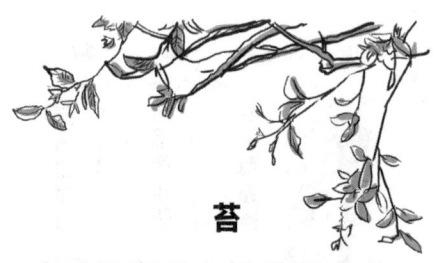

苔
白日不到处,青春恰自来。
苔花如米小,也学牡丹开。

也许有人要说,我只是一棵小草,恐怕学不了凤凰。可以说,学不来凤凰,那就学一只蝴蝶,做一回"破茧成蝶";当一棵小草,那就学一回青苔,"苔花如米小,也学牡丹开"。一句话,把监狱的生活活出生命的意义来,自踏入监狱这一刻起,就要准备开启奋进的征程,为了重返社会并重新融入社会,守法自立的人生目标,告别旧我,迎接新生。

● 延展

问：新入监的罪犯应当如何看待告别旧我、迎接新生的问题？

答：对这个问题，可以从方益松的散文《告别旧我》中得到启发。

告别旧我

生活中，有太多的苦难与失落，然而这一切并不是生活的错。当你觉得无法改变生活的时候，你不妨试着告别旧的自我。

告别旧我需要足够的勇气。

告别旧我，不仅意味着与昔日的狂妄不羁、为所欲为、纸醉金迷、梦里绮罗相诀别，更重要的是在告别中重塑新的自我。

告别是一种舍弃，告别是一种迎接。

告别旧我的日子里，重塑新我是一个永恒的话题。一切的一切都围绕着这个主题与重心，一如既往、一往无前。在挥汗如雨中告别旧我，你会发现劳动的意义，并在艰辛与汗水中有所收获与感悟；在煎熬与磨砺中告别旧我，你会懂得更加珍惜自己，更加懂得自己拥有的义务与权利；在罪错中告别旧我，你会发觉新生的无法抗拒。告别昔日的轻浮，告别昔日的张狂，告别昔日的无所事事，告别昔日的罪错与龌龊，我们便告别了一个丑陋的自我。

告别旧我，并不只是告别罪错，告别是旧我的结束，告别是一个沉重的并且付出无限艰辛和苦涩的过程。告别是新生的开始，在告别中，没有征询，没有探讨，更没有任何讨价还价的余地。不畏惧艰险，不轻信诱惑，不考虑名利，不甘于沉没，在告别的同时，我们便重塑了一个崭新的自我。

告别旧我，告别昔日的无知与懦弱，告别从前的颓废与沉落。在告别中自我循序渐进、锲而不舍，并且日臻完善。告别是一个艰难的过程，告别是一个重新的开始。告别是一种手段，一种方式方法。

告别旧我，是为了以崭新的姿态重新面对生活。

监管改造分册

第四章

养 成

第四章 养 成

一名记者在采访一位诺贝尔奖获得者时,问:"您在哪所大学学到了您认为最重要的东西?"那位诺贝尔奖获得者平静地回答:"在幼儿园。"记者很是惊讶,接着问:"您在幼儿园学到了什么呢?"诺贝尔奖获得者说:"学到把自己的东西分一半给小伙伴;不是自己的东西不要拿;东西要放整齐;饭前要洗手;要诚实,不撒谎;打扰了别人要道歉;做错了事情要改正;大自然很美,要仔细观察大自然。我一直按幼儿园老师教的去做的。"良好习惯的培养要从小养成,一旦错过了好习惯的黄金养成期,形成了坏习惯,以后就很难纠正过来,正所谓:一年养习惯,十年改习惯。

在监狱服刑的罪犯中,不少人没能从小养成好的生活、学习和工作习惯,这往往是他们社会化失败、最终走向犯罪道路的原因之一。到了监狱服刑,这些罪犯面对的一个重要的改造任务就是养成良好的生活、学习和劳动习惯。但是,由于错过了黄金期,养成良好习惯就变得异常艰难。实践证明,罪犯良好习惯的养成,必须通过强制性的行为矫正来实现。这就是监狱将罪犯的良好习惯养成列为监管改造内容的原因。另外,尽管现代监狱强调尽量缩小罪犯的监禁生活与社会自由生活之间的差距,但出于维护监管秩序的需要,狱内生活还是会与社会自由生活有所区别,罪犯入监后,应当尽快适应监禁生活,养成遵守监管纪律、踏实改造的良好习惯。也就是说,摒弃入监前的恶习、陋习,和服刑期间养成遵规守纪、踏实改造的良好习惯,是罪犯行为养成的两个重要方面。

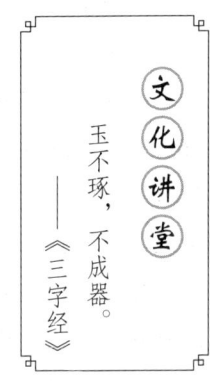

文化讲堂

玉不琢,不成器。

——《三字经》

本章着重讨论罪犯良好生活习惯养成的问题,分为遵规守纪、生活节律、定置管理和监管环境四个部分。

第一节 遵规守纪

让遵规守纪成为一种习惯。

——佚名

◉ **事例**

他对监规纪律始终心存敬畏[1]

入狱之前,李某有自己的正式工作,虽然收入不高,但是养家糊口绝对没有问题。李某的性格内向,平时不爱多语多言,由于家中一些琐事,与家人发生矛盾,一时冲动失手,将自己的妻子打伤致死。尽管十分懊悔,仍然被判无期徒刑。

在看守所长达两年半的起诉审判周期,李某煎熬等待着最后判决结果,由于看守所羁押时间不能抵减无期死缓罪犯的刑期,在李某服刑8年之后,余下的刑期仍然十分漫长。面对高墙电网,面对会见室玻璃窗对面母亲和儿子焦虑的期盼,李某内心感到十分懊悔,十分痛恨自己的鲁莽无知。原本自己有一个美满幸福的小家庭,事业上也刚刚小有成绩,仅仅因为自己不懂法律,不会借助法律手段处理问题,使本来的家庭小矛盾、小问题、小纠纷,最终演变成为严重的伤人事件,而且夺取了自己亲人的宝贵生命,让孩子失去了母亲,自己失去了妻子,闯下滔天大祸,让家庭蒙受了巨大痛苦和灾难。留下年迈的父母、年幼的儿子,让老人背负起艰难而沧桑的探监之路……

李某内心所承受的巨大压力,警官看在眼里。警官一遍又一遍的心理开导和心理安抚,法制理念的灌输和教育,让李某深刻认识到,触犯法律是极其严重的事件,会造成极其严重的后果,只有铭记法律的尊严,才会

---

[1] 摘自《北京新生报》,作者喻晓。

保障自己家庭平安、事业顺利、人生圆满。

李某本来是一个本分人，入狱之前，由于不学法、不懂法、不畏法、不守法，最终因为生活中的琐事，竟然闹出人命官司，被法院判处重刑。他进入高墙之后，意识到之前的行为是如此荒唐和无知，意识到人生最为重要的是遵守法律制度。法官判决锤子一声巨响，让李某脑中终于明白了法律的威严、法律的无情、法律的严肃。正是这种觉醒和清醒，使李某自入监开始，内心牢固树立起了"规矩意识、制度意识、改造意识和服从意识"，抱定一个坚定的信念："踏实积极改造，遵守监规纪律，改变思想理念，重建人生信心"。依据这个理念，李某给自己立下了改造誓言："不偷懒、不耍奸、不怕苦、不怕累；踏踏实实、勤勤恳恳、承担责任、履行义务，用劳动汗水，冲刷耻辱，用优异成绩，报答亲人。"

几年来，李某时时刻刻践行着自己的诺言，用自己的行动，谱写了人生新的篇章。在劳动车间，李某专拣重活、累活、脏活来干，从来不记个人得失，更不会给民警出难题。在监舍监区，无论是抬饭擦地，他从来不记个人利益，不会计较自己的辛勤付出。在他心中，多干点活不会累死人，更何况在当前的改造阶段，用劳动汗水去冲刷昨天的罪恶，用积极的人生态度，去矫治清理心中的残余陋习，这是砥砺品德、启迪心智、开启光明之路的重要方法。他对极个别身边人，来到监狱之后，仍然投机钻营，仍然在改造中耍一些小聪明的行为感到十分不理解。他经常与其他罪犯交流时说："做老实人可能一时吃亏，但是从长远来看，规规矩矩做人，诚诚恳恳做事，会有好的回报。"正是这样一种诚信理念，使李某的改造之路走得扎实而坚定。

在改造环境中，监规纪律犹如纵横交错的高压线，只有每时每刻都抱定"如履薄冰，战战兢兢"的谨慎态度，才会让改造之路更加宽敞明亮。在10多年的改造历程中，无论是劳动改造、学习教育、环境卫生，还是物品定置、认罪悔罪、班组活动，在涉及罪犯的全景改造空间里，李某都能做得恰到好处，都得到了民警肯定，没有一点一滴违规违纪的行为，更没有任何被扣分的经历，这是很了不起的事情，也是一般人很难做到的。

梳理李某遵规守纪的做法，一是对纪律意识约束一直特别敏感。监狱改造活动尽管十分庞大而又复杂，但是也有规律可循。重要的法则需要认真学习领会相关制度规定，注意平时行为细节，摒弃一切侥幸理念，规规矩矩履行好责任义务；二是对任何事情要积极主动，而不是依靠"撞运气，赌一把"的思维，在监规纪律问题上耍小聪明。对于监规纪律所禁止的行为，主动提前做好准备，将防范做在前面，避免改造行为出现偏差；三是注意民警的及时提示，认真做好不同环节不同时间节点的纪律约束。每到制度改变或者是新规新政实施之时，民警总会反复提醒，自己应该克服惰性，在执行新规新政方面，要有警觉意识，更要有自觉作为的理念，只有自己积极主动，才能创造良好的改造成绩；四是克服改造中的从众思维，认为别人所做的事，自己也可以做。这是很不严肃的。对于监规纪律所不允许的行为，内心应该有一个警戒线，无论别人怎么做，自己都应该有一

种敬畏。远离违规违纪，依靠内心的警觉意识、防范意识、纪律意识和规范意识，心中始终牢记自己的责任、自己的身份、自己的任务，只有将全部改造行为一一管理控制到位，才会取得良好的改造成绩。通过努力，李某获得了多次奖励。

总结李某的标兵故事和改造行为，主要是身份意识、服刑意识、悔罪意识和守纪意识较为明确，改造态度十分端正，改造方向正确，内心激发有十分强劲的改造活力。心中有目标，脚下有力量。在回归目标的召唤下，李某坚定信念、奋发努力、不畏困难，向着既定的方向砥砺前行。

遵规守纪，对于服刑罪犯而言，"规"是规则，"纪"是纪律。规则需要认同和内化，纪律要求敬畏和服从。在监管改造中，规则和纪律通常被合称为监规纪律。监规纪律是一个比较完整的体系。在法律层面，《监狱法》的有关规定是监规纪律的法律表现形式；在部门规章层面，司法部

《监狱服刑人员行为规范》及其补充规定是监规纪律的核心组成部分；在操作层面，各地监狱管理局的相关规范性文件，以及各监狱的罪犯一日生活制度等规定，进一步细化了监规纪律的内容，以便于实际操作。

遵规守纪，是监狱服刑罪犯的基本遵循，其意义在于以下几个方面。第一，遵规守纪是监狱依法对罪犯实施惩罚的需要。依法剥夺罪犯的人身自由，从而实现刑罚的惩罚功能，是监管改造的前提性任务。因此，罪犯不得超越警戒线和规定区域，不得脱离监管擅自行动。监狱与外界的警戒线是一条"高压线"，严禁罪犯超越警戒线。如果罪犯执意挑战国家刑罚威严，擅自越过警戒线，依法构成脱逃的，势必承受由此带来的一切法律后果。在监狱警戒线以内，罪犯也必须在规定范围内活动，未经警官允许不得擅自离开活动区域。罪犯一旦出现擅自离开规定区域、脱离民警监管视线、脱离罪犯互监组等行为，也要接受相应纪律制裁。第二，遵规守纪是监狱维护正常监管秩序的需要。波兰作家莱蒙特体悟到"世界上的一切都必须按照一定的规矩秩序各就各位"。前苏联著名教育家马卡连柯说："社会的形式就是纪律。"他还说："纪律是集体的面貌，集体的声音，集体的动作，集体的表情，集体的信念，监狱是社会的组成部分，罪犯的服刑生活是一种集体生活，在监狱环境中和罪犯集体生活中，必须用严格的纪律维护正常的监管秩序。"第三，遵规守纪是罪犯养成良好习惯的需要。良好习惯的培养需要从小养成，一旦错过了好习惯的养成黄金期，以后就很难纠正过来。监狱服刑罪犯中有不少人在成长过程中，没有接受良好的教育，很小就混迹社会，养成了许多生活陋习，甚至是犯罪恶习。他们把种种陋习和恶习带到监狱环境中。对于已经错过最佳养成期的罪犯，要把他们身上的陋习和恶习矫正过来谈何容易，不采用强制性的矫正措施则难以奏效，不从一点一滴着手也不会有所改观。这就是监规纪律对服刑罪犯的日常生活的每一个细节都非常重视的原因。完备详尽的罪犯服刑生活规范、学习规范和劳动规范，其制定和实施的目的在于矫正罪犯的不良习惯，并初步养成良好的生活习惯，为罪犯

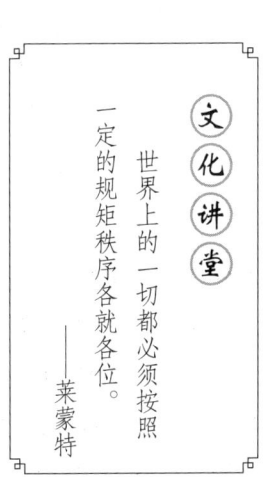

文化讲堂

世界上的一切都必须按照一定的规矩秩序各就各位。
——莱蒙特

接受改造打好基础、铺平道路。

监规纪律的内容涉及罪犯的基本规范、生活规范、学习规范、劳动规范和礼貌规范，也遍布于政治改造、监管改造、教育改造、文化改造和劳动改造"五大改造"实施过程中。这些规范从功能的角度看，可以分为倡导性规范、指令性规范、禁止性规范和结果性规范。

第一，倡导性规范。提倡什么，鼓励什么，引导罪犯朝什么方向努力，是推出罪犯服刑改造倡导性规范的任务。我国《监狱法》明确规定了罪犯积极改造行为的标准，对罪犯的悔改表现、立功表现、重大立功以及其他积极行为的标准作出了明确的界定，为罪犯积极改造指明了方向，树立了标杆。

第二，指令性规范。应当做什么，如何去做，做到什么程度才算达到标准，这是指令性规范的任务。监狱服刑罪犯指令性规范的范围十分广泛。基本规范包括：拥护宪法，遵守法律法规规章和监规纪律；认同祖国、认同党的领导、认同社会主义、认同中华民族、认同中华文化；服从管理，接受教育，参加劳动，认罪悔罪；爱祖国、爱人民、爱集体、爱学习、爱劳动；明礼诚信，互助友善，勤俭自强。依法行使权利，采用正当方式和程序维护个人合法权益，等等。

第三，禁止性规范。规定罪犯在服刑期间不应当做什么的规范是禁止性规范。禁止性规范通常被视为纪律范畴。罪犯在服刑期间应当严格遵守以下纪律：不超越警戒线和规定区域，不脱离监管擅自行动；不私藏现金、刀具、刃具等违禁品；不私自与外界人员接触，索取、借用、交换、传递钱物；不在会见时私传信件、现金等物品；不擅自使用绝缘、攀援、挖掘物品；不偷窃、赌博；不打架斗殴、自伤自残；不拉帮结伙、欺压他人；不传播犯罪手段、怂恿他人犯罪；不习练、传播有害气功、邪教，等等。

第四,结果性规范。当罪犯做出某种特定行为时,应当受到什么样的处理,这样的规范被称为结果性规范,又称处理性规范。例如,监狱对罪犯的计分考核对符合标准的给予基础分,表现突出的给予加分,违反规定的给予扣分。又如,对于罪犯的积极改造表现,监狱可以给予表扬和物质奖励,对于确有悔改表现、立功表现、重大立功表现的,依法提请减刑,符合假释条件的依法提请假释。对于罪犯违反纪律的行为,监狱依法予以警告、记过或禁闭处罚,构成犯罪的,依法追究刑事责任。

作为在监狱服刑的罪犯,如何做到遵规守纪?下面这篇短文《罪犯如何才能规范自己的行为》[1]从一名服刑罪犯的角度谈了这个问题。

在监狱服刑期间,我们在日常的改造生活中,如何才能严格要求自己,规范好自己的行为,避免发生违规违纪的事情,养成良好的行为习惯,争取良好的改造成绩呢?我认为必须牢牢抓好"学、用、省、促、养"这五个字。

一"学",就是要学好规范,对要求掌握的规范条文能流利地背诵,不管什么时候,什么地方提问,都能背诵如流,并在速记的基础上,领会规范的精神实质,明确什么事可以做,什么事不可以做,什么行为是对的,什么行为是错的,以便遵照执行。如果规范的内容都不能熟记,那么就无法去谈什么严格遵守了。

二"用",就是用规范去约束自己的一言一行,规范自己的行为,使自己养成良好的行为习惯,这是学习规范的目的,也是学习和运用规范的重点之所在,单纯的学而不用,就不能达到学习的目的。

三"省",就是自我反省,也叫内省。孔子曰:"吾一日三省吾身",每天一次或几次对自己的行为进行反省,找出问题和不足,以利于以后更好地提高自己。我们虽然不能像孔子那样一天数次反省自己,但我们至少一天一次或一天两次反省自己,比如,每天临睡前进行反省,看今天哪些做对了,哪些做错了,还存在什么问题和不足,不断地修正自己前进的步伐,如果这样做了,我们还何愁自己不能进步呢?

---

[1] "罪犯如何才能规范自己的行为",载豆丁网,https://www.docin.com/p-224021511.html&isPay=1,最后访问时间:2019年4月20日。

四"促",就是罪犯之间要开展批评,搞好互相监督,互相促进。要敢于同违规违纪的行为作斗争,弘扬正气,抵制和打击歪风邪气,营造"遵规守纪光荣,违规违纪可耻"的良好改造氛围。

五"养",就是促养成。通过规范修正自己的行为,使自己逐渐养成遵规守纪的良好习惯,人都是有惰性的,而且人的坏习惯都有其顽固性,因此人的好习惯的养成不是一件容易的事,这就需要我们以行为规范为戒尺,不断鞭策自己,从小事着手,从点滴做起,不断修正自己的行为,持之以恒,长期坚持,逐渐养成良好的行为习惯。

"学""用""省""促""养"五字是互相联系的,五个字当中"学"是"用"的前提,"用"是"学"的目的,而"养"又是"学""用"的最终目的,"省""促"是"学""用""养"的有效促进手段。在实际的改造生活中,只要我们能够将这五个字有机地结合起来,将五个字都抓紧抓好,那么,就能学好、用好规范,逐渐使自己的行为规范化,养成良好的行为习惯,使自己成为人人称赞的遵规守纪模范。

● 延展

问:罪犯的生活规范有哪些主要内容?

答:按时起床,有秩序洗漱、如厕,衣被等个人物品摆放整齐。按要求穿着囚服,佩戴统一标识。按时清扫室内外卫生,保持环境整洁。保持个人卫生,按时洗澡、理发、剃须、剪指甲,衣服、被褥定期换洗。按规定时间、地点就餐,爱惜粮食,不乱倒剩余饭菜。集体行进时,听从警官指挥,保持队形整齐。不饮酒,不违反规定吸烟。患病时向警官报告,看病时遵守纪律,配合治疗。不私藏药品。需要进入警官办公室时,在门外报告,经允许后进入。遇到问题,主动向警官汇报。与警官交谈时,如实陈述、回答问题。在指定铺位就寝,就寝时保持安静,不影响他人休息。

问:罪犯的学习规范有哪些主要内容?

答:接受法治、道德、形势、政策等思想教育,认清犯罪危害,矫治恶习。接受心理健康教育,配合心理测试,养成健康心理。尊重教师,遵守学习纪律,爱护教学设施、设备。接受文化教育,上课认真听讲,按时完成作业，争取良好成绩。接受技术教育，掌握实用技能，争当劳动能手，增强就业能力。阅读健康有益书刊，按规定收听、收看广播电视。参加文娱活动，增强体质，陶冶情操。

问：罪犯的劳动规范有哪些主要内容？

答：积极参加劳动。因故不能参加劳动的，须经警官批准。遵守劳动纪律，坚守岗位，服从生产管理和技术指导。严格遵守操作规程和安全生产规定，不违章作业。爱护设备、工具。厉行节约，减少损耗，杜绝浪费。保持劳动现场卫生整洁，遵守定置管理规定，工具、材料、产品摆放整齐。不将劳动工具和危险品、违禁品带进监舍。完成劳动任务，保证劳动质量，珍惜劳动成果。

问：罪犯的文明礼貌规范有哪些主要内容？

答：爱护公共环境。不随地吐痰，不乱扔杂物，不损坏花草树木。言谈举止文明。不讲脏话、粗话。罪犯之间互称姓名，不起（叫）绰号。来宾、警官进入监舍时，除患病和按规定就寝外，起立致意。与来宾、警官相遇时，文明礼让。

问：罪犯行为规范"十严禁"有哪些内容？

（1）严禁编造、传播政治谣言，诋毁党、国家和国家领导人；（2）严禁顶撞民警，不服从管理；（3）超越警戒线和规定的活动区域、脱离监管擅自行动；（4）严禁私自持有、使用通讯工具、绳索、便服、刀刃具等违禁品、违规品、危险品；（5）严禁私自与外来人员接触、串通、勾结；（6）严禁拉帮结伙、恃强凌弱、欺压他犯、牢头狱霸；（7）严禁自制食品饮品、存储过期食品、伙吃伙喝；（8）严禁冲洗凉水澡；（9）严禁私改囚服；（10）遇上级领导、来宾参观监区时，要起立致意，面墙站立，严禁观望、尾随、评头论足、随意走动。

问：罪犯参加社会帮教时，应当遵守哪些规范？

答：参加社会帮教活动时，应在警官的带领下有序进入帮教场所，帮教活动期间，应如实反映改造情况和诉求，不得无理取闹，经监狱批准，接受帮教部门赠送物品时应表示感谢；未经警官允许，不得通过帮教工作人员传递物品或信息，不得私自与帮教部门工作人员接触，帮教活动结束后，按警官指令有序返回。

问：监狱的违禁品、违规品、危险品包括哪些？

答：违禁品是指禁止罪犯持有、使用的，可能影响监所安全稳定的物品。主要包括：（1）警械、枪支、弹药、雷管、炸药等物品；（2）手机、对讲机及相关附属配件、音像录放设备、便携式电脑、上网设备、内存卡、音像制品，以及其他具有移动通讯、拍摄、存储、游戏功能的电子设备；（3）各种货币现钞、金融卡和有价证券；（4）鸦片、海洛因、冰毒、吗啡、大麻、可卡因等毒品，以及国家规定管制的其他能够使人形成瘾癖的麻醉药品和精神药品；（5）管制刀具和刃器具；玻璃陶瓷类制品及含有玻璃制品的物品；（6）军警制服、便服、无监狱标志衣服、假发；（7）宣扬凶杀、暴力、色情、邪教、极端宗教思想，内容反动、涉及国家秘密、监狱内部事项以及其他威胁国家安全、监狱安全、有碍改造的各种文字、图片、音视频、电子材料等宣传制品和淫秽物品；（8）香烟、酒精类饮品、钟表、有效证件、火种及点火器具；（9）利用生产、生活类物品自制的具有一定杀伤力、破坏力的物品；（10）其他禁止罪犯持有、使用的，可能影响监所安全稳定的物品。

违规品是指监狱规定应由监狱或监区集中保管，在限定区域和时间内限制罪犯持续持有和使用的物品。主要包括电动剃须刀、指甲刀、收音机、电池、运动衣（鞋）、演出服装（道具）、文体器材、缝衣针线、不具有杀伤力的生产原材料、药品、饰物等物品。

危险品是指因监狱生产、建筑施工及罪犯生活等原因确需进入监管区，按照规定应当由民警集中保管、监督使用的物品。主要包括：（1）用于罪犯生产、生活的各类刀具、刃器具、炊具、绳索、棍棒、绝缘物品及其他具有一定杀伤力、破坏力的锐器、钝器、生产工具；（2）水管、绳梯、爬梯、脚手架等攀高物；（3）用于生产的易燃易爆品（如汽油、柴油、稀料、油漆等）、麻醉品、剧毒品（如农药、卤水等）及放射性、腐蚀性物品（如洁厕灵等）；（4）其他可能给监狱安全造成威胁的危险物品。

第二节　作息制度

让我们全心全意地收获生活的每一天，在平凡的日子里感受生命的美好，在耕耘里感受劳动的快乐和收获的期待。

—— 俞敏洪

● 事例

他们的空暇时间是这样利用的[1]

监狱与军营一样执行严格的一日生活制度，罪犯的劳动和学习是服刑时间安排的主项，而在8小时劳动日和教育日以外的空暇时间，除了整理内务和休息，还可以用来做些什么呢？针对这个问题，北京市某监狱自2003年以来，成立了几十个兴趣小组，数百名罪犯参加了形式多样、内容各异的兴趣小组。

在病犯管理单位，有70余名患病罪犯，由于病症的困扰，再加上对医疗知识的不了解，导致一些患病罪犯心态失常，畏病疑病，医患之间矛盾比较突出。对此，病犯监区成立了健康兴趣小组。在监狱医院和心理矫治室的帮助下，兴趣小组广泛学习医学知识和保健常识，提高罪犯对自身健康问题的了解。兴趣小组举办的第一次活动，是由医院医生做讲座。医生给患病罪犯们开出了第一张药方——"关爱"，要求小组成员以一颗爱心投入到改造生活当中，以积极乐观的生活态度面对挑战。通过活动，患病罪犯逐渐理解医生，配合治疗，精神面貌有所改观。

有些兴趣小组采取了双簧、相声、小品等艺术表现形式，加深罪犯对中华传统道德"仁、义、礼、智、信"的理解。许多罪犯反映，这样的教育形式活泼，与现实生活联系紧密，令人印象深刻。有个音乐兴趣小组，

---

[1] "用兴趣促进改造——北京市第二监狱开展监区兴趣小组活动纪实"，摘自《人权》。

自编自创了歌曲《知荣明礼做新人》并且排练了手语操《感恩的心》，用歌舞形式表达了胸怀感恩之念，新生回报之心。

罪犯张某原来脾气暴躁，常因生活琐事与其他罪犯发生口角。去年年初他加入监区成立的书画兴趣小组，每日业余时间寄情山水，冶情养性，脾气大有改变，人际关系也得到了改善。2018年夏季的一天，同班罪犯王某因琐事与张某发生摩擦，两人产生口角。管教民警得知这一情况后，认为可以结合张某正在学习山水画的契机，利用绘画艺术中蕴含的哲理开导教育他，以此提升教育效果。在个别谈话中，民警对他说："山水画的意境在于唯宁静以致远，而和谐是其灵魂，这和人生如出一辙。"张某听后若有所悟。当晚，他主动找到王某，与他进行了一番坦诚的交谈，并对自己以前的行为做出了道歉。王某很是感动，随即也进行了自我检讨，两人之间的积怨也由此得到了化解。

一个书画兴趣小组特意在他们的会见日当天，把他们近些年来所写的书法作品交给家属，向他们汇报改造成绩。这些家属们在感动之余，也由衷地赞叹，认为监狱对罪犯的改造工作取得了实效。每月的会见日中，经常会有家属向监狱民警反映，说他们的家属近些年来在监狱里服刑，不仅懂得关心体贴家人，而且还学书法，学外语，与以前相比大有长进。

被誉为20世纪最伟大的心灵导师、美国现代成人教育之父的戴尔·卡耐基曾经说过："零星的时间，如果能敏捷地加以利用，可成为完整的时间。所谓积土成山是也，失去一日甚易，欲得回已无途。"以上事例就讲述了监狱利用罪犯劳动和学习的空暇时间开展罪犯兴趣小组活动的成效。

作息制度体现了生活节律，生活节律是指人类生命运动的节奏和规律。自然界的生命体为了适应生存环境而初步形成了生命运动的节律，人类从远古时期就选择了"日出而作，日落而息"的生存法则。时至今日，这一基本作息方式和有规律的生活方式，仍被视为健康的生活方式。在人类社会的各种集体生活中人们都制定了统一的作息制度，以保证集体生活能够有序进行。例如，军队、学校，乃至幼儿园都有一套作息时间表。监

第四章 养 成

狱罪犯的服刑改造生活也不例外，为了保证罪犯的生活符合健康法则，为了罪犯的服刑和改造的集体生活有序进行，监狱为罪犯制定和实施了服刑期间的作息制度。目前，罪犯的服刑改造实行"5+1+1"的时间分配模式，即每周5天劳动、1天教育、1天休息。罪犯的劳动时间每天不超过

8小时，未成年犯每天劳动时间不超过4小时。罪犯每周休息1天，另外，每逢国家法定节假日休息。因此，监狱罪犯的作息制度（也称一日生活制度）分为劳动日、教育日和休息日三种情况。各地监狱在保证作息制度符合基本规范的基础上，根据驻地的地理气候条件、节气变化和本单位监管改造实际，分别执行带有自我特色的作息时间表。以下是北京市监狱管理局制定的罪犯作息表。

罪犯作息时间表

	事项	时间	备注
早间	起床、如厕、早点名、早操、洗漱、整理内务（70-80分钟）	5:50—7:10	非休息日
		6:50—8:00	休息日及法定节假日
	早餐、服药（40分钟）	7:10—7:50	非休息日
		8:00—8:40	休息日及法定节假日
昼间	上午出工（4小时）	7:50—12:00	劳动日
	学习日（4小时）	8:00—12:00	教育日
	午餐、服药（1小时）	12:00—13:00	每日
	下午出工（4小时）	13:00—17:00	劳动日
	学习日（4小时）	13:00—17:00	教育日

续表

事项		时间	备注
晚间	晚餐、服药、文娱活动（1小时）	17:30—18:30	每日
	收听、收看《北京新闻》，收看《新闻联播》（1个时）	18:30—19:30	每日
	晚间学习教育（1小时）	20:00—21:00	周一至周四
	晚点名（10分钟）	21:30—21:40	每日
	就寝	21:40	每日

注：（1）劳动日每日10:00-10:30及15:00-15:30期间组织10分钟的工间操。

（2）休息日期间，下午最晚于14时前起床。

（3）各监狱在完成出操、学习教育、罪犯8小时劳动等规定动作的情况下，可结合押犯特点、生产任务、季节、天气等情况，适当调整作息时间，报市局备案审查后执行。

针对上述罪犯作息时间表，北京市监狱管理局在各个环节提出了相应的具体要求。

（1）起床。听到警官下达"起床"指令后，迅速起床，按规定穿着囚服，等候点名。因病无法起床的，班长及时向警官报告，经批准后可不起床。

（2）点名。听到点名后依次答"到"，声音洪亮。等候及点名过程中，不得擅自讲话、走动、串换位置、代人答"到"。

（3）出收操。听到警官下达"出操"指令后，以班为单位出监区，接受安检，列队报数，齐步行进至操场指定位置。行进过程中步伐一致、队列整齐、口号洪亮。到达指定位置后，按监狱规定开展广播体操、队列训练或其他健身活动。听到警官下达"收操"指令后，迅速集合，列队报数，经安检、搜身后返回。

（4）洗漱、整理内务卫生。以班组为序洗漱，应节约用水，不得长流水，不得拥挤抢位，不得大声喧哗，不得故意拖延，不得乱扔、乱倒脏水、废弃物。

按照监狱定置管理规定整理内务和打扫公共区域卫生。班内定置管理的所有物品及区域卫生，每日就寝前应保持原样。监舍内不得私自搭挂衣物，遮挡监控视线。

（5）就餐。按照警官指令，依次到达指定位置，逐一领取饭菜，有序回到指定位置用餐。除因病卧床外，不得代领饭菜。就餐期间，不准敲击餐具嬉闹，不准浪费粮食，不准伙吃伙喝，不准乱倒残汤剩饭，禁止存放剩饭剩菜。餐后，以班次为序清洗餐具，并在指定位置摆放整齐。

（6）服药。按照警官指令，自备饮用水到达指定位置列队等候。服药时应先行核对药品种类及数量，在警官监督下服药，并签字确认、接受检查。不遵医嘱用药的，本人需写出书面说明。不得私自藏匿药品。

（7）出工。听到警官下达"出工"指令后，以班为单位依次行至楼下，接受安检，列队报数。不得携带与劳动无关的物品。出工途中，按照警官口令，齐步行进，唱爱国歌曲、改造歌曲，声音洪亮。到达劳动区域，接受安检搜身后依次进入劳动区域。

（8）劳动。有劳动能力的罪犯必须参加劳动。劳动期间，应穿戴劳动保护用品，发现安全隐患及时报告。领取劳动工具的，需经警官同意并签字。

劳动期间应遵守劳动纪律，严守操作规程，爱护生产设备，保质保量完成劳动任务。未经允许不得擅离劳动岗位、互监小组，不得私自与外界人员接触，不得将劳动区域物品带出。

劳动期间按监狱安排做工间操。

（9）收工。听到警官下达"收工"指令后，及时关闭机器设备，清理劳动现场，上交劳动工具，迅速集结列队，经安检搜身后有序返回监区。

（10）户外活动。按警官指令，通过安检到达指定位置。活动期间，需在警官指定区域进行，不得进行激烈的对抗性活动，不得擅自脱离警戒区域，不得擅自接触非本监区人员，不得赤背，不得随地便溺、乱扔废弃物。户外活动结束后，接受安检搜身，有序返回监区。

（11）收看新闻。按规定时间、地点，收看《北京新闻》及《新闻联播》。收看过程中，坐姿端正，着装规范，保持肃静，不得交头接耳、随意评论，不得随意走动，不得从事无关活动。

（12）就寝。晚点名后10分钟内应在指定铺位、按指定方向就寝，个人物品摆放整齐。就寝期间保持安静，不准蒙头睡觉、裸睡，不准串换铺位，除如厕、患病就医外不得走动、讲话，影响他人休息。

● 延展

问：监狱鼓励罪犯利用空余时间培养健康的兴趣爱好有哪些积极意义？

答：首先，罪犯利用劳动和集体学习的空余时间发展健康的兴趣爱好，丰富了罪犯的业余文化生活，改善了罪犯的娱乐、休闲内容结构，以优秀先进文明健康的文化充实罪犯的精神生活，有效地抵制了庸俗、无聊、腐朽的监区亚文化，进一步推动了监狱文化建设。其次，监狱鼓励罪犯发展兴趣爱好可以采用独具魅力的艺术形式、形成独具特色的教育手段、发挥潜移默化的教化功能，逐渐改变了罪犯的志趣、爱好乃至性格，有利于平抑罪犯的改造情绪，舒缓他们的心情，从而在和谐环境建设方面发挥了重要作用，有效保证了监区秩序稳定。最后，罪犯参加兴趣小组还有助于他们学习知识，培养技能，从而提升他们的知识水平和文化素养，促使他们在道德上提升认知，在改造上提高质量。

第三节 定置管理

对物品进行有目的、有计划、有方法的科学放置,称为现场物品的"定置"。

——佚名

● 事例

狱内生活情景模拟实训[1]

某监狱以司法部的有关规定为标准,按照罪犯服刑中所遇到的各个管理环节,设立了模拟训练区域,分别是监舍模拟区、会见模拟区、亲情电话模拟区、采买就医模拟区、劳动现场模拟区、分流遣送模拟区、学习现场模拟区、心理解压模拟区。

在监舍模拟区,罪犯会在此学习按照统一要求整理被褥,有序放置个人物品。要做到床单平整无褶皱,床单边掖到褥子下;脸盆架上允许放一个脸盆,脸盆居中摆放,洗漱用品统一放在盆内,毛巾"十字"折叠,搭在盆边,自然下垂到隔板架,毛巾面要平整,毛巾边儿开口向窗户方向。床下只允许放一双鞋,鞋尖向里居中放在床下,鞋后跟与隔板架外沿齐;簸箕、笤帚、纸篓统一摆放在监舍门口内右侧,纸篓放在簸箕内,笤帚放在纸篓里侧。在情景模拟考核中,民警将监舍内簸箕、笤帚、纸篓、储物箱及脸盆内物品摆放顺序打乱,床上放置物品或放置两条褥子,床头挂囚服,窗台摆放鞋子等,要求罪犯找出错误,并说出正确做法。

以上事例介绍了监狱对罪犯狱内生活物品进行定置管理的实训情景。定置管理指对物品有目的、有计划、有方法的科学放置。我国监狱系统明确要求在罪犯的活动现场实行定置管理。司法部监狱管理局多次明文要求

[1] 该事例由北京市第二监狱提供。

对罪犯生产劳动现场实施定置管理。在罪犯的生活卫生管理中，司法部也要求监狱对罪犯监舍实行单人单铺管理，统一配置监舍内设施、器具和物品并实行定置管理。定置管理的实施，既具有保证监管安全的积极作用，又有效促进了罪犯生活、劳动和学习良好习惯养成。根据监狱管理实际，罪犯生活、劳动、学习三大现场的定置管理，主要是物与场所的关系、人与场所的关系、人与物的关系。监管改造中的定置管理主要包括区域定置管理、人员定置管理、物品定置管理和特别定置管理。

一、区域定置管理

针对物与场所的关系，监狱进行区域定置管理，体现"堵与疏"的管理要求。

所谓"堵"，是指监狱将罪犯活动现场严格划分为罪犯在监狱内的生活、学习和劳动场所，实施场所分治，各个场所之间严格分割封闭，物归其所，阻断场所之间非正常的物流。罪犯的个人生活物品不得被带入劳动现场，罪犯的劳动工具和劳动中的物件不得被带入生活区。在学习场所也不得带入与学习无关的物品。

所谓"疏"，是指在场所分治的基础上，每个现场划分不同的功能区，将现场所需物品，按要求疏导至各个功能区，分区置放。

二、人员定置管理

针对人与场所的关联，监狱实施严格的人员定置管理，体现"圈与位"的管理要求。

所谓"圈"，是指罪犯在特定的时间段，必须在指定的范围内活动，且不得从事与服刑改造行为无关的活动。应当组织罪犯在规定的区域和指定岗位劳动，并应设置标识。

所谓"位"，是指监狱对罪犯实行固定其就寝铺位、固定其就餐座位、固定其学习座位、固定其劳动岗位等定位管理。禁止罪犯单独行动。对违反规定、擅离指定区域的罪犯按规定进行处罚。

三、物品定置管理

对物品的定置管理，主要表现为人与物的处理、物与物的处理两个方面。

针对人与物的关联，监狱实施严格的物品定置管理，体现为"分与合"的管理形态。所谓"分"，是指监狱根据定置管理的需要，对现场物品进行分类。首先，以生产活动需要和不需要为标准，对于已经与操作人员失去关联，与现场正常活动无关的物品，彻底清除出现场；其次，以监管活动允许和不允许为标准，通过搜身清监等方式，将不许罪犯持有、携带的物品彻底清除。所谓"合"，指人与物结合，一种是直接结合，即物在操作员的身边，无须转手其他人员，无须四处查找，触手可得，以便提高工作效率，节约管理成本。社会普通企业的定置管理倾向于在生产设备，正在加工、装配、调试、试验、检查的产品，在用的工装工具、工位器具、工具箱、图纸架，在用的工量具、模具、仪表、仪器等方面建立人与物的紧密结合状态。而监狱出于监管安全的需要，往往要对这种结合形式加以限制。只有在消除人的不安全行为和物的不安全状态的前提下，才可以实施人和物的直接结合。由此可见，安全定置是监狱定置管理的首要环节，为此监狱要付出比社会企业更多的安全成本。另一种是人与物的间接结合，即人与物处于松弛结合状态。在生产中使用的物品品种繁多，规格复杂，不可能都放置在操作者的手边。如何找到这些物品就需要一定的信息来指引。例如，监狱代为保管的罪犯个人物品的台账就是一种引导信息。在台账中，每个罪犯的物品都有自己的编号，这种编号可按库、区、架、位"四号定位"原则来编码。有了台账就可知道某种物品放在何处。台账的计算机管理，可发挥计算机自动检索的功能，使信息的引导更快捷。

针对物与物的关联，监狱实施严格的物品定置管理，体现为"静与动"的管理形态。所谓"静"，指物品在现场处于相对固定状态，主要包括那些用作加工手段的物品，如工检、量具、工艺装备、工位器具、运输、搬运工具、设备附件等物品。这些物品一般可多次参加生产过程，周期往复运动。对这类物品实施"三固定"方法，即存放场所固定、存放位置固定、物品标识固定。这些物品使用后要恢复到原来的固定存放点，以便于下次寻找。所谓"动",是指物品处于按照操作流程不停流动的状态,指向物流系统中那些不回归、不重复使用的物品,如原材料、毛坯、零部件、半成品。由于这类物品的种类、规格多,每个品种的数量有时多、有时少,很难就每个品种物品规定具体位置。要根据充分利用空间、便于存放、便于清点数量、减少往复存放工作量的原则来确定具体的存放地点。定置标志也可采用可移动的牌架、可更换的插牌标识对不同物品加以区分。不同位置的分划也可采用可移动的线条边界支架加以分割,以示位置的暂时固定。对处于流动状态的物品,要通过起到引导和确认作用的信息媒体建立起有效关联。台账、平面定置图、场所标志、物品标志牌,就是信息媒

体,这些媒体起到了引导和确认的作用。在实际工作中,寻找一件物品,也许没有这样复杂,通常打个电话就可以办到。但是往往出现特定物品不知道到底去哪儿了的情况,三番五次找来找去,费时耗力。定置管理的实施,可以从源头上杜绝这一现象,起到省时省力、安全、高效的作用。

四、特别定置管理

根据监管安全和生产安全的双重需要,监狱要对一些物品进行特别定置。

(一)监舍物品的特别定置管理

罪犯床铺应保持铺面平整。被子折叠棱角分明,摆放在规定位置。褥子下面除凉席外禁放其他任何物品,凉席不得外露。罪犯就寝时脱下的衣物摆放在监狱规定的统一位置,不得乱搭乱挂。遮挡监控视线。鞋子摆放在床下统一位置,鞋尖朝里。除监舍原有配置外,每名罪犯在监舍内按监舍内罪犯可持有个人物品清单存放物品,监舍内规定存放的罪犯个人物品

统一整齐摆放。笤帚、簸箕、抹布等打扫卫生用品集中存放在卫生间或监区内的固定区域。

（二）储藏物品的特别定置管理

监区一般设罪犯采买物品储藏室和罪犯个人物品储藏室。罪犯采买物品储藏室主要用于存放罪犯采买的尚未发放给本人的物品和食品，罪犯个人物品储藏室主要用于存放已经发放给罪犯本人的物品，包括被服、学习用品、洗涤用品等。罪犯采买物品储藏室应配备物品架、格挡等相应的物品储存设施。罪犯个人物品储藏室内按照监区关押量配备同规格储物柜（储物箱），统一标识，罪犯姓名标记在柜门或箱体上。柜门随时上锁，钥匙由民警统一管理。监区应定时开放储藏室，开放期间民警现场监管。罪犯采买物品储藏室内的物品和食品实行信息化管理，并做好台账、发放、登记。储藏室内确保食品和日用品分开存放，监区定期组织罪犯查看食品、日用品的有效期。监区民警每月至少抽查一次，并做好记录，避免出现过期、变质食品，定期对储藏室卫生进行清理，保持干净整洁，做好防鼠、防虫、防潮等工作。未经监区批准禁止罪犯之间发生物品或食品混放或以班组形式集中存放的情况。

（三）劳动工具的特别定置管理

禁止罪犯保管、登记、分发劳动工具；劳动工具应当实行定人、定位、编号管理。罪犯适用的劳动工具应当实行定人、定位、编号管理，刀具、刃具、钝器等有危险性的劳动工具，使用时应当链锁，防止罪犯利用劳动工具实施犯罪。

（四）危险物品的特别定置管理

对易燃、易爆、剧毒、麻醉品和锐器、攀高物等可作为脱逃工具、凶器或可能造成安全事故的危险物品，应当设立专库由警察或者工人直接管理，建立并严格执行危险物品的领用、回收、清点制度。

（五）罪犯个人药品的特别定置管理

监狱医疗机构应当按照《药品管理法》进行药品采购、保管和使用。

罪犯本人或家属自愿使用自购药品的,可提出书面申请,由监狱审查批准。自购药品费用由罪犯或其家属承担。监狱应做好证据留存工作。监狱应当为每个监区配备统一的药品橱柜,药品由监狱民警统一保管,并定期检查药品储存使用及台账登记情况。经监狱审查批准,患有心脏病类疾病的罪犯可随身带有必要抢救量的急救药品。患病罪犯需要服药的,由医务人员或监区民警严格按照医嘱发放服用,及时登记,做到送药到手、看药入口、咽下再走。严禁罪犯私藏药品。

● 延展

问:定置管理的内涵是什么?

答:作为现场管理的一种行之有效的科学管理方法,定置管理起源于国外企业的生产现场管理,它以物在场所的科学定置为前提,以完整的信息系统为媒介,以实现人和物的有效结合为目的,通过对生产现场的整理、整顿,把生产中不需要的物品清除掉,把需要的物品置放在合理位置,便于操作,从而实现高效生产、优质生产、安全生产。定置管理法因其符合人、物、场所的管理活动规律而被其他领域的现场管理所借鉴和吸收,适用范围不断扩展,应用成效显著。

问:我国监狱推行的定置管理与社会普通单位的定置管理有什么区别?

答:与社会普通企事业单位相比较,我国监狱的定置管理,既有共性又有个性。其个性表现在以下方面:

第一,适用范围的全面覆盖。监狱所实行的定置管理,既适用于罪犯的劳动现场,又适用于罪犯的生活和学习现场,从而实现罪犯监禁状态下服刑改造活动定置管理的全面覆盖。

第二,价值取向的全面权衡。监狱实施定置管理,首先是基于安全的需要,坚持安全第一的原则。而监狱罪犯活动现场的安全又包含了监管安全和生产安全两个要素。因此,监狱要全面权衡安全与高效、监管安全与生产安全的因素,推行适应监狱管理需要的定置管理制度。

第三,追求目标的个性化要求。社会普通单位实施的定置管理,追求人、物、场所之间的最佳结合方式,特别是人与物的直接结合状态,做到

物在人边，随手可取，使用方便。监狱在处理人、物、场所的关系上，追求的是达成预期的关联状态，即保证现场人员在指定的时间段、指定区域内，按照要求接触和使用指定的物品，并进行指定的活动。

问：定置管理的实施要求是什么？

答：定置管理的实施，即按照设计要求，对生产现场的材料、机械、操作者、方法进行科学的整理和整顿，将所有的物品定位，应做到有图必有物，有物必有区，有区必挂牌，有牌必分类；按图定置，按类存放，账（图）物一致。其实施过程包括以下三个步骤：第一，清除与现场活动无关的一切物品。主要是拆除乱建设施，清除各类不需要和不允许存在于现场的物品。第二，设计定置图并按图实施定置。各个监区要根据实际情况设计定置图，然后按照定置图的要求，将活动现场、物品进行分类、搬运、转移、调整并予以定位。定置的物要与图相符，位置要正确，摆放要整齐，贮存要有器具。可移动物，也要定置到适当位置。第三，放置标准信息名牌。以醒目、安全、便利为原则，放置标准信息名牌要做到牌、物、图相符，设专人管理，不得随意挪动。

第四节　监管环境

> 蓬生麻中，不扶而植；白沙在泥，与之俱黑。
>
> ——荀况

● **事例**

大家都在说他的优点，他的脸红了[1]

郭某，男，42岁，汉族，北京籍，初中文化，已婚，因诈骗罪被判处有期徒刑4年6个月。郭某曾因贩毒罪被判处有期徒刑7个月，后又因诈

---

[1]　"消极罪犯郭某的教育矫正案例"，载中国法网案例库。

骗罪被判处有期徒刑4年6个月。入监后，郭某情绪不稳定，常常因为鸡毛蒜皮的小事在班内指桑骂槐，不愿与同班组其他人沟通交流，对民警态度冷淡，学习劳动态度十分消极。

郭某性格自私、孤僻，凡事喜欢以自己为中心，只考虑自己的感受，看谁都不顺眼；性格冲动，加之因减刑政策变化，不能减刑导致的烦躁心理，致使郭某和监区内其他罪犯交流时充满火药味，对民警的教育置若罔闻。相关测试显示，郭某有一定的人际交流障碍，与人相处不自在，与他人相处不够融洽；有轻度焦虑症状，烦恼多，紧张心慌，焦躁不安，对监狱服刑生活有一定的不适应。

但民警发现郭某也有另一面，他性格耿直，藏不住心事，一旦打开内心的阀门，可对别人产生较强信任感。郭某曾在政府部门当过司机，理解和表达能力较好；有闯荡社会的艰辛经历，不怕吃苦，有一定的耐力和毅力。

民警决定对症下药，为了让郭某尽快明确身份，融入服刑环境，民警决定从小处入手，日常活动中对郭某多关注，多了解他的需求，急他之所急，忧他之所忧，使他逐渐能以平和的心态对待服刑生活，也拉近了双方的距离。平时在车间或者通道巡视时，对郭某多一声叮嘱，例如"天冷要加衣啊""注意安全规程啊"，等等，减轻郭某的戒备心理，让他能够敞开心扉。

郭某在班内和其他人关系很僵，但是通过日常谈心了解到，其内心非常渴望被接纳和得到其他人的尊重。监区民警从正反两个方面入手，针对郭某被接纳、被认可的人际关系需求，鼓励其在班会中多发言，不要害怕说错，大胆说出自己的想法，在班组活动中给他更多的表现机会，强化积极体验，替代忽视而引发的捣乱行为。另外，郭某害怕被孤立、被忽视而采用班内碎嘴、指桑骂槐的方式来获得关注，其实这也是一种人际关系的需求，予以负性刺激的方式进行遏制，对其行为进行惩罚。例如要求班内成员在他碎嘴时不要理他，让他自己觉得没趣，自然就停了。郭某感到被孤立后，主动找到监区民警寻求帮助，希望监区民警协调帮他改善人际关系，监区民警趁此机会给他做思想工作，指出其行为的不对之处，经过反复说教，郭某终于能够意识到自身的问题，这方面大有改观。

在郭某与班内其他同犯相处一段时间之后，正好赶上班组建设活动的开展，监区民警借此机会组织他们开展"激励他人"行为训练活动，主要是让班内所有人互相评价其他人的优点。郭某在训练当中，被同犯评价的词语为"负责任""爱家"

"勤劳""大方"等等，在训练之后的讨论当中，大家你一言、我一语说的都是郭某的优点，郭某脸都被说红了。训练过后，监区民警鼓励他正确认识自己，大家评价你有这些优点，就坦然接受，我们今后就要不断地强化自己的优点，在班级里表现出自己积极的一面，做一个阳光向上的人。

为了让郭某能够积极参与班级活动，融入班集体当中，监区民警私下里叮嘱班长李某，还有性格比较温和的方某、祁某、龙某等人多主动去找郭某交流，让郭某有一个倾诉的渠道，避免不良情绪在心中积压。对于郭某监区民警也经常要求他多和班内的其他人说说话，有事不要闷在心里。不管是在主题班会还是小班会上，监区民警都会有意地让郭某发言，每次发完言其他人都会给他热烈的掌声，积极活跃的氛围逐步让郭某跟班内其他人关系拉近。

时隔不久，民警发现郭某似乎还是有什么心事，偶尔会有愁眉不展的样子。经过几次耐心地询问，郭某终于向监区民警敞开了心扉。到监狱服刑的事他一直不敢告诉女儿，只是隐瞒着说是出来做工程，这件事一直是他心中的一个疙瘩，每次想起来都觉得欺骗了女儿，很是对不住她。经过监区民警劝导，郭某终于决定向女儿坦露心迹，写了一封很长的家书，在信中情真意切地向妻子悔过，也向女儿说明了真相，请求女儿的宽恕和理解。郭某的女儿虽然年纪还小，却是个非常懂事的姑娘，在给父亲的回信中寄来了贺卡，鼓励父亲安心改造，自己会在外面照顾好妈妈，安心等他出来。这封回信彻底祛除了郭某的心病，整个人都焕然一新，在监区内表现非常积极，值班打饭、劳动都冲在前面。

经过再次检测，郭某人际关系中度变态、轻度焦虑等症状都恢复了正

常,各项指数也均有下降。郭某心理健康总体水平良好,未见明显的情绪、自信心、心态等问题,负性想法较之入所初期有了很大提升;能够认罪认错,对于自己犯罪行为的量刑能够正确认识接受,没有再发生过违纪行为,规范意识大大提高,能够服从管理,对未来已经有了基本目标,不再彷徨。

郭某入监一段时间以来的紧张、焦虑、孤僻的心理问题已经解决,能够认罪认错,服从民警管教,改变了错误认知,学会了一定的情绪控制的方法,对未来充满了希望,树立了自信心。班组其他成员都说,郭某比刚来的时候脾气收敛了很多,能主动为营造班组好的氛围出一份力。

上述事例讲述了一名罪犯融入所在班组,改善人际关系,在积极向上的监管氛围中不断进步的经历,也反映了民警着力营造充满活力的监管氛围的努力。

监管氛围是监狱监管环境中的软环境,监管环境还有硬环境,硬环境由各种建筑物、场地及其管理状态组成,通常被称作监区环境。下面分别讲解监管氛围和监区环境。

一、监管氛围

良好的监管氛围,对罪犯的情绪和行为养成都有着不可或缺的促进作用。当代学者林非说:"如果一个人始终混迹于贪婪、暴虐和荒淫无耻的氛围里面,却想要出淤泥而不染,让自己向着善良的目标迈进,这确实是很难做到的;反过来说如果这个人长期都生活在诚实、文明和充满爱心的环境中间,往往就不太容易走向犯罪的深渊。"罪犯之所以成为罪犯,往往是受不良社会环境因素的影响。如果到了监狱还没有一个积极的监管氛围,那就很难取得改造成效。

监管氛围的营造,是每一个罪犯班组建设的主要内容。管班民警作为

第四章 养成

管理者，其任务之一就是创造一个充满活力的氛围，为服刑罪犯提供一个好的服刑改造环境。监管氛围看不见、摸不着，但可以被服刑罪犯感知，并影响到罪犯的心态。良好的监管氛围应当促使罪犯养成五种积极心态，即"平等、平衡、平安、平和、平实"。

第一，平等的心态。罪犯在班组中应当感受到所有罪犯之间都是平等的关系，从而养成相互尊重的良好心态。每个人都有作为人的固有的尊严，都希望获得别人的尊重。而要得到别人的尊重，自己必须先要做到尊重别人。下面讲一个小故事。戴尔·卡耐基小时候家里非常穷，吃不饱，穿不暖。由于营养不良，小卡耐基非常瘦小，却长着一对与头部很不相称的大耳朵。卡耐基上在学校可不是一个听话的家伙。因为调皮捣蛋，搞恶作剧，他几次差一点被学校开除。他那双又宽又大的耳朵是同学们嘲弄的对象。有一次，班上一名叫山姆·怀特的大男孩与卡耐基发生了争吵，卡耐基说了几句很刻薄的话，怀特被激怒了，便恐吓道："总有一天，我要剪断你那双讨厌的大耳朵。"他吓坏了，几个晚上都不敢睡觉，害怕在自己进入梦乡以后被怀特剪掉了耳朵。当卡耐基成名以后，仍然没有忘记山姆·怀特。他归纳出了一番人生哲理："要想别人对你友善，要想与同事和睦地相处，处理好上下级关系，那就绝不能去触动别人心灵的伤疤。"我国有句俗话："人要脸，树要皮"，人人都有自尊心，而要赢得别人的尊重，自己必须做到尊重别人。正所谓"己所不欲勿施于人"。

第二，平衡的心态。我国有个成语叫不平则鸣，出自唐代韩愈《送孟东野序》："大凡物不得其平则鸣。"指人遇到不公平的事，就会发出不满的呼声和反抗。在一个班组中要想使每一名罪犯的心态平衡，管班民警在日常管理中就不能厚此薄彼，要"一碗水端平"，坚持"一把尺子量到底，一个标准做到底"。在铁的纪律面前任何人任何时候都没有例外。一位民警谈到带班体会时说："我的性格其实属于比较柔和的那种，信奉'上善若水'，但水不能只有'柔'的一面，一旦遇到有罪犯犯错，水一样的民警也要变成坚硬的冰。我常常对他们说，不要埋怨我管你们，早管还是冰，好歹还能融化成水，管晚就成了铁，是要头破血流的。"[1]

---

[1] 参见北京市监狱管理局网站。

第三,平安的心态。保证监管安全是监狱监管改造的"底线",平安度过刑期是每一服刑罪犯的基本需要,因此,营造安全稳定的监管氛围,是民警和服刑罪犯共同的需要和责任。每一名罪犯应当认识到维护监管安全不单单是民警的职责,也是罪犯义不容辞的责任。事实证明,监狱发生的危及监管安全的事件,受到侵害的大多是服刑罪犯。因此,罪犯要积极投身到安全氛围的营造之中,在民警的教育下,完成从"要我安全"到"我要安全"的转变。在日常活动中,每一个罪犯互监小组的成员都要认真履行相互监督、相互制约、相互促进的责任,留心周围破坏监管秩序、脱逃、伤害等事件的征兆和苗头,一经发现马上向民警报告。同时,要积极参加班组预案应急演练,掌握哄监闹事、火灾地震等事件的应对措施,了解监狱或监区进入紧急状态时,根据指令应当在哪里,应当做什么。为稳定罪犯的改造情绪,确保监管改造秩序的持续稳定,某监狱推广班组处置突发事件顺口溜:"班组预案、互相完善。所有场合、覆盖全员。二人以上、自动互监。五米以内、定位一圈。冲突乍起、隔离为先。分控双方、速报警官。杜绝躲闪、严禁拉偏。维护稳定、福泽全员。"这种朗朗上口的顺口溜更方便罪犯熟知、熟记发生打架等突发问题之后,自己该怎么做,自己该做什么。"监狱对班组处突预案顺口溜高度重视,不但要求罪犯全部熟记,还要对顺口溜内容进行释义,力求每名罪犯都能熟记并明晰顺口溜的意思"。监狱狱政科科长说,"从突发事件的演练等检查情况看,效果良好。班组处突预案顺口溜将作为罪犯改造生活中的一项重要内容长期推广下去"。

监狱生活小天地,各人各有小脾气,遇到争吵及时劝,分隔双方消消气,忍让一时天地宽,宽容别人不为低。

第四,平和的心态。罪犯在狱内的集体生活中要积极培养和保持自己的平和心态,做到与他人和睦相处。"监狱生活小天地,各人各有小脾气,遇到争吵及时劝,分隔双方消消气……忍让一时天地宽,宽容别人不为低。"这是一位民警自己创作的一首打油诗,他把它贴到班级监舍里,时时提醒罪犯宽容忍让。另一位民警在罪犯的集体活动上曾做点评:"大家融合在一起不容易,感谢你们对法律的信任,对制度的尊重,对他人的包容。我希望你们明白,集体环境下要讲共鸣和共情,你开心我也开心,你生气我也不高兴,一定要去努力屏蔽那些不好的情绪。要活出自己的尊严、风采,给自己活,为家人活……"

第五,平实的心态。监管改造的实践证明,积极向上的监管氛围可以促使罪犯养成平实心态。平实心态不是浑浑噩噩过日子,疲疲沓沓度刑期,忙忙碌碌装样子,而是踏踏实实来改造。罪犯要想取得服刑改造的好成绩,好高骛远不行,急功近利不行,好大喜功不行,"虚头巴脑"更不行。唯有以平实的态度去做事,一步一个脚印,一桩一件干好事,一点一滴留好名。只有这样,才能在罪犯之间的良性竞争中崭露头角,赢得民警的肯定和周围罪犯的认可。

良好的监管氛围的营造,民警是"主心骨"。电视剧《亮剑》里的李云龙有一段台词是这样的:"英雄或是优秀军人的出现,往往是由集体形式出现,而不是由个体形式出现。理由很简单,他们受到同样传统的影响,养成了同样的性格与气质……这种传统与性格,是由这种部队组建时首任军事首长的性格与气质决定的。他给这支部队注入了灵魂。从此不管岁月流逝,人员更迭,这支部队灵魂永在。"民警是罪犯班组的"主心骨",在营造班组充满活力的监管氛围中,有的优秀带

班民警推出班组罪犯"我们是一家人"的理念,有的把自己书写的"风清气正"挂出来……他们给罪犯组织注入了灵魂。"严管厚爱"则是优秀民警执法管理的一贯作风,他们是"播火人"。厚爱,燃起了罪犯集体的希望之火;严管,则把"火势"调控得恰到好处。

良好的监管氛围的营造,罪犯班组长、事务犯是"排头兵"。罪犯班组长是民警按照统一的标准,经过严格的程序,从罪犯群体中挑选出来的事务犯,他们负有协助民警处理罪犯日常事务的责任。在营造积极向上的

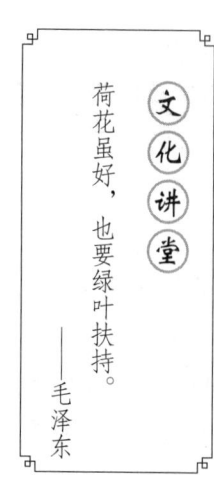

文化讲堂

荷花虽好，也要绿叶扶持。
——毛泽东

监管氛围中，罪犯班组长、事务犯应起到模范带头作用，在遵守监规、认罪悔罪、参加学习和参加劳动等方面，给其他罪犯作出表率，成为标杆，带动整个班组罪犯积极改造。

良好的监管氛围的营造，落后分子是需要补齐的"短板"。在罪犯班组中，总会有个别的落后分子。在管理学上，有个著名的短板原理：一个水桶装多少水，不在于最长的木板有多长，而在于最短的木板有多短。要打造一个优秀的班组，最重要的也是补齐班组内的"短板"。例如，罪犯张某是某班组公认的"短板"，他有"多进宫"的经历，反改造心理极强，刚入监时，经常为了自己的私利，到处生事，很不安分。2017年底，张某准备报奖减刑，但因上次判刑时未执行财产性判项，未能呈报颇受打击。为此，他整天抱怨："上次我的刑都服完了，已经承担了法律责任，现在还要秋后算账，这不是加重刑罚，我实在想不通？"不但自己消极改造，还经常对班内积极改造的罪犯冷嘲热讽，成为班内不稳定的因素。管班民警在了解了张某的成长史、生活史后，知道光是简单的批评教育还是无法解开张某的心结。于

是，一边通过谈话做张某的思想工作，疏导其紧张、焦虑等不良情绪；一边利用会见等时机，做张某家属的工作，为他补交财产性判项，继续报奖减刑。当家属给出"为了他早日回家，就算省吃俭用也要交上这笔钱"的答复时，管班民警知道，让张某放下心结、融入集体的时机到了。家人的积极态度让张某看到了希望，亲情对于张某的转变起到了极大的促进作用。一次会见，张某见到了儿子后很兴奋，主动来找管班民警聊天。"儿子在广告公司工作，一个月挣不少钱，儿媳妇快生了，真是大好事，太高兴了。"张某依然沉浸在喜悦中，"我都是当爷爷的人了，不能再不懂事，让后代笑话"，并当场表态要踏实做人，早日回家享受天伦之乐，再也不

给警官添乱了。后来，张某成了监区的文艺明星，积极参加监狱的读书分享会还获了奖，成为了为班里争光的人。补齐短板的班组朝着"优秀班组"的目标又跨越了一大步。

二、监区环境

监区环境指监狱的硬环境，由监狱的建筑、场地及其管理状况等因素组成。马克思指出："人创造环境，同样环境也创造人。"监狱对罪犯的改造，也离不开良好的监区环境。我国监狱在长期的监管改造实践中，充分认识到"环境改造人"这一独特的作用。

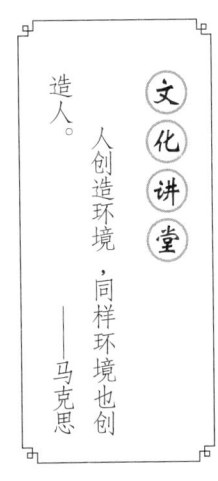

文化讲堂

人创造环境，同样环境也创造人。
——马克思

监狱的硬件环境建设内容广泛，包括监狱的隔离设施、警戒设施、监控设施、教育设施、劳动设施和文化设施等。这里主要从促进罪犯良好行为习惯养成的角度，阐述与罪犯狱内生活卫生密切相关的监区环境问题。

第一，室外活动区域。室外活动区域包括狱内道路、绿化区、活动场、晾衣场等场地，这些室外公共活动区域应保持地面整洁，无污水，无便溺、无脏乱垃圾和杂物。狱内道路应进行平整硬化，做到无坑洼、泥泞、扬尘。室外公共活动区域应进行绿化，种植花草树木，定期维护修整，不得遮挡视线。生活卫生基础设施应完好，排水道无堵塞，无污水外泄。晾衣场（室）环境应保持干净、整洁。晾晒衣物应根据衣物种类、长短等实行分区晾晒，排列有序，不得遮挡监控镜头。狱内生活垃圾应集中统一定点存放，做好防护并及时清理。医疗垃圾按照相关规定存放和处理，不得随意放置、丢弃。

第二，监舍。监舍应当做到透光、通风、无异味，地面干净整洁，墙面无网尘，无墙皮脱落。监舍墙壁宣传装饰由监狱统一设置，做到统一区域、统一规格、统一式样、安全牢固。未经监狱允许，罪犯不得悬挂、张贴任何物品。监舍内禁止晾晒衣物。

第三，监区通道。监区通道应保持干净整洁、无异味。墙面无墙皮脱

落、无网尘。地面无积水、垃圾、污渍、杂物等。监区通道内宣传栏、公示栏等由监狱统一规划，统一样式和规格，做到整洁、无破损。除统一规划外，其他区域不得悬挂、张贴物品或装饰品，不准晾晒衣物。通道内各种信箱由监狱统一设置安装，监区不得随意改变其位置。保持信箱箱体清洁，禁止在箱体上放置任何物品。

第四，生活辅助设施。开水间由民警直接管理，不打开水时及时上锁。开水器应保持干净整洁，禁止在开水器上张贴饰物、放置任何罪犯个人物品。罪犯使用开水一律由民警统一组织，罪犯接触到的开水水温必须为安全水温。因生活和医疗等需要超过安全水温用水的，必须由监区统一安排使用，待达到安全水温后发给罪犯。罪犯不得自行到热水器处直接打水，打水应避开洗衣、娱乐等集体活动时间。

洗漱室、浴室、卫生间应保持通风、无异味，设施完好、洁净，地面无污渍、杂物、积水。洗漱室、浴室地面统一铺置防滑垫，或做好防滑处理并张贴防滑标识。保证排水管道通畅，禁止在洗漱池、便池中倒剩饭、垃圾。未经监狱允许，门窗、墙壁、暖气等处禁止张贴、悬挂任何物品。

● 延展

问：罪犯的互监小组是如何形成的？

答：将罪犯组织起来进行集体活动，是我国监管改造的一大特色。现场活动的罪犯都要编入各种正式组织，禁止罪犯单独活动。现场罪犯组织的基本单元是"互监小组"，其作用是通过编组集体活动，实现罪犯之间互相监督、互相帮助和互相促进改造。每个互监小组一般由三名罪犯组成，除非由警察亲自带领，禁止任何罪犯脱离互监小组自行活动。编组的方式有因人编组、因刑编组、因地编组、因时编组四种方式。因人编组，就是将服刑改造表现积极的罪犯、服刑改造表现一般的罪犯与服刑改造表现落后的罪犯搭配编成一个小组。因刑编组，就是按照在监服刑时间的长短，将刑期（或余刑）短、刑期（或余刑）较长与刑期（余刑）长的罪犯编成一个小组。因地编组，就是把在同一个地点劳动、学习、生活的罪犯编在同一个互监小组里面。因时编组，就是在特定的时间段，将临时加班劳动、参加学习或文体活动、考试等的罪犯编成临时互监小组。以上方式要结合监管需要灵活掌握。

问：罪犯的班长是营造监管氛围的"排头兵"，他们应当具备哪些条件？

答：罪犯班长应具备以下基本条件：认罪服法，接受改造，学习认真，劳动积极；情绪稳定，一贯表现较好，能自觉遵守监规纪律；能积极主动地向民警反映罪犯的真实情况，敢于同违法犯罪行为以及违反监规纪律行为作斗争；认真负责，办事公正，在罪犯中有一定威信和组织能力；原判死缓、无期徒刑的罪犯需减为有期徒刑后；原判有期徒刑的罪犯需入监一年以上；近两年内未受到处分的；累犯、团伙首犯、黑恶势力罪犯、危害国家安全的罪犯以及狱内重新犯罪或因余罪、漏罪解回再审被加刑的罪犯，不得作为班长使用。

问：罪犯班长应当履行哪些责任，遵守哪些纪律？

答：罪犯班长应当履行下列责任：带头并督促本班罪犯严格遵守监规纪律，维护改造秩序；积极带头参加各项改造活动，努力完成学习、教育、生产等任务；发现违反监规纪律的言行立即制止，并向民警汇报；及时发现并主动向民警反映班内罪犯异常情况；检查、督促本班罪犯搞好内务、个人卫生。

罪犯班长应当遵守以下纪律：听从民警指挥，不准阳奉阴违，搞特殊化；认真完成任务，不准弄虚作假，欺骗他人；不准知情不举，包庇、拉拢、打击报复他犯；不准打骂、体罚、侮辱、欺压、诬陷他犯；不准索要他犯财物，不准让他犯提供服务。

监管改造分册

第五章
保　障

1956年7月15日,在全国省、市检察长、法院院长、公安厅局长联席会议上,周恩来总理明确指出,我们对犯人"应该有人道主义,采取不人道的待遇是不对的,应该改正","另一方面人道主义有一定的界限,不能超过法律范围,总是不能跟普通公民一样,工人一样,一下子就宽大无边,没有界限那不许可,总之要把二者结合起来"。

自监狱产生以来,罪犯狱内生活就是监狱管理的基本问题。自由刑出现并很快占据了刑罚体系的中心之后,罪犯生活管理的内容也出现了由窄到宽的趋势,即由单纯的生活保障逐步拓展到权益保障这样一个更大的范畴。我国监狱对罪犯的保障,涉及到罪犯管理、教育、劳动等许多方面。从监管改造角度讲,至少包括:第一,罪犯生活保障,有食宿、被服等内容;第二,罪犯医疗保健,有医疗、卫生防疫等内容;第三,罪犯外界联系问题,有会见、通话、通信等内容;第四,其他人道主义保障措施,如特许离监、暂予监外执行等内容。

本章将就罪犯在服刑期间的上述保障问题进行讨论。

第一节 生活标准

罪犯的生活标准按实物量计算,由国家规定。
——《中华人民共和国监狱法》第50条

● **事例**

财政部、司法部调整在押罪犯伙食实物量标准

1995年7月,根据监狱法关于罪犯生活标准按实物量计算的规定,财政部、司法部制定印发《在押罪犯伙食实物量标准》,首次规定了罪犯每月人均粮食、蔬菜、肉类、蛋鱼豆制品、食油等的实物供应数量。

2013年财政部、司法部印发《关于调整在押罪犯伙食实物量标准的通知》,将原属一类的蛋鱼豆制品调整为蛋鱼虾、豆制品两类,并按罪犯性

别调整了每月人均供应的粮食和蔬菜的数量,另外适度提高了每月人均食油的供应量。调整后的在押罪犯伙食实物量标准参见下表。

在押罪犯伙食实物量现行标准

单位:千克/月/人

品种	男犯	女犯	备注
粮食	16~25	12~20	
蔬菜	17~25	18~25	水果列入蔬菜实物量统计
肉类	1.5~2.5		
蛋鱼虾	1~1.5		
豆制品	1~1.5		以干豆计
食油	0.75~1		

以上介绍了我国监狱罪犯生活实物量供应的具体标准。罪犯的狱内生活管理是监管改造的基本业务,主要包括罪犯伙食管理、罪犯医疗保健和罪犯住宿管理等内容。

一、罪犯伙食管理

罪犯伙食管理,是监狱依法为服刑罪犯提供餐饮的执法活动。

罪犯伙食管理,是解决罪犯在服刑期间餐饮问题的管理活动。服刑罪犯处于封闭式的集体生活方式之中,伙食问题在罪犯待遇中占据着十分重要的地位。首先,罪犯伙食管理是一项严肃的执法活动。伙食供应是罪犯服刑期间日常生活的主要内容之一,对罪犯的伙食管理,不是简单的后勤供应和服务生工作,而是一项严肃的执法活动,必须依法进行。根据《监狱法》第8条的规定,国家保障监狱改造罪犯的经费,其中包括罪犯生活费。罪犯生活费与监狱改造罪犯的其他经费一样,列入国家预算。其次,伙食供应是服刑罪犯最基本的狱内生存条件。食物是维持人生命的基本要素。民以食为天,罪犯也是如此,处在与社会隔离的状态之下,他们的食物需要由国家提供,由监狱依法安排。最后,搞好伙食供应,是罪犯安心服刑的有力保障。罪犯投入监狱内服刑后，需求的层次发生了重大变化，他们更多地关心日常的生活需要，其中伙食是他们最为关心的基本问题。搞好罪犯的伙食供应，有利于稳定罪犯的服刑情绪，从而使其安心地、积极地度过刑期。

罪犯伙食管理，需坚持以下原则：

第一，科学配膳。监狱为罪犯提供的伙食要符合营养学的基本要求。营养学在饮食方面讲求全面、均衡、适度。所谓"全面"即指食材应多样化，食材种类要广泛，单靠一种或少数几种食物不能提供人体所需的全部营养素，这是构成科学膳食的基础。

一般而言食材中的营养素被划分为五大类和若干小类。按照人体所需营养的多少，五大类食材分别是：第一类，谷薯类。如米、面、玉米、甘薯等，主要含有碳水化合物、蛋白质和B族维生素，是人体最经济的能量来源。第二类，蔬菜水果类。富含维生素、矿物质及膳食纤维。第三类，动物性食物。如肉、蛋、鱼、禽、奶等，主要为人体提供蛋白质、脂肪和矿物质。第四类，大豆及其制品。如豆腐、豆腐干等，含有丰富的蛋白质、无机盐和维生素。第五类，纯能量食物。如糖、油脂等，能够为人体提供能量。所谓"均衡"，是指各种食物数量间的比例应合理，即应达到最接近人体吸收并可维持生理健康的模式。所谓"适度"，是指各种食物的摄入量要与人体的需要相吻合，过多或过少都会影响人体的健康。

第二，合理调剂。监狱应当在不突破罪犯伙食标准的前提下，尽量做好罪犯饭菜的合理搭配，通过加强对炊事人员的技术培训，提高饭菜质量，增加花色品种，丰富饭菜口味，克服饭菜长期重复、口味单一的现象。例如，北京市监狱管理局明确规定，罪犯每周的主食品种不少于三种，副食品种不少于四种，菜类以炒制为主。在元旦、春节、清明节、五一国际劳动节、端午节、中秋节、国庆节等重要节日，伙食标准适当上调，充分体现监狱人文关怀。

第三,精细管理。精细管理又称精细化管理,是现代企业的一种先进的管理方式,将其运用到罪犯伙食管理上,所谓"精"可以理解为更好、更优,精益求精;"细"可以解释为更加具体,细针密缕。精细化管理要做到"七个重视",即重视细节、重视过程、重视基础、重视具体、重视落实、重视质量、重视效果,严把"七个关口",即食品采购、验收、储藏、加工、烧煮、配送、就餐,形成有效衔接的食品安全管理责任链。负责罪犯伙食供应的民警要建立各种账目,管好资金、食品和各种物品,保证罪犯的伙食费用完全用于罪犯,严禁挪用和调换食堂的主副食品。

第四,杜绝浪费。罪犯伙食管理要杜绝浪费。一是食材加工环节,要以最小资源投入,包括人力、设备、资金、材料、时间和空间,创造出尽可能多的价值,为罪犯提供优质的生活保障。二是在罪犯用餐环节,杜绝浪费粮食的现象。有些罪犯饭量小,吃不到定量标准,可以采用事先申报数量,打饭时按申报数量领取,打多少吃多少,避免浪费。

确定罪犯伙食标准有两项依据,即基本依据、参照依据。

基本依据,指罪犯维持生命和健康的基本需要。维持生命与健康所需要的营养标准,是确定罪犯伙食标准的基本依据。人在不同的成长发育阶段,所需要的营养量也不一样,因此,监狱对未成年犯与成年犯规定了不同的伙食标准。

参照依据,指社会普通公民的平均生活水平。在确定罪犯的伙食标准时,还有一个参照依据,就是监狱所在社区居民的平均生活水平。第一,罪犯的伙食标准不能超过这一平均生活水平;第二,罪犯伙食标准要尽可能随着这一平均生活水平而相应提高。

《监狱法》第50条规定:"罪犯的生活标准按实物量计算,由国家规定。"采用实物量标准,可以使得罪犯的伙食水平避免受到物价上涨、季节变化等因素的影响,充分体现了我国法律对罪犯合法权益的切实保障。这一方法的主要内容是国家在为罪犯提供狱内生活保障时,具体规定每一个罪犯在一定时期内用于伙食方面的实物量,如粮食、蔬菜、食油、肉食、蛋、鱼、虾、豆制品等项目的数量,然后根据监狱所在地当前阶段的物价情况,计算用于罪犯伙食方面的生活费总额。

二、罪犯被服管理

罪犯被服供应，应本着御寒护体、厉行节约、整齐清洁和便于识别的原则配发。

御寒护体是罪犯被服供应的基本要求，被服要保暖；厉行节约，不但应当节约使用资金，而且要教育罪犯节约使用被服用品，养成良好的生活习惯；整齐清洁，是对被服的卫生和保健方面的要求；便于识别，是出于监狱安全和秩序方面的要求，在罪犯衣服上加上明显的线条或者标志带，便于在平时或者夜间识别出罪犯。但是，禁止在罪犯服装上印制或佩戴有损人格尊严的字样或符号。

罪犯被服属于罪犯生活用品，按照《监狱法》第50条的规定，采用实物量计算。监狱应当严格按照在押罪犯被服实物量标准配发罪犯被服，按司法部规定的统一样式配发。

罪犯的被服应按季节时令变化发放和更换。刑满释放时，应当收回囚服及配发的被褥。

监狱应当统一组织罪犯清洗、晾晒被服。要建立被服发放、回收制度。需要注意的是，罪犯被服实物量标准中，不包括生产劳动所需要的劳动保护用品和工作服。

三、罪犯住宿管理

罪犯在监狱服刑期间的住宿管理，要达到以下要求：

第一，布局配置规范。住宿是罪犯在服刑期间由监狱统一安排的一项基本待遇。监狱应当按照《监狱建设标准》建设罪犯监舍、浴室、晾衣房、储藏室等。监狱应当统一配置监舍内设施、器具和物品并实行定置管理。监舍应当防火、防潮、保证供水、供电，北方地区监舍应当保证供暖。

第二，分配调剂合理。罪犯住宿实行单人单铺管理。监狱对罪犯的居所和铺位的分配要合理，从安全和秩序的角度看，要保证每个互监小组分在同一个房间，铺位相邻相近。在罪犯调离监区或出监后，及时调整互监小组，根据实际情况调剂房间和铺位。对于同一房间内的罪犯之间发生纠纷或冲突，不宜在同一房间住宿时，可调剂房间，以防罪犯之间矛盾升级，影响监管的安全稳定。对拉帮结派、不服管理、违纪违法的罪犯团伙，运用调整正式组织、调整居所等方式予以拆散，并作出相应处理。

第三，注重养成矫正。罪犯住宿管理在促使罪犯摒弃恶习、祛除陋习、养成良好生活习惯方面可以发挥积极作用。一是增强罪犯的集体责任感。罪犯住宿采用集体住宿为主的方式，有助于对罪犯进行集体主义教育，正确处理人际关系。监狱民警要引导罪犯在居所内不影响别人休息、不干扰别人睡眠、相互尊重、互相礼让，发展积极社会行为方式。二是督促罪犯搞好内务卫生。督促罪犯遵守作息时间，切实遵守罪犯生活规范，注意个人卫生，保持居所环境卫生。三是对发生在生活现场的任意串监、打架斗殴、欺凌他人等违纪违法行为及时制止。

● 延展

问：监狱对罪犯的伙食管理有哪些特殊规定？

答：监狱在执行罪犯伙食标准时，应当照顾少数民族罪犯的特殊生活习惯，对有特殊饮食禁忌的，单独设置少数民族灶；根据医嘱为病犯提供病号餐；对所有罪犯充分提供符合健康标准的饮用水；在高温条件下，为罪犯及时采取防暑降温措施。

第二节　医疗保健

健康的价值，贵重无比。它是人类为了追求它而唯一值得付出时间、血汗、劳动、财富——甚至付出生命的东西。

——蒙田

● 事例

特殊的亲情陪护[1]

2019年2月6日，农历正月初二，是万家团聚的日子，在北京市收治危重病犯监狱的亲情陪护室里，郭某和女儿紧紧拥抱在一起，两人失声痛哭，她们是因为这次特殊的团聚而感动地哭泣，是真情的流露……这是监狱探索实施"亲情陪护"工作以来常见的一幕。"亲情陪护"工作是结合住院病犯监管改造工作实际，针对病犯的特点而进行的一项探索。实践证明，"亲情陪护"工作的开展，不但有利于罪犯改造，还搭建起与罪犯亲属沟通的桥梁。每一次亲情陪护，都有一个

感动的故事，都是一次罪犯转变的契机；每一次亲情陪护，都会增进与罪犯亲属的沟通，使其更加理解和支持监狱工作；每一次亲情陪护，都充分体现了监狱的人文关怀，产生良好的社会效应。

罪犯郭某，因肝恶性肿瘤术后住院，伴有高血压，病情严重复杂，节日期间仍然在输液。郭某系职务犯罪，入狱后心理落差大，身患重病后，情绪一度非常低落，又逢佳节，更是想念亲人，多番念叨想念女儿和外孙。正月初二，监狱为其办理了"亲情陪护"，郭某女儿带着刚满1周岁的外孙前来团聚。在亲情陪护室内，郭某一会儿拉着外孙的小手左看右看，一会儿又紧紧地把外孙搂在怀中，还把监狱慰问其的糖果让外孙吃，祖孙三代其乐融融，郭某流下了幸福和激动的泪水。"亲情陪护"结束后，郭某在留言本上写道：我本来对改造生活失去了信心，是监狱领导的关心和民警的帮助，让我在节日里见到了最想念的人，我以后要好好配合治疗，认真改造，争取早日回归家庭，与他们团聚。

---

[1] 尹爱琴："特殊的亲情陪护"，载《北京新生报》。

罪犯谢某，因被确诊恶性肿瘤住院治疗，得知自己患了癌症，情绪非常低落，又因儿子移民定居新西兰，几年没有见面，此时就更加思念儿子。2018年元旦，其子回国探亲，监狱得知这一情况后，立即为其办理了"亲情陪护"，通知其子前来和其团聚。谢某见到儿子，激动地热泪盈眶，和儿子紧紧地拥抱在一起。儿子一边了解父亲病情，一边鼓励父亲要树立信心，配合治疗，争取早日康复。这次和儿子团聚后，谢某的精神状态有了明显好转，积极配合治疗，通过医生的努力，最后病情得以稳定。

罪犯刘某，因恶性肿瘤术后住院，其爱人来会见时，正赶上病情危急，民警立即报告领导，为其办理了"亲情陪护"。当其爱人看到躺在床上的刘某，由于担心其没有得到很好的照顾，当即掀开被子，查看其身上有没有褥疮，干不干净。当发现刘某身上干干净净，被照顾得非常好时，当场流下了激动的泪水，并向民警深深地鞠躬，感激地说："谁都知道久病床前无孝子，他就是在家里面，我也不可能把他照顾得这么好，监狱能派专门护理人员看护他，让他得到这么好的治疗，我万分感谢民警们！"当日刘某病逝，其家人非常配合监狱工作，顺利地进行了善后处理。

自"亲情陪护"工作开展以来，2018年共收到罪犯感谢信40余封，感谢留言300余条，亲属赠送的锦旗20余面。亲情陪护工作的成功开展，是五大改造在监狱生动实践的一个缩影，2019年亲情陪护工作进一步深入落实，为罪犯的身体治疗和心理教育做出积极努力。在2018年办理的100件"亲情陪护"中，因及时告知病情而解除亲属猜疑的有90余例，因对危重病犯进行临终关怀而避免善后纠纷的有5例。监狱还积极向来监会见的罪犯亲属宣传监狱政策，答疑解惑近200人次。良好的沟通和积极的宣传，有效避免和杜绝了可能发生的矛盾和存在的隐患。

以上事例讲述了承担罪犯住院治疗职能的特殊监狱实施亲情陪护的情景,对危重病犯进行亲情陪护活动的成功开展,是监狱罪犯医疗保健工作创新实践的一个缩影。

一、罪犯疾病防控

罪犯疾病的预防和控制,是罪犯医疗保健工作的第一道关口。监狱负责疾病预防与控制的专门机构,应当开展疾病预防控制知识和卫生保健知识宣传教育,定期安排罪犯进行洗浴和晾晒被褥等。落实监狱生产项目准入制度,禁止引入不利于罪犯身体健康的生产项目。

罪犯疾病的预防和控制坚持属地管理,监狱应当将其纳入监狱所在地区的疾病防控计划。监狱应当在当地疾病防控部门的指导下,按照有关规定做好肺结核、艾滋病、病毒性肝炎等传染病的筛查、监测和防控工作,做好精神疾病的防治工作,并建立信息报告制度,健全疾病防控预警机制。

为掌握罪犯身体健康状况及所患疾病情况,监狱医院对罪犯要进行入监体检、年度体检和转监体检。

罪犯在交付监狱执行、暂予监外执行情形消失被收监,或撤销假释被收监及解回再审结案被收监的当日,监狱医院应对其进行入监体检,每年第二季度监狱医院应为入监6个月以上长留罪犯进行年度体检,罪犯转换监狱服刑时,转入的监狱医院应在罪犯转入当日对其进行转监体检。

监狱医院应对罪犯体检结果进行汇总、简要分析、提出建议、形成材料,并在所有体检结果出来后的2个工作日内书面通报监狱。发现罪犯患有传染病或随时可能危及生命的严重疾病,应在知晓结果的当日书面通报监狱。

二、罪犯疾病诊治

(一) 监狱医院就医

罪犯患病首先应在监狱医院就医。监狱医院应开设巡诊、门诊,对患

病罪犯进行诊治。

监狱医院应制定巡诊制度，每周到监区巡诊两次，现场为患病罪犯进行诊治。监狱系统的中心医院根据监狱需要，组织医生到监狱为患病罪犯进行诊治。监狱应为每个监区配备巡诊所需的电脑、打印机等设备，方便医生巡诊。

罪犯在监狱医院就医按下列程序进行：

（1）罪犯填写就医申请单报监区审核；

（2）监区审核同意后，将就医申请单报监狱医院；

（3）监狱医院确定就诊方式、就诊时间并通知监区。监狱医院认为罪犯需要到监狱医院门诊诊疗的，通知监区带罪犯到医院就诊；

（4）医生按约定时间到监区巡诊，监区组织申请就医罪犯逐人有序就诊；

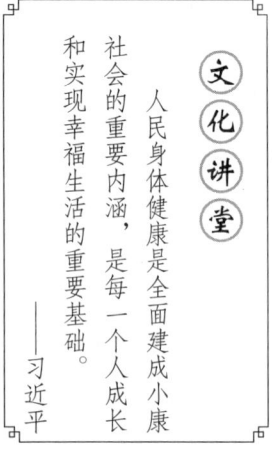

文化讲堂

人民身体健康是全面建成小康社会的重要内涵，是每一个人成长和实现幸福生活的重要基础。
——习近平

（5）医生按要求记录病历，并填写罪犯就医登记表。监区所有申请就医罪犯就诊结束后，医生以口头形式向监区民警作必要的病情介绍和医嘱交代；

（6）需要到监狱医院进行后续检查治疗的，监区遵医嘱带罪犯到监狱医院进行检查、治疗、取药，并负责罪犯就医期间的全程监管。

对需要在监狱医院住院治疗的，按照下列程序办理：

（1）监狱医院开具住院通知单，通知监狱狱政部门领取；

（2）监狱狱政部门通知监区，由监区民警为罪犯办理住院手续；

（3）罪犯病情康复后，监狱医院开具出院通知单，通知监狱狱政部门领取；

（4）监狱狱政部门通知监区，由监区民警为罪犯办理出院手续。

（二）监狱系统中心医院就医

因医疗设备或技术限制，监狱医院对罪犯病情难以诊治的，转监狱上级管理机关设立的中心医院（以下简称中心医院）就医。

罪犯转中心医院就医的，按照下列程序进行：

（1）监狱医院与中心医院医务处沟通罪犯病情，说明转诊必要性，确定就诊时间，确保"来必看、不等待"；

（2）监狱医院填写罪犯离监就医病情审批表，经监狱医院领导审核签字后通知监狱狱政部门领取；同时，将罪犯离监就医病情审批表电子版发至中心医院医务处做好接诊准备；

（3）监狱按照市局罪犯离监就医有关要求，在约定时间押解罪犯前往中心医院就医。

对需要住院治疗的，按照下列程序办理：

（1）中心医院开具住院通知单，交随行医生或押解民警为罪犯办理住院手续；

（2）罪犯病情康复后，中心医院开具出院通知单，传真至罪犯所属监狱；

（3）罪犯所属监狱收到出院通知后，在2个工作日内将罪犯接回。

罪犯前往监狱系统中心医院就医的，监狱医院应派医生携带必要的药品和器材随行，负责押解途中的急救，就医挂号；向接诊医生介绍病情；办理标本送检、缴费、取药、出院结算、出院手续等。

押解民警负责罪犯转诊全程的监管安全，遵医嘱押解罪犯进行检查、治疗等。

罪犯住院、出院时，监狱与医院应共同做好罪犯的人身检查、物品交接和犯情沟通。罪犯有外伤、褥疮或其他异常，应拍照或录像，形成有监狱和医院双方签字的书面材料。

（三）社会医院就医

经监狱医院诊断，确认罪犯病情紧急的，监狱可直接将罪犯送到就近的社会医院就医。非病情紧急，但具备下列条件之一的，经批准可安排罪犯到社会医院就医：

（1）受医疗设备限制，市局中心医院（清河分局医院）不能检查的；

（2）受医疗技术限制须到社会医院治疗的；

（3）经市局批准的其他特殊情况。

罪犯患病需到社会医院就医，应按照规定办理审批手续。罪犯在社会医院检查或手术治疗后，中心医院能够完成后续治疗的，应将罪犯押解回市局中心医院治疗。

罪犯前往社会医院就医的，医院应派医生携带必要的药品和器材随行，负责押解途中的急救，就医挂号；向接诊医生介绍病情；办理标本送检、缴费、取药、出院结算、出院手续等。

（四）急诊

罪犯病情紧急的，监狱及监狱医院应立即安排急诊。中心医院、监狱医院急诊室应安装摄像头，配备急诊所需药品及设备。

罪犯急诊的，无须填写就医申请单，监狱民警应及时带罪犯到监狱医院就诊；需要医生到监区诊治的，由监区联系监狱医院，监狱医院应及时派医生到监区诊治。

罪犯病情危重需转中心医院、社会医院急诊的，监狱应立即启动特殊情况进出监管区大门应急预案。在监狱内或局内医院抢救、处置外伤应在视频下进行，无视频条件的采用执法记录仪予以录像。在社会医院抢救、处置外伤的，应积极与社会医院沟通，予以录像；不能录像的，记录并留存不能录像的原因。罪犯所属监狱应对视频及相关资料予以留存。

三、病情告知

病情告知是指医疗机构将罪犯所患疾病及病情告知监狱，监狱将罪犯所患疾病及病情告知罪犯及罪犯家属。疾病首次发现或已告知疾病病情发生变化时应予以病情告知，未发现疾病或已告知疾病未发生明显变化时无须告知。罪犯病情告知包括大病告知和常见疾病告知。

（一）大病告知

大病告知是指罪犯具有下列情形之一的，医院应告知监狱，监狱知晓后应告知罪犯本人及家属。

(1) 罪犯在体检或诊疗过程中，经医疗机构确诊患有循环系统、消化系统、泌尿系统、神经系统等慢性疾病，或恶性肿瘤、陈旧性器质性病变等严重疾病的；

(2) 经鉴定罪犯患有艾滋病、梅毒、病毒性肝炎等严重传染病的；

(3) 经司法鉴定机构鉴定为精神病的；

(4) 罪犯有肢体、器官、组织残缺的；

(5) 罪犯到中心医院或社会医院住院治疗的；

(6) 罪犯病危、病重、严重创伤或需要手术治疗的；

(7) 正在实施抢救的；

(8) 罪犯意外受伤，监狱认为需要告知的；

(9) 医院或监狱认为需要告知的其他情形。

大病告知按以下要求办理：

(1) 医院填写罪犯病情告知书，交监狱狱政部门。在社会医院就医的，由监狱医院填写罪犯病情告知书。

(2) 监狱狱政部门填写罪犯病情告知书，告知罪犯本人后，一份监狱留存，一份以挂号信方式寄发罪犯家属。

(3) 监狱应在收到医院罪犯病情告知书3个工作日内寄发病情告知书。监狱留存寄信凭据。

(4) 监狱狱政部门当面或会同医院当面告知罪犯家属的，不再寄发挂号信。当面告知应在收到医院罪犯病情告知书5个工作日内进行，罪犯家属应在告知书上签字。

(5) 罪犯住院治疗的，监狱应于24小时内电话告知罪犯家属，再通过挂号信或当面方式告知。

(6) 罪犯病危、病重、正在实施抢救或其他紧急情形的，监狱知晓后应即时电话告知罪犯家属，再通过挂号信或当面方式告知。

(二) 常见疾病告知

不在大病告知之列的属于常见疾病告知，常见疾病告知由医生在诊疗过程中直接告知罪犯本人以及现场监管民警。现场监管民警应将情况及时告知该罪犯主管责任民警。

直接告知罪犯本人不利于罪犯改造的，医院应先告知监狱，监狱会同医院共同研究，做到妥善告知。

罪犯需手术、创伤性检查或特殊治疗时，需先征得罪犯本人同意，并及时联系其家属，取得家属同意并签字；罪犯无家属，或无法与家属取得联系，以及家属在场但拒绝签字的，监狱民警作为罪犯关系人，经监狱长审批同意后签字。上述情况，应及时通报驻监检察机关。

罪犯经医疗机构检查，确诊需要治疗、服药的，其本人拒绝治疗或服药的，监狱应联合医院对其进行教育，经教育仍拒绝治疗或服药的，罪犯本人要写出书面材料，或在视频前作出言语表示，监狱对书面材料或视频予以留存。拒绝写书面材料的，或拒绝在视频前作言语表示的，由医生、民警共同向罪犯当面告知医嘱，说明拒绝治疗、服药的后果，并对过程进行录像，视频由监狱留存。医院认为罪犯拒绝治疗、服药有生命危险的，经监狱长审批同意，可以强制治疗、服药。相关情况应及时通报驻监检察机关，同时告知罪犯家属、监护人。

四、罪犯死亡的处理

对于在监狱服刑期间发生罪犯死亡的，2015 年最高人民检察院、民政部、司法部根据监狱法等法律规定，联合发布了《监狱罪犯死亡处理规定》。罪犯死亡分为正常死亡和非正常死亡。正常死亡是指因人体衰老或者疾病等原因导致的自然死亡。非正常死亡是指自杀死亡，或者由于自然灾害、意外事故、他杀、体罚虐待、击毙以及其他外部原因作用于人体造成的死亡。罪犯死亡处理，监狱、人民检察院、民政部门应当分工负责，加强协作，坚持依法、公正、及时、人道的原则。人民检察院依法对罪犯死亡处理情况实施法律监督。

● 延展

问：监狱对结核病防治有哪些基本要求？
答：对结核病的防治，应秉承如下精神：

第一，全面查治。即对所有在押罪犯无一遗漏地进行普查，查出的病人在各监狱隔离治疗，统一配发药品并定期检查、治疗。这种方式查治彻底，效果明显。

全面普查

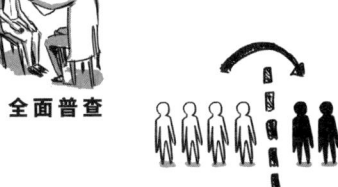
集中收治

第二，集中收治。成立省（市、区）监狱管理局直接管理的结核病犯专科医院，集中收治各监狱的重症结核病犯，相对集中地治疗，减轻各监狱的负担，解决无隔离条件的困难，治疗经费和药品由监狱局管理和监狱医院共同解决，有效控制传染源，减少结核病的流行传播。

重点普治

第三，重点普治。这种方式主要适用于结核病疫情较为严重的地区和单位。具体做法是，监狱管理局有计划地组织安排，拨出专款进行结核病的查治，就地隔离治疗，使结核病高发监狱的疫情得到控制。

问：监狱对结核病的防治有哪些具体做法？

答：监狱对结核病的防治主要采取以下做法：

第一，依法防治。监狱应当按照《监狱法》《传染病防治法》和原卫生部《结核病防治管理办法》的要求，加强预防控制监狱结核病工作的领导。监狱系统的卫生部门要主动到当地卫生行政主管部门汇报工作，反映监狱结核病的现状和存在的问题，争取得到理解和支持。把监狱结核病的防治工作纳入当地结核病防治工作的规划之中，在当地业务部门的指导下开展工作。

第二，增加结核病防治的经费投入。罪犯的生活费与监狱防治结核病的实际需要之间存在较大差距。监狱应当一方面争取当地财政的支持，另一方面从监狱活动经费中补充。结核病疫情较为严重的监狱还应当争取专项资金，以保障防治工作的顺利进行。

第三，提高结核病防治工作人员的素质。这是做好结核病防治工作的关键。各监狱应当做好专业人员的培训工作，为其提供必要的工作条件和待遇要求。

第四，加强对罪犯防治结核病的健康教育，罪犯用餐时实行分餐，严禁伙吃伙喝。对处于发病期的结核病人进行有效隔离，规范治疗结核病人。

第五，加强对监狱水源、食品、粪便的管理，治理好监区卫生，要经常开展灭蝇、灭蚊、灭鼠、灭蟑螂活动，监区要经常进行消毒，对在押罪犯要经常进行体检、预防接种工作。

第六，依法保障罪犯的合法权益，改善其生活条件，完善各类劳动保护措施，增强罪犯体质，防止感染源的带进和带出，从源头上控制结核病的发生和传播。

问：监狱是如何开展艾滋病防治的？

答：通过对我国监狱在押罪犯进行的艾滋病调查，监狱艾滋病的预防控制面临较为严峻的形势。为此，司法部监狱管理局于2005年6月专门下发了《司法部监狱管理局关于加强监狱艾滋病预防控制工作的通知》，对监狱的艾滋病防控作了明确的规定。

第一，检测与告知。监狱应当对所有在押罪犯和新入监的罪犯进行全面的艾滋病毒感染检测，把好入口关，为罪犯分类关押改造和疾病防治打好基础。一般情况下，监狱应当将确认艾滋病感染阳性的检测结果告知罪犯本人。但是，在告知时应当根据罪犯的心理素质和性格特征，选择恰当的时机和方式告知，并且最迟应当在罪犯出狱以前告知。监狱有关领导、护理及管理的医务人员和直接管理的监狱民警应当知道检测结果。在罪犯离监前，要提前通知罪犯居住地疾病控制部门。

第二，隔离和治疗。对于罪犯中的艾滋病毒感染者及艾滋病病人，应当采取相对集中的关押方式，与其他罪犯相隔离，进行医学观察、治疗。根据本地的实际检测情况和对未来此类人员的收押预测，在中心医院或者条件较好的监狱，选择一定数量的监区进行集中管理。

对罪犯中的艾滋病毒感染者及艾滋病病人的治疗，应当依法纳入监狱所在地卫生防疫计划，在地方疾病预防控制部门的指导或者指定医院的直接支持下，做好艾滋病毒感染者及艾滋病病人的医学观察和治疗。

第三，职业暴露防护和宣传教育。各地应当根据本省的关押情况，制定艾滋病职业暴露防护预案，建立必需的药品储备，或者与地方卫生部门所设的药品储备点保持密切联系，保证监狱有关人员在发生职业暴露后能在最短的时间内得到处理。对直接从事艾滋病病毒感染者和艾滋病病人管理和治疗工作的医务人员和监狱民警，应当给予高危作业补贴。

监狱还应当开展形式多样的艾滋病知识宣传教育活动。宣传教育的对象包括医务人员、监狱民警和在押服刑的罪犯。宣传教育的目的是消除对艾滋病的恐惧和对艾滋病病毒感染者、艾滋病病人的歧视,提高自我保护意识和能力,营造有利于艾滋病预防控制的狱内环境,维护监狱的安全稳定。

问:罪犯在监狱服刑期间死亡的,监狱应当如何处理?

答:罪犯死亡后,监狱应当立即通知死亡罪犯的近亲属,报告所属监狱管理机关,通报承担检察职责的人民检察院和原审人民法院。

死亡的罪犯无近亲属或者无法通知其近亲属的,监狱应当通知死亡罪犯户籍所在地或者居住地的村(居)民委员会或者公安派出所。

罪犯死亡后,对初步认定为非正常死亡的,监狱应当立即开展调查工作。监狱调查工作结束后,应当作出调查结论,并通报承担检察职责的人民检察院,通知死亡罪犯的近亲属。人民检察院应当对监狱的调查结论进行审查,并将审查结果通知监狱。

死亡罪犯的近亲属及相关人员因罪犯死亡无理纠缠、聚众闹事,影响监狱正常工作秩序和社会稳定的,监狱应当报告当地公安机关依法予以处置;构成犯罪的,依法追究刑事责任。

第三节 会见通信

亲情是世间最珍贵的馈赠。

——小津安二郎

● **事例**

春节前特殊的视频会见[1]

监狱有这样一部分罪犯,他们之间或是母子、父女,或是夫妻、兄

---

[1] 参见北京市监狱管理局网站,作者赵冬、陈涛、赵琳。

妹，他们都在狱内服刑，平常想见一面可以说是不现实的。考虑到这种情况，北京监狱管理局于2018年春节前夕，利用市司法局的远程视频会见系统，在全局范围内开展了"迎佳节，叙亲情，促改造"视频会见或通话活动，全局共有192名罪犯参与了此次活动。

事例一： 在北京某监狱，2018年1月19日，已经六年多没有和父母团聚的罪犯王某终于实现了夙愿。视频会见系统接通后，王某看着远在女子监狱服刑的母亲，激动得语无伦次。为了这次特殊的会见，他已经在心里进行了无数次设想，还把想对妈妈说的话整理在了纸上。一家人就这样通过视频会见系统实现了团聚，互相说着思念的话，互相鼓励对方要好好改造，争取早日出狱。

半小时的会见很快结束了，在回去的路上，王某充满感激地对民警说："我进来后就没有见过我妈，这次能够见到她，多亏了政府，多亏了监狱，真的太感谢啦，我以后一定好好努力。"

事例二： 在女子监狱。"小军，你在那边过得怎么样？姐特别想你，也特别觉得对不起你。咱爸妈给你写信了么……"看着屏幕里弟弟熟悉的脸庞，罪犯李某又是激动又是难过。据了解，罪犯李某因为故意伤害罪被判有期徒刑4年，弟弟小军因为给姐姐打抱不平，被判有期徒刑11年。李某常跟民警说，自己从小就跟弟弟感情很好，因为自己连累弟弟入狱，心里一直特别愧疚。自入监后，他们就没再见过面。没想到在春节前夕，监狱帮助她实现了最大的心愿，心里特别温暖。在会见中，两个人互相勉励、互相打气，均表示一定会更加努力地改造，争取早日回家团聚。

事例三： 1月19日上午，当视频会见系统接通女子监狱后，四年多未见的妻子出现在了某监狱罪犯霍某眼前时，他那一刻却无语凝咽，心中无数的话语却不知从何说起，静静地看着妻子久违的脸庞良久，他终于说出了第一句话："丽丽，你还好吗？"

四年前，霍某和妻子丽丽双双入狱，家中父母年事已高，没有任何经济来源，孩子寄养在亲戚家，靠低保维持生活。面对这种残酷现实，还有漫长刑期,夫妻二人之间通过书信往来,相互鼓励,相互打气,但却始终有一个最大的心愿,就是有机会能够亲眼看一下对方,如今,监狱民警帮助他们实现了这个心愿。

"每逢佳节倍思亲",春节是中国最重要的传统节日,此时罪犯思念亲人心情最为强烈。希望民警们的暖心行动能够激励罪犯更好地改造,早日回归社会。

以上事例介绍了监狱罪犯远程视频会见的情况。近年来,针对在押罪犯亲属、监护人因路途遥远、经济困难、患病、年老体弱、家庭变故等原因不方便到监狱来会见的实际问题,北京市司法局建立了监狱远程视频会见系统,实现了罪犯与亲属、监护人的远程会见。罪犯亲属、监护人不用到监狱,只需到居住地司法所就能与罪犯面对面视频会见,相互了解近况、沟通交流。

监狱罪犯与外界沟通交流的合法渠道有会见、通话和通信。

一、会见

(一) 会见的意义

会见,是指罪犯与亲属、监护人会面交谈,会见方式包括隔透明装置电话会见、视频会见、面对面会见等。监狱的会见制度体现了人道主义的要求,体现了对罪犯及其亲属、监护人的合法权利的保障。通过会见,服刑罪犯可以体验法律的人文关怀,感受和维系亲情,从而促进其安心服刑、积极改造。通过会见,罪犯的亲属和监护人可以了解罪犯在监狱内的生活状况,打消疑虑,规劝罪犯积极改造。监狱则利用罪犯亲属来监会见的机会,向罪犯的亲属了解罪犯的家庭生活状况,掌握罪

犯入监前的生活、工作、与他人的交往、性格等一系列情况，以便根据罪犯的个体情况对罪犯进行有针对性的管理与教育。监狱可以利用会见的机会，与罪犯家庭建立必要的联系，互通信息，掌握罪犯的思想动态，动员罪犯亲属参与对罪犯的规劝、帮教。监狱还可以通过会见制度中的分级待遇，促使罪犯积极改造。

应当注意，会见是罪犯及其亲属监护人的法定权利，会见对于罪犯、罪犯的亲属和监护人、监狱三方可以产生积极意义。但是，由于种种原因，会见过程中也会出现一些对罪犯的服刑改造产生消极影响的事件，甚至出现违法、犯罪现象，危及监狱正常的监管秩序。对此，监狱必须提高警惕，做好会见中的秩序维持和安全防范工作并进行应付突发事件的必要准备。

（二）会见管理

监狱的会见管理，是狱政管理的一项日常工作，其基本任务是依法对会见活动实施管理，充分发挥会见制度对罪犯服刑改造的积极影响，努力消除会见过程中可能出现的负面影响。

1. 会见人身份的核实

根据《监狱法》的规定，罪犯在监狱内服刑期间，可以会见亲属和监护人。例如，北京市监狱管理局规定会见人员的具体范围是：罪犯的配偶、父母（养父母、继父母）、子女（养子女、继子女）、祖父母（外祖父母）、孙子女（外孙子女）、兄弟姐妹、监护人。另外，与罪犯关系密切且具有血缘或姻亲关系的其他亲属（岳父、岳母、公公、婆婆、儿媳、女婿、堂兄弟姐妹、侄子女、外甥；叔叔、伯父、姑妈、姨妈、舅舅及其配偶，兄弟姐妹的配偶）。经罪犯本人书面申请，监狱审核批准，报市局狱政管理部门备案后，可按照正常范围会见。

监狱在接待会见人时，必须核实其身份，查明会见人与罪犯的关系。罪犯首次会见前，亲属、监护人应按规定向监狱提交个人有效身份证件及关系证明。有效身份证件包括：中华人民共和国居民身份证（含临时居民身份证）、香港（澳门）特别行政区居民身份证、台湾地区居民身份证、护照。关系证明包括：户口簿、结婚证、出生医学证明、公安机关、军队政工部门或公证机关出具的亲属关系证明；人民法院判决书中已明确罪犯与其亲属关系的，可以视为关系证明。以上证明有一项能够证明与罪犯亲属关系的即可。但证明夫妻关系的必须提供结婚证。罪犯亲属、监护人首次会见的，凭上述本人有效身份证件和关系证明原件办理会见手续；非首次会见的，持本人有效身份证件办理。未办理居民身份证的未成年亲属可以凭户口簿会见。

2. 会见规则的告知

监狱对于要求会见罪犯的人员，要履行告知的义务。告知的主要内容有会见的规程、要求、注意事项以及违反规定要承担的责任。

罪犯会见亲属、监护人，应在监狱会见室内进行。罪犯因患精神病、严重传染病或者病重不适宜在会见室会见的，监狱安排在指定的安全场所会见。

罪犯每月可会见亲属、监护人一次；每次会见人数一般不超过三人（不含十四周岁以下未成年亲属），会见时间一般不超过三十分钟。未成年罪犯会见时间可延长至一小时。罪犯家庭出现变故等原因需要延长会见时间，以及罪犯亲属、监护人因故未能按规定时间来监狱会见，或罪犯正处于停止会见期间，或罪犯病危、病重、伤残，确因改造工作需要安排会见的，应当经监狱长批准。

罪犯有下列情形之一的，监狱可以暂停会见：罪犯被立案侦查、起诉、审判期间；罪犯被禁闭期间；其他影响监狱安全或者有碍罪犯改造的情形。罪犯被暂停会见的，监狱应及时通知罪犯亲属、监护人，并做好登记。

罪犯亲属、监护人进入监狱前，监狱应宣布会见规定，严格安检。发现携带现金、移动通讯设备、烟、酒、火种及其他违禁物品的，立即取消该罪犯亲属本次会见，视情节可暂停该亲属一至三个月会见；发现携带枪支、弹药、管制刀具、淫秽物品、毒品、易燃易爆品、虚假身份证件及其他严重影响监狱安全稳定的违禁物品的，应取消该罪犯亲属本次会见，并立即将人员控制、物品扣留，移送公安机关处理，同时取消其在该罪犯服刑期间的所有会见。

3. 会见过程的监督

监狱要为罪犯亲属会见室配备得力的管理人员，加强对会见场所的控制力度，保证会见场所的安全。罪犯会见时，监狱要安排民警在场并对双方的交谈进行监听。罪犯会见、通话中有下列情形之一，经警告无效的，监狱应当中止会见、通话：（1）使用隐语、暗语或者非规定语种交谈的；

(2) 谈论涉及监狱武装看押、警力配备、警管警戒设施等监狱安全防范内容的；(3) 捏造事实诽谤、诬陷、诋毁监狱、民警或他人以及散布、传播小道消息、流言蜚语的；(4) 谈论托关系、走门路，以达到调整劳动岗位、办理减刑、假释、暂予监外执行等投机改造内容的；(5) 谈论监狱民警家庭住址、社会关系、家庭情况、电话号码等信息的；(6) 罪犯行为可疑、情绪激动或出现不遵守会见纪律及其他严重违纪行为等情况，经制止无效的；(7) 罪犯亲属、监护人不遵守监狱会见管理规定，有无理取闹、滋扰监狱正常工作秩序及其他严重违规违法行为的；(8) 携带或者使用手机、录音、摄影（像）设备的；(9) 传递违禁物品的；(10) 其他违反法律法规、违背社会公德、影响罪犯改造、诱发犯罪倾向、威胁监狱安全及违反监规纪律的。

罪犯具有以上情形之一的，经监狱批准，可暂停该罪犯一至三个月的会见。罪犯亲属、监护人具有以上情形，经分管监狱长批准，可暂停该罪犯亲属、监护人一至三个月的会见；涉嫌违法犯罪的，移交公安机关处理。罪犯亲属、监护人违反规定被暂停会见的，不影响罪犯与其他亲属会见。罪犯亲属、监护人被暂停会见的，监狱应及时通知罪犯。

4. 会见物品的检查

对罪犯亲属、监护人携带的会见物品，监狱应当依法实施检查。罪犯亲属、监护人会见时，可以带给罪犯的物品，限自然科学及法律、文学、艺术类等内容健康、有利改造的正版书籍，原则上每次不超过两册。确因改造需要且狱内超市不能购买的物品，由罪犯本人向监区提出书面申请，监区同意后报监狱狱政管理部门审核，分管监狱长审批。监区应对罪犯亲属、监护人带给罪犯的物品严格检查、登记。

二、 通电话

罪犯可以依照规定利用监狱提供的专用电话与亲属和监护人通话。如北京市监狱管理局规定可以进行通话的人员范围包括：罪犯配偶、父母（养父母、继父母）、子女（养子女、继子女）、祖父母（外祖父母）、孙子女（外孙子女）、兄弟姐妹、监护人。罪犯无上述亲属和监护人的，可在与罪犯关系密切且具有血缘或姻亲关系的其他亲属选择一至两人，经罪犯本人书面申请，监狱审核批准，报市局狱政管理部门备案后，可按照正常范围通话。

罪犯通话一般每月一次，每次只能拨打一个亲属的电话号码，通话时间不超过十分钟。未成年罪犯每月可以通话两次。因罪犯家庭出现变故等原因需要增加通话次数、延长通话时间或者与其他人员通话的，应当经监狱长批准。

罪犯有下列情形之一的，监狱可以暂停通话：罪犯被立案侦查、起诉、审判期间；罪犯被禁闭期间；其他影响监狱安全或者有碍罪犯改造的情形。

罪犯通话应当使用监狱指定的通话设施。监区应核实罪犯亲属关系和电话号码，无误后，由核实人、监区长签字，报监狱狱政管理部门审批，录入监管改造系统。

异地通话前，责任民警拨打电话号码，核实罪犯亲属身份后，交于罪犯通话。罪犯通话结束后，责任民警应于当日将通话内容等情况在电话系统中详细记录。罪犯通话所需费用按照电信部门的收费标准执行，由罪犯本人承担。

三、书面通信

罪犯在服刑期间可以与他人通信，监狱应当对罪犯收寄的信件进行检查、登记。罪犯写给监狱的上级机关、司法机关的信件，不受检查。

罪犯向监狱外发信，应以平信形式发出，费用由罪犯本人自理。罪犯寄信、收信仅限于通过中国邮政渠道寄发的信件。罪犯处理信件不得占用正常改造时间。

罪犯通信地址，一律使用监狱的信箱代号。

罪犯不得私发、私传信件；监狱民警、职工或其他人员不得为罪犯私发、私传信件。发现私

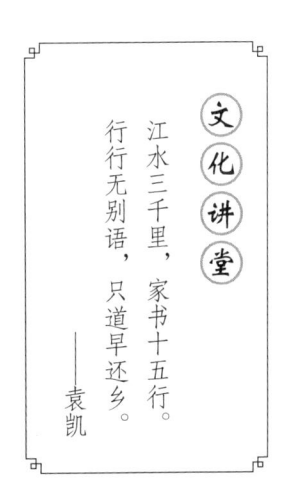

文化讲堂

江水三千里，家书十五行。
行行无别语，只道早还乡。
——袁凯

发、私传信件的,按照有关规定处理。

罪犯收寄的信件不得含有碍罪犯改造或者影响监狱安全的内容。发现有下列内容的,应予以扣留,并按照相关规定处理:(1) 煽动颠覆国家政权、推翻社会主义制度或者分裂国家、破坏国家统一、危害国家安全的;(2) 泄露国家秘密或涉及监狱内部事项的;(3) 散布谣言扰乱社会秩序、破坏社会稳定的;(4) 煽动民族仇恨、民族歧视、破坏民族团结的;(5) 宣扬邪教或者迷信的;(6) 散布淫秽、赌博、恐怖信息或者教唆犯罪的;(7) 使用隐语、暗语、密码书写或在信纸、信封内外做标记的;(8) 涉及监狱民警、职工及其他罪犯家庭住址、通讯号码、账号等个人信息的;(9) 涉及托关系、走门路,影响监管改造秩序内容的;(10) 其他有碍罪犯改造或影响监狱安全内容的。

罪犯来往信件禁止夹带现金、有价证券等违禁物品;发现违禁物品的,应予以扣留,做好登记,并按照有关规定予以没收或者移交有关部门处理。

◉ 延展

问:视频会见是罪犯会见亲属、监护人的新形式,对此有哪些规定?

答:各监狱应当设置单独的视频会见室,室内配备必要的设施设备。视频会见的,罪犯可以向监狱提出申请,监狱准予会见的,应当确定会见时间,通知罪犯亲属、监护人居住地县级司法行政机关和罪犯亲属、监护人。

亲属、监护人可以就近向居住地县级司法行政机关或者司法所提出视频会见申请。监狱收到司法行政机关提交的罪犯亲属申请视频会见的通知后,应及时进行审核;准予会见的,应及时通知司法行政机关和罪犯亲属、监护人。

罪犯亲属、监护人应当在监狱确定的会见时间到司法行政机关办公场所与罪犯视频会见。

问:罪犯对被暂停会见、通话有异议,该如何处理?

答:罪犯对被暂停会见、通话有异议的,应当自监狱做出暂停会见、通话决定之日起3个工作日内,向监区提出书面复查申请。监区应当进行核查,于收到申请之日起5个工作日内做出书面答复。

罪犯对监区的答复结论仍有异议的,应当自收到答复之日起3个工作日内向监狱提出书面复核申请。监狱应当进行核查,于收到申请之日起5个工作日内做出书面答复。监狱答复为最终决定。

第四节 特别保障

> 恻隐之心,仁之端也。
>
> ——孟子

◉ 事例

罪犯贾某某暂予监外执行案[1]

罪犯贾某某,因犯诈骗罪,被人民法院判处有期徒刑一年六个月。2012年3月19日调入某监狱服刑改造。

2012年8月14日罪犯贾某某因病到北京市监狱管理局中心医院住院接受治疗。在住院治疗期间,监狱管理局中心医院向罪犯贾某某家属进行了病情告知。

2012年12月19日罪犯贾某某的家属向监狱申请为贾某某办理暂予监外执行。监狱收到贾某某家属的申请后立即启动暂予监外执行程序。

2013年1月6日监狱管理局中心医院女子监狱分院对罪犯贾某某的病情鉴定结果为:急性粒细胞白血病部分分化

---

[1] 参见中国法网案例库,最后访问时间:2019年4月28日。

型。罪犯贾某某的病情符合《罪犯暂予监外执行疾病伤残范围》第13条规定，提议对罪犯贾某某暂予监外执行。

监狱接到中心医院女子监狱分院对罪犯病残鉴定结果后，对罪犯贾某某暂予监外执行案件进行了研究，罪犯贾某某户籍地和居住地均在某省某县，经了解罪犯贾某某在服刑地无家属，且在服刑地无居住地。2013年1月6日，监狱在前期到当地初步具保调查的基础上，再次派民警前往其户籍地调查贾某某具保情况，罪犯贾某某姐姐表示同意接收贾某某，经司法行政机关、公安机关证实，罪犯贾某某的姐姐符合具保人条件。

2013年1月6日，经主管民警提名、监区长同意提交监区全体民警会议研究罪犯贾某某的暂予监外执行案件，大家一致认为，罪犯贾某某在服刑改造期间表现较好，病情符合暂予监外执行条件，提议对罪犯贾某某暂予监外执行。

2013年1月6日，监狱将关于提请对罪犯贾某某进行暂予监外执行病残鉴定的鉴定函、罪犯暂予监外执行审批表和监狱分院对罪犯病残鉴定表送至监狱管理局中心医院，提请对罪犯贾某某进行病残鉴定。2013年1月7日，中心医院对罪犯贾某某的病情鉴定结果为：急性非淋巴细胞性白血病，急性阑尾炎，病情符合《罪犯暂予监外执行疾病伤残范围》第13条规定，建议对罪犯贾某某暂予监外执行。

2013年1月7日，监狱召开暂予监外执行审议会，驻监人民检察院派员列席会议，对罪犯贾某某的暂予监外执行案件进行了审议。监区、监狱分院、狱政部门将罪犯贾某某情况作了详细汇报，监狱暂予监外执行工作委员会成员一致认为，在办理罪犯贾某某暂予监外执行案件过程中，医院鉴定过程及监狱审核工作程序符合法律和暂予监外执行工作程序规定的要求，列席会议的检察官对审议结果没有异议。经监狱暂予监外执行工作委员会集体研究认为，该犯所患病情严重，暂予监外执行后不具有社会危险性，提议对罪犯贾某某暂予监外执行。会后监狱呈报上级管理机关审批，并将暂予监外执行书面意见抄送驻监人民检察院。

2013年1月7日，罪犯贾某某暂予监外执行获得批准。监狱根据罪犯贾某某身体情况，由监狱民警、中心医院医生组成押解队伍，使用999急救中心救护车押送罪犯贾某某到其户籍所在地，与县司法局工作人员进行交接。同时，监狱民警前往该县人民检察院、公安局送达暂予监外执行通知书。

2013年1月8日下午，监狱民警前往罪犯贾某某户籍地监狱管理局交接罪犯档案，经该局刑罚执行处审查，罪犯贾某某的暂予监外执行案卷、档案材料齐全，同意接收罪犯贾某某档案材料。

以上事例介绍了监狱机关办理一起暂予监外执行案件的全过程。暂予监外执行和特许离监都是刑罚执行的人道主义措施，孟子说："恻隐之心，仁之端也。"意思是说，同情心是仁的开端，监狱在押罪犯虽然犯下了不可饶恕的罪行，但在服刑中出现患有严重疾病等特殊情况时，刑罚执行者还是怀有恻隐之心，对其刑罚执行场所加以变通，体现出国家刑罚执行机关施以仁政的特性。从保障的角度看，暂予监外执行也是一种对符合法定条件罪犯的特殊保障措施。另外，在罪犯家中发生急难之事时，监狱也会按照规定，特许符合条件的罪犯离监探望和处理。这种特许离监也是基于一种人道主义的特殊保障措施。

一、暂予监外执行

基本含义是审判机关或执行机关对被判处刑罚应当监禁执行或正在监禁执行的罪犯，因患有严重疾病、怀孕或正在哺乳自己婴儿、生活不能自理，依法暂时不采用或解除监禁状态，并在监外继续执行刑罚。

暂予监外执行有三种情况：一是在交付执行前，由人民法院决定；二是在监狱服刑的，由监狱审查同意后提请省级以上监狱管理机关批准；三是在看守所服刑的，由看守所审查同意后提请设区的市一级以上公安机关批准。本章讨论的是第二种情况。

对被判处有期徒刑或者已经减为有期徒刑的罪犯，有下列情形之一，可以暂予监外执行：

（1）患有规定范围的严重疾病，需要暂予监外执行的。罪犯需要暂予

监外执行的,应当由罪犯本人或者其亲属、监护人提出保证人,保证人由监狱审查确定。罪犯没有亲属、监护人的,可以由其居住地的村(居)民委员会、原所在单位或者社区矫正机构推荐保证人。

(2)怀孕或者正在哺乳自己婴儿的妇女。有期徒刑和无期徒刑的罪犯,属于怀孕或者正在哺乳自己婴儿的妇女,可以暂予监外执行。

(3)生活不能自理的。生活不能自理,是指罪犯因患病、身体残疾或者年老体弱,日常生活行为需要他人协助才能完成的情形。生活不能自理的鉴别参照《劳动能力鉴定——职工工伤与职业病致残等级分级》(GB/T16180-2006)执行。进食、翻身、大小便、穿衣洗漱、自主行动5项日常生活行为中有3项需要他人协助才能完成,且经过6个月以上治疗、护理和观察,自理能力不能恢复的,可以认定为生活不能自理。65周岁以上的罪犯,上述5项日常生活行为有1项需要他人协助才能完成即可视为生活不能自理。

对需要暂予监外执行或者属于生活不能自理,但适用暂予监外执行可能有社会危险性,或者自伤自残,或者不配合治疗的罪犯,不得暂予监外执行。

对职务犯罪、破坏金融管理秩序和金融诈骗犯罪、组织(领导、参加、包庇、纵容)黑社会性质组织犯罪的罪犯适用暂予监外执行应当从严审批,对患有高血压、糖尿病、心脏病等严重疾病,但经诊断短期内没有生命危险的,不得暂予监外执行。

对在暂予监外执行期间因违法违规被收监执行或者因重新犯罪被判刑的罪犯,需要再次适用暂予监外执行的,应当从严审批。

对需要暂予监外执行或者属于生活不能自理的累犯以及故意杀人、强奸、抢劫、绑架、放火、爆炸、投放危险物质或者有组织的暴力性犯罪的罪犯，原被判处死刑缓期二年执行或者无期徒刑的，应当在减为有期徒刑后执行有期徒刑7年以上方可适用暂予监外执行；原被判处10年以上有期徒刑的，应当执行原判刑期三分之一以上方可适用暂予监外执行。对未成年罪犯、65周岁以上的罪犯、残疾人罪犯，适用执行刑期规定可以适度从宽。

对患有《暂予监外执行严重疾病范围》的严重疾病，短期内有生命危险的罪犯，可以不受关于执行刑期的限制。

监狱对拟暂予监外执行的罪犯，应当进行诊断、检查或鉴别，然后进入暂予监外执行的提请程序。

（1）监区审核。对符合办理暂予监外执行条件的罪犯，监区民警应当集体研究，提出提请暂予监外执行建议，监区长办公会议审核同意。

监区提出提请暂予监外执行建议的，应当向监狱刑罚执行部门报送下列材料：暂予监外执行审批表；终审法院裁判文书、执行通知书、历次刑罚变更执行法律文书；罪犯病情诊断书、罪犯妊娠检查书及相关诊断检查的医疗文书复印件，罪犯生活不能自理鉴别书及有关证明罪犯生活不能自理的治疗、护理、现场考察、询问笔录等材料；监区长办公会议记录；保证人资格审查表、暂予监外执行保证书及相关材料。

（2）材料审查。监狱刑罚执行部门收到监区对罪犯提请暂予监外执行的材料后，应当就下列事项进行审查：提交的材料是否齐全、完备、规范；罪犯是否符合法定暂予监外执行的条件；提请暂予监外执行的程序是否符合规定。

（3）暂予监外执行保证人资格审查。罪犯需要暂予监外执行的，应当由罪犯本人或其亲属、监护人提出保证人。无亲属、监护人的，可以由罪犯居住地的村（居）委会、原所在单位或者县级司法行政机关社区矫正机构推荐保证人。监狱刑罚执行部门对保证人的资格进行审查，填写《保证人资格审查表》，并告知保证人在罪犯暂予监外执行期间应当履行的义务，由保证人签署《暂予监外执行保证书》。

（4）委托调查评估。监狱刑罚执行部门应当核实暂予监外执行罪犯拟居住地，对需要调查评估其对所居住社区影响或核实保证人具保条件的，填写《拟暂予监外执行罪犯调查评估委托函》，附带原刑事判决书、减刑

裁定书复印件以及罪犯在服刑期间表现情况材料,委托居住地县级司法行政机关进行调查,并出具调查评估意见书。

(5) 监狱暂予监外执行评审委员会评审。监狱成立暂予监外执行评审委员会,由监狱长任主任,分管暂予监外执行工作的副监狱长任副主任,刑罚执行、狱政管理、教育改造、狱内侦查、生活卫生、劳动改造等有关部门负责人为成员,监狱暂予监外执行评审委员会成员不得少于9人。该委员会应当召开会议,对刑罚执行部门审查提交的提请暂予监外执行意见进行评审,提出评审意见。

监狱可以邀请人民检察院派员列席监狱暂予监外执行评审委员会会议。

(6) 公示。监狱暂予监外执行评审委员会评审后同意对罪犯提请暂予监外执行的,应当在监狱内进行公示。公示内容应当包括罪犯的姓名、原判罪名及刑期、暂予监外执行依据等。公示期限为3个工作日。公示期内,

罪犯对公示内容提出异议的,监狱暂予监外执行评审委员会应当进行复核,并告知其复核结果。对病情严重必须立即暂予监外执行的,可以不公示,但应当在暂予监外执行后3个工作日内在监狱公告。公示无异议或者经复核异议不成立的,监狱应当将提请暂予监外执行的相关材料送交人民检察院征求意见。征求意见后,监狱刑罚执行部门应当将监狱暂予监外执行评审委员会暂予监外执行建议和评审意见连同人民检察院意见,一并报请监狱长办公会议审议。监狱对人民检察院意见未予采纳的,应当予以回复,并说明理由。

(7) 监狱长办公会议决定。监狱长办公会议决定提请暂予监外执行的,由监狱长在《暂予监外执行审批表》上签署意见,加盖监狱公章,并将有关材料报送省、自治区、直辖市监狱管理局。

监狱管理局应当自收到监狱提请暂予监外执行材料之日起15个工作日内作出决定。批准暂予监外执行的,应当在5个工作日内,将《暂予监外

执行决定书》送达监狱，同时抄送同级人民检察院、原判人民法院和罪犯居住地县级司法行政机关社区矫正机构。不予批准暂予监外执行的，应当在5个工作日内将《不予批准暂予监外执行决定书》送达监狱。对于因病情严重需要立即暂予监外执行的，省、自治区、直辖市监狱管理局收到监狱报送的提请暂予监外执行材料后，应当由刑罚执行部门、生活卫生部门审查，报经分管副局长审核后报局长决定，并在罪犯暂予监外执行后3日内召开暂予监外执行评审委员会予以确认。

人民检察院认为暂予监外执行不当提出书面意见的，监狱管理局应当在接到书面意见后15日内对决定进行重新核查，并书面回复核查结果给人民检察院。

监狱管理局批准暂予监外执行的，应当在10个工作日内，将暂予监外执行决定上网公开。

暂予监外执行的罪犯离开监狱后，由社区矫正机构负责执行。

二、特许离监

特许离监是监狱对罪犯在服刑期间，因罪犯本人及其家庭出现特殊情况或因改造工作需要，经批准允许其暂时离开监狱一定时间的行为。适用于在罪犯的配偶、直系亲属或监护人病危、死亡，或者家中发生重大变故，确需本人回去看望或处理的情形。

罪犯特许离监须符合下列条件：（1）剩余刑期10年以下，改造表现较好的；（2）配偶、直系亲属或监护人病危、死亡，或家中发生重大变故，确需本人回去看望或处理的；（3）特许离监探视地点应在本省市行政区域范围内。

在监狱执法实践中，涉恐涉暴罪犯、邪教类罪犯、黑恶势力罪犯、危害国家安全罪犯、经危险评估为高度危险以上的罪犯以及在立案侦查、起诉、审判、禁闭、严管教育期间的罪犯原则上不准特许离监。

特许离监申请人应是罪犯的配偶、父母、子女、兄弟姐妹及其配偶。罪犯无上述亲属的，探视对象的配偶、父母、子女、兄弟姐妹可以作为申请人。

罪犯特许离监申请人须提交以下材料：（1）书面申请；（2）医院出具的病危或死亡证明；（3）证明申请人身份的有效证件及其与罪犯关系的证明；（4）探视对象与罪犯关系的证明（监狱此前已留存并核实相关关系证明的，申请人可不再提供）。

罪犯特许离监的审批程序是：监区接到申请后，应对罪犯条件和提交的材料进行审核。对符合条件的，填写审批表；狱政管理部门审核并制定监管方案，报监狱长签批后，报上级管理机关狱政管理部门，市局狱政管理部门审核后，报市局主管局长批准。

对特许离监的罪犯，监狱必须派民警使用监狱的交通工具押解并予以严密监管。罪犯特许离监当日回监狱。罪犯亲属病危期间已批准特许离监的，其亲属病故时一般不再批准离监。

◉ 延展

问：我国的暂予监外执行规定了保证人制度，保证人应当具备哪些条件？

答：保证人应当向监狱提交保证书。保证人应当同时具备下列条件：具有完全民事行为能力，愿意承担保证人义务；人身自由未受到限制；有固定的住处和收入；能够与被保证人共同居住或者居住在同一市、县。

问：暂予监外执行的保证人应当履行哪些义务？

答：罪犯在暂予监外执行期间，保证人应当履行下列义务：协助社区矫正机构监督被保证人遵守法律和有关规定；发现被保证人擅自离开居住的市、县或者变更居住地，或者有违法犯罪行为，或者需要暂予监外执行情形消失，或者被保证人死亡的，立即向社区矫正机构报告；为被保证人的治疗、护理、复查以及正常生活提供帮助；督促和协助被保证人按照规定履行定期复查病情和向社区矫正机构报告的义务。

问：暂予监外执行的罪犯在哪些情形下应当收监执行？

答：根据《刑事诉讼法》第257条的规定，对暂予监外执行的罪犯，有下列情形之一的，应当及时收监：发现不符合暂予监外执行条件的；严重违反有关暂予监外执行监督管理规定的；暂予监外执行的情形消失后，罪犯刑期未满的。

问： 暂予监外执行罪犯收监执行的办理程序是如何规定的？

答： 社区矫正机构提出收监建议，县级司法行政机关审核同意，送交批准暂予监外执行的监狱管理局进行审查。决定收监执行的，将《暂予监外执行收监决定书》送达罪犯居住地县级司法行政机关和原服刑或接收其档案的监狱，并抄送同级人民检察院、公安机关和原判人民法院。监狱收到《暂予监外执行收监决定书》后，应当立即赴羁押地将罪犯收监执行，并将《暂予监外执行收监决定书》交予罪犯本人。罪犯收监后，监狱应当将收监执行的情况报告批准收监执行的监狱管理局，并告知罪犯居住地县级人民检察院和原判人民法院。被决定收监执行的罪犯在逃的，由罪犯居住地县级司法行政机关通知罪犯居住地县级公安机关负责追捕。

问： 哪些情形下罪犯在监外执行期间不计入执行刑期？

答： 根据《刑事诉讼法》第257条的规定，不符合暂予监外执行条件的罪犯通过贿赂等非法手段被暂予监外执行的，在监外执行的期间不计入执行刑期。罪犯在暂予监外执行期间脱逃的，脱逃的期间不计入执行刑期。被收监执行的罪犯有法律规定的不计入执行刑期情形的，县级司法行政机关、社区矫正机构应当在收监执行建议书中说明情况，并附有关证明材料。

监管改造分册

第六章

考 核

管理学中有个著名的"手表定律"。一个人戴一块手表,伸手一看就知道时间。戴两块手表,伸手一看,一个1:30,一个2:00,这个时候信哪一个?一块手表知道时间,两块手表却制造了混乱,会让看表的人失去对准确时间的信心。在监狱对罪犯的考核中,"手表定律"带来的启示,一是制定的目标和标准一定要明确;二是考核时一定要对事不对人,即一视同仁,要"制度面前人人平等",不搞双重标准。

监狱对罪犯服刑改造表现的考核主要采取计分考核的方法,计分考核结果是对罪犯给予奖励,实施分级处遇,依法提请减刑、假释的重要依据。对于罪犯的立功和重大立功表现,采取记事考核的方法。由于考核的结果直接与罪犯的切身利益相关,在押罪犯对此非常关注,监狱机关对这项日常的执法工作也非常重视,明确规定了考核的原则、考核的方法、考核的内容和考核结果的运用。本章将就上述问题进行讨论。

第一节 考核原则

不积跬步,无以至千里;不积小流,无以成江海。

——荀子

● **事例**

罪犯宋某的计分考核复核结果[1]

罪犯宋某2017年3月因有效积分达到46分,于2017年4月18日经监狱审批获得监狱嘉奖奖励,上述奖励于2017年6月21日依据北京市监

---

[1] 该事例由北京市第二监狱提供。

狱管理局《关于贯彻执行〈监狱计分考核及奖励罪犯规定（试行）〉相关问题的通知》已折算为 1 个表扬奖励+300 分。截至 2017 年 5 月，该犯累计有效积分 54 分，除去获得监狱嘉奖奖励所用的 45 分，剩余有效积分 9 分，依据北京市监狱管理局《关于贯彻执行〈监狱计分考核及奖励罪犯规定（试行）〉相关问题的通知》已折算为现考核积分 180 分。

该犯自 2017 年 6 月至 2017 年 7 月，在 2 个月考核期内获得考核积分 165.03 分，其中教育改造考核得分 130 分（考核基础分为 130 分），劳动改造考核得分 35.03 分（考核基础分为 70 分），2017 年 6 月折算积分 480 分，累计考核积分达到 645.03 分。因劳动考核得分低于其基础分 60%，根据《北京市监狱管理局监狱计分考核及奖励罪犯规定（试行）》第 61 条规定，给予一次物质奖励，剩余 45.03 分结转到下一评奖考核周期。于 2017 年 9 月 29 日经监狱审批获得物质奖励。

该犯自 2017 年 8 月至 2018 年 2 月，在 7 个月考核期内，获得考核积分 635.67 分，其中教育改造考核得分 440 分（考核基础分为 455 分），劳动改造考核得分 195.67 分（考核基础分为 245 分），两部分考核得分均在对应基础分 60% 以上，上一评奖考核周期结转积分 45.03 分，累计考核积分达到 680.70 分，根据《北京市监狱管理局监狱计分考核及奖励罪犯规定（试行）》第 61 条规定，给予一次表扬奖励，剩余 80.70 分结转到下一评奖考核周期。于 2018 年 3 月 30 日经监狱审批获得表扬奖励。

该犯自 2018 年 3 月至 2018 年 8 月，在 6 个月考核期内获得考核积分 537.92 分，其中教育改造考核得分 380 分（考核基础分为 390 分），劳动改造考核得分 157.92 分（考核基础分为 210 分），两部分考核得分均在对应基础分 60% 以上，上一评奖考核周期结转积分 80.70 分，累计考核积分达到 618.62 分，根据《北京市监狱管理局监狱计分考核及奖励罪犯规定（试行）》第 61 条规定，给予一次表扬奖励，剩余 18.62 分结转到下一评

奖考核周期。于2018年9月20日经监狱审批获表扬奖励。

该犯自2018年9月至2019年3月，在7个月考核期内获得考核积分646.12分，其中教育改造考核得分455分（考核基础分为455分），劳动改造考核得分191.12分（考核基础分为245分），两部分考核得分均在对应基础分60%以上，上一评奖考核周期结转积分18.62分，累计考核积分达到664.74分，根据《北京市监狱管理局监狱计分考核及奖励罪犯规定（试行）》第61条规定，给予一次表扬奖励，剩余64.74分结转到下一评奖考核周期。于2019年4月26日经监狱审批获表扬奖励。共计4个表扬奖励，1个物质奖励，无处分。

该犯在服刑期间未利用个人影响力及社会关系等不正当手段企图获得岗位加分及奖励。

该犯于2017年9月30日因与他犯发生口角，依据规定扣15分；于2018年6月14日因未按要求收看新闻，依据规定扣10分。

以上事例记录了罪犯计分考核的复核结果。考核是监狱对罪犯改造表现进行的综合考察与评定，是管理改造罪犯的重要手段。我国监狱目前采用计分考核和记事考核的方法，在实践中形成了以下原则。

一、坚持依法依规的原则

新中国监狱从创建初期就将罪犯的考核列为监狱执法的重要内容和方式，1954年政务院颁发的《劳动改造条例》提出对罪犯劳动、学习的表现进行记载，定期考核。改革开放以后，有些监狱开始探索用计分的方法对罪犯的日常表现进行考核，并取得

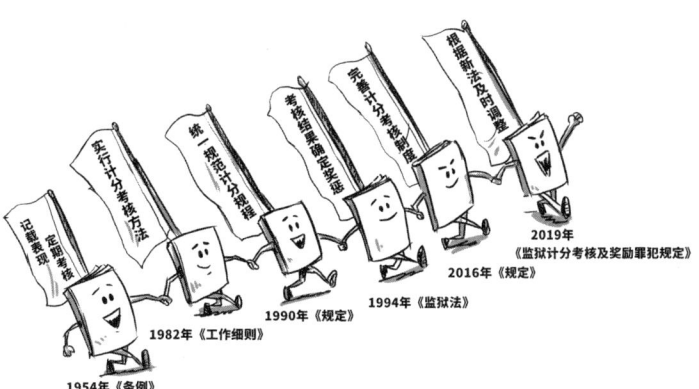

一定的成效。1982年《监狱、劳改队管教工作细则》肯定了这种做法，要求监狱对罪犯要建立考核制度，对每一个罪犯都要用计分方法建立考核簿，具体记载每次检查、评比的好坏表现。1990年8月司法部发布《司法部关于计分考核奖罚罪犯的规定》，在全国监狱系统统一规范了计分考核的操作规程。1994年《监狱法》第56条规定："监狱应当建立罪犯的日常考核制度，考核的结果作为对罪犯奖励和处罚的依据。"自此罪犯的考核有了明确的法律依据。为完善计分考核制度，有效调动罪犯的改造积极性，提高改造质量，提高监狱执法公信力，司法部根据监狱法和监狱执法实际情况，于2016年发布《关于计分考核罪犯的规定》，自2016年8月1日起施行。司法部1990年8月印发的《司法部关于计分考核奖罚罪犯的规定》同时废止。各地监狱管理机关随之修改了计分考核的具体规定。例如，北京市监狱管理局对原计分罪犯考核办法进行了修订，最新修订的《监狱计分考核及奖励罪犯规定》于2019年3月起正式实施。

对罪犯考核工作要依法依规。现阶段，所谓依法，就是严格遵循监狱法的规定；所谓依规，一是严格遵循司法部2016年发布的《关于计分考核罪犯的规定》，二是严格遵循各省（区、市）监狱系统的关于计分考核的具体规定。

二、坚持改造宗旨的原则

一位管理学大师说，"管理必须遵循一个重要原则：每一项工作都必须为达到总目标而展开"。我国《监狱法》第3条规定了我国监狱的改造宗旨和总的目标，即"监狱对罪犯实行惩罚和改造相结合、教育和劳动相结合的原则，将罪犯改造成为守法公民"。在罪犯考核工作中要坚持这一宗旨，做到惩罚和改造相结合、教育和劳动相结合。现行的计分考核规范，将罪犯的考核基础分（共100分），分为教育改造和劳动改造两大部分。其中教育改造分占65分，劳动改造分占35分，从而提高了对教育改造的重视程度。

三、坚持公正公开的原则

考核的目标是全面、客观、准确地反映罪犯的改造表现。为此，监狱民警考核罪犯要公正。公正是对考核的实效要求。监狱人民警察要秉持客观公正的态度,站稳公道的立场。对罪犯的考核不能掺杂个人好恶,不能感情用事,保持公道立场。为确保罪犯考核的公正性,必须树立在"阳光下执法"的理念,采用"以公开为常态,以不公开为例外"的做法,将罪犯考核的相关事项,严格按照狱务公开的要求,采用适当形式予以公开。通常情况下,考核是监狱的一项公开的管理措施,考核的公开实施体现了监狱刑罚执行公开性的要求,据此监狱对罪犯的考核实行"日记载、周评议、月审议"的制度。公开考核可以激发罪犯对考核结果的关心程度,有助于罪犯之间的相互监督,也有助于排除人民警察的个人因素对考核的干扰。

鉴于监狱工作自身的特性,在坚持常态化公开的同时,也要明确不公开的"例外"范围和要求,对监狱依法采取的隐蔽措施和保密事项必须做好保密工作。例如,罪犯检举违法违纪行为、提供有价值破案线索等专项加分,在每月的审定结果公示中不予显示。监狱在考核时,涉及罪犯个人隐私的事项要注意保密。

为保证罪犯考核的公正,监狱计分考核奖励工作应当依法接受检察机关的法律监督。监狱接受检察机关法律监督的主要内容包括:给予罪犯奖励或者撤销奖励的;给予罪犯加扣分的;给予罪犯专项加分的;给予罪犯立功、重大立功的;法律规定的其他情形。

四、坚持直接管理的原则

考核要坚持监狱民警直接管理原则。对罪犯的考核必须由监狱民警依照各自的职权,亲自组织,直接实施。不得将考核权交给罪犯去行使。这是因为,考核权是监狱享有的重要的监管权力,考核的结果直接与罪犯的切身利益相联系,是监狱准确执法的前提条件之一。只有坚持人民警察

考核权必须由警察亲自直接实施,不能交给罪犯。

直接考核的原则，才能最大限度地保证考核的准确性、公正性。坚持民警直接管理，要做到民警直接考核与集体评议相结合。监区值班民警应当每日将罪犯的加、扣分情况记载于罪犯日考核表，每月末填写罪犯当月考核统计表。监区计分考核奖励小组应当每周对罪犯的计分考核情况进行评议，评议后将罪犯加扣分明细在监区内公示3个工作日。

监狱民警在罪犯考核工作中，实行严格的责任制，谁承办谁负责、谁主管谁负责、谁签字谁负责。

● 延展

问：监狱机关对罪犯的计分考核应成立哪些组织机构，其主要职责是什么？

答：监狱的直接上级机关（监狱管理局）成立计分考核奖励工作领导小组，由局长任组长，分管狱政管理的副局长任副组长，狱政管理、刑罚执行、教育改造、生活卫生、狱内侦查、反邪教、劳动改造、法制等有关部门负责人为组员，负责计分考核、奖励工作的检查、指导，立功、重大立功的审批等工作。计分考核奖励工作领导小组下设办公室，办公室设在狱政管理部门，负责处理领导小组的日常工作。

监狱成立计分考核奖励工作领导小组，由监狱长任组长，分管狱政管理工作的副监狱长任副组长，狱政管理、刑罚执行、教育改造、劳动改造、监察等有关部门负责人为成员，负责计分考核，以及奖励的审批、管理、检查、指导、复核等工作。计分考核奖励工作领导小组下设办公室，办公室设在狱政管理部门，负责处理领导小组的日常工作。

监区成立计分考核奖励小组，由监区长任组长，负责狱政管理工作的副监区长任副组长，监区其他警察任组员，具体实施对罪犯的日常计分考核、奖励呈报、审核审批、复查、公示等工作。

各级考核机构开展工作时，做出的决定应当经三分之二以上组成人员同意后通过，应当如实记录与会人员的意见并签名备案。

第二节 计分考核

> 勿以善小而不为，勿以恶小而为之。
>
> ——刘备

● 事例

罪犯郑某违纪被扣分[1]

罪犯郑某，因非法持有枪支罪，被判处有期徒刑3年。2018年12月13日，罪犯郑某在会见时指使其妻子给所在监区罪犯李某甲、李某乙各存1000元钱。监区民警通过罪犯郑某的会见录音回放发现此情况后，对罪

犯郑某进行了批评教育。罪犯郑某认错态度较好，表示自己刚入监，对会见规定学习不够，不知道这是违纪行为，保证今后不会再出现类似问题。监区对罪犯郑某进行批评教育后，将其列为监区重点监控对象，重点关注罪犯郑某日常改造言行。2019年1月9日罪犯郑某的妻子来监会见，罪犯郑某再次向妻子提出给罪犯李某甲、李某乙存钱，并让妻子给自己带美女杂志，教妻子如何将美女杂志装订成书，以此达到多带的目的。监区民警在检查会见录音时，还发现其涉嫌让妻子托人给自己带信件和物品，以及让其他罪犯为自己提供按摩的违纪行为。同时监狱狱政科在检查罪犯郑某会见录音时也发现其涉嫌违纪的内容，要求监区针对罪犯郑某的会见情况

---

[1] 该事例由北京市第二监狱提供。

进行调查、处理。

2019年1月14日，监区对罪犯郑某隔离审查，对相关违纪情况进行调查。经监区民警对涉事罪犯进行调查，情况属实。2019年2月13日，监狱根据规定给予罪犯郑某警告处罚，并扣除日常考核分300分。

以上事例记述了一名罪犯因为违纪受到警告处罚并被扣除考核分的经过。计分考核是监狱对罪犯改造表现进行综合考察与评定的量化考核，是管理改造罪犯的重要手段。

一、计分考核的基本做法

计分考核每月基础分为100分，考核内容包括教育改造和劳动改造两个部分。其中，教育改造基础分为65分，劳动改造基础分为35分。

计分考核采取"基础分分值+加分分值-扣分分值"的计分模式，积分总和为罪犯当月的考核得分。教育改造和劳动改造的分数不得相互替补。

计分考核实行"日记载、周评议、月审定"制度。

对罪犯按月进行计分考核，自罪犯入监教育结束次日起实施。对邪教类罪犯的计分考核，应自入监教育结束且经市局考核认定转化的次月起开始实施。

对老年、身体残疾（不含自伤自残）、患有严重疾病等经鉴定没有劳动能力的罪犯，只考核其教育改造的表现，每月基础分为100分。

二、计分考核的基础分

（一）教育改造基础分

罪犯在服刑期间达到以下各项要求的，当月给予教育改造基础分65分：

（1）拥护党的路线方针政策，在思想上、情感上认同党的领导、认同伟大祖国、认同中华民族、认同中华文化、认同中国特色社会主义道路；

（2）服从法院判决，认罪悔罪；

(3) 遵守监规纪律，遵守罪犯行为规范；

(4) 服从管理，如实向监狱人民警察汇报改造情况；

(5) 爱护公共财物，讲究卫生，讲究文明礼貌；

(6) 参加各项政治改造、监管改造、教育改造、文化改造活动，考核达标的；

(7) 其他接受教育改造的情形。

(二) 劳动改造基础分

罪犯在服刑期间达到以下各项要求的，当月给予劳动改造基础分35分：

(1) 劳动态度端正，服从调配，按时出工劳动，参加劳动习艺；

(2) 按时完成核定的劳动任务，达到劳动质量要求，无劳动定额的，认真履行岗位职责；

(3) 遵守劳动操作规程和安全生产规定，爱护劳动工具和产品；

(4) 其他接受劳动改造的情形。

对实行产量定额劳动的罪犯，采取分类定额考核，当月劳动改造基础分为35分。对实行工时定额劳动的罪犯，根据劳动岗位的难易程度、劳动量大小等情况，实行分级定额考核。其中，炊事员、调度、安全、质检、看护、包夹、事务等岗位为一级定额岗位，当月劳动改造基础分为35分；库管、维修、教员、编辑岗位为二级定额岗位，当月劳动改造基础分为32分；车间保洁等岗位为三级定额岗位，当月劳动改造基础分为29分。

日均教育改造基础分和日均劳动改造基础分应采取不同的计算方式。其中，当月日均教育改造基础分＝当月教育改造基础分÷当月天数；当月日均劳动改造基础分＝当月劳动改造基础分÷当月法定工作日天数。

罪犯参加监狱组织的与生产有关的职业技能培训，视为参加劳动，比照实行工时定额的罪犯进行考核。

三、 加分和扣分

监狱计分考核罪犯应当严格按照考核内容进行考核，表现突出的给予

加分，违反规定的给予扣分。每部分考核内容的月加分分值不得超过其基础分的50%。

同一加分、扣分情形可以给予多项加分、扣分的，按照最高分值给予加、扣分。加分和扣分根据分值的大小分别处理，如某地监狱系统规定，对罪犯加分15分以下或扣分30分以下的，由监狱人民警察提议，监区计分考核奖励小组审批；对罪犯加分15分以上或扣分30分以上以及对罪犯的补分、专项加分、折分，由监区计分考核奖励小组提议，监狱罪犯考核办公室审核，监狱计分考核奖励工作领导小组审批。

四、 特殊情形的处理

（1）罪犯通过个人影响力和社会关系、提供虚假证明材料、贿赂等不正当手段获得考核分的，取消该项得分并给予禁闭处罚。

（2）罪犯受到警告、记过、禁闭处罚的，分别从考核积分中扣减300分、600分、900分。考核积分为负分的，保留负分。其中受到禁闭处罚的，先将其已有的考核积分清零，尚未使用的奖励撤销后，再予以扣分。受到警告、记过处罚的，尚未使用的奖励予以保留，但不得兑现物质奖励。

禁闭期间的考核基础分记0分，自禁闭结束次日起重新考核。

（3）罪犯因涉嫌违法违纪被立案侦查或被隔离审查，经查证有违法犯罪或应受警告以上处罚行为的，其立案侦查或隔离审查期间的考核基础分记0分。经查证无上述行为的，其立案侦查或隔离审查所涉及月份均按照立案侦查或隔离审查前3个月的月平均得分，予以一次性补记。

（4）罪犯因办案机关办理案件需要被解回侦查、起诉或者审判，自收监次日起继续考核。

被办案机关认定构成犯罪的，其已有的考核积分清零，尚未使用的奖励撤销，但在解回前已向监狱坦白漏罪的除外。

被办案机关认定不构成犯罪的，保留已有的考核积分和奖励，其解回再审所涉及月份均按照解回再审前3个月的月平均得分，予以一次性补记。

解回后被人民法院改判较轻刑罚或因作证等原因被办案机关解回的，

依照上一条款处理。

（5）罪犯暂予监外执行期间不进行计分考核。因不符合暂予监外执行条件或者暂予监外执行情形消失被收监执行的，自收监次日起继续考核，原有的考核积分和奖励继续有效；因违反暂予监外执行监督管理规定被收监执行的，扣减考核分600分。考核积分为负分的，保留负分。

（6）对假释收监的罪犯，自入监教育结束次日进行计分考核；假释前尚未使用的奖励和考核积分作废。

（7）罪犯在服刑期间又犯罪的，其已有的考核积分清零，尚未使用的奖励撤销，自判决生效或收监次日起重新考核。考核积分为负分的，保留负分。

（8）死刑缓期二年执行的罪犯在死刑缓期执行期间所获尚未使用的考核积分，在死刑缓期二年执行期满后归零，自死刑缓期二年执行期满次月重新开始考核。

（9）外省调入的罪犯，继续参加考核。其原有考核积分、奖励继续有效。

● 延展

问：罪犯对考核得分有异议，该如何处理？

答：罪犯对本人或者其他罪犯的计分考核结果有异议的，应当在公示期内向监区提出书面复查申请。监区计分考核奖励小组应当对异议事项进行复查，于五个工作日内做出书面复查意见。

罪犯无正当理由超过公示期对本人或者其他罪犯的计分考核结果提出异议的，监狱可以不予受理。

罪犯对监区计分考核奖励小组的复查意见仍有异议的，应当自收到复查意见之日起三个工作日内向监狱提出书面复核申请。监狱计分考核奖励工作领导小组应当对异议事项进行复核，于五个工作日内做出书面复核意见。监狱计分考核奖励工作领导小组的复核意见为最终决定。

第三节 记事考核

好的指标体系应该是定量的和非定量的两部分内容,描述的方法应当是数字和文字的结合。

——强海亚

● 事例

罪犯郑某某重大立功表现的认定[1]

罪犯郑某某,男,因贩卖毒品罪于2011年3月21日被某市中级人民法院判处无期徒刑,剥夺政治权利终身,并处没收财产人民币10万元。判决生效后在某监狱服刑。

该犯在监狱开展的坦白检举活动期间,认罪悔罪,深受教育,向监狱侦查科递交举报信,举报一起社会人员雇凶杀人案件。监狱侦查科在做好保密工作的同时,将检举信转递某市公安分局刑警支队。该市公安分局刑侦大队两名民警来监狱提审罪犯郑某某,并根据该犯提供的线索,将警方自2000年3月开始追查的犯罪嫌疑人抓捕归案,并根据该犯罪嫌疑人的交代,将幕后雇凶指使人抓捕归案,至此沉寂12年之久的命案得以告破。

该市公安分局刑警大队来函建议监狱对罪犯郑某某给予奖励。监狱对罪犯郑某某检举王某某故意杀人罪的判决情况予以函调。某市公安分局回复:某省高级人民法院刑事附带民事判决书以故意杀人罪判处被告人王某某死刑,剥夺政治权利终身;以故意杀人罪判处被告人孙某某死刑,缓期二年执行,剥夺政治权利终身。最高人民法院核准省高级人民法院对被告人王某某、孙某某的刑事判决。

为进一步核实相关证据,刑罚执行机关两次派出警察赴某市公安局、

---

[1] 摘引自中国法律服务网案例库。

人民检察院、中级人民法院核实函调相关情况。经过多次取证，罪犯郑某某检举他人重大犯罪活动证据链互相印证，证据确实充分。

某监狱的计分考核评审委员会经集体评议，认定该犯具有"重大立功表现"。期间相关材料报送某市人民检察院进行法律监督审查，该市人民检察院驻监狱检察室出具检察意见书，审查认为，罪犯郑某某检举他人重大犯罪活动事实清楚，经查证属实，证据确实充分，刑罚执行机关对罪犯郑某某认定有"重大立功表现"的结论合法有效。

在上述事例中，核心内容是对罪犯郑某某确有重大立功表现的认定，为此监狱收集了大量的书面材料。从考核的角度看，运用了记事考核的方法。在监狱执法实践中，经过多年的探索，对罪犯的考核已经形成了定量和定性两种方法，即计分考核和记事考核。下面介绍记事考核方法。

一、记事考核的含义

记事考核法，又称证据考核法，是对罪犯的现实表现用证据材料记载并侧重于定性考核的方法。记事考核主要适用于服刑改造表现突出的罪犯。记事考核法的好处是能准确而完整地记录罪犯服刑改造过程中典型性的现实表现，其文字材料可以作为证据材料使用，为后续处理提供详实的资料。

记事考核可采用对当事人进行调查所形成的询问笔录、罪犯亲笔证言、管理人员的证明材料，以及管理人员填写的各种执法文书等。

在监狱执法实践中，记事考核的操作程序与计分考核大体相同，需要由监狱计分考核评审委员会集体评议。

二、记事考核的内容

记事考核适用于不需要采用计分考核的服刑改造表现突出的罪犯。通常包括以下两种情形。

（一）立功表现

罪犯具有下列情形之一的，可以认定为有"立功表现"：

（1）阻止他人实施犯罪活动的；

（2）检举、揭发监狱内外犯罪活动，或者提供重要的破案线索，经查证属实的；

（3）协助司法机关抓捕其他犯罪嫌疑人的；

（4）在生产、科研中进行技术革新，成绩突出的；

（5）在抗御自然灾害或者排除重大事故中，表现积极的；

（6）对国家和社会有其他较大贡献的。

上述第（4）项、第（6）项中的技术革新或者其他较大贡献应当由罪犯在刑罚执行期间独立或者为主完成，并经省级主管部门确认。

罪犯在服刑期间进行技术革新的，应先行立项并经监狱劳动改造部门审核，报监狱上级管理机关劳动改造部门批准，监狱上级管理机关狱政管理部门备案后方可开展，由监狱劳动改造部门进行全程监督。

立功由监区计分考核奖励小组提出，监狱计分考核奖励工作领导小组初审，监狱上级管理机关计分考核奖励工作领导小组审核，由监狱上级管理机关主管副局长审批。审批后，将罪犯立功通知书等材料发给监狱。

呈报立功的，监狱应将请示公文、罪犯立功审批表、罪犯立功一览表、奖励事迹、综合表现及其他证据材料，法院终审判决书、裁定书，以及入监登记表等案卷材料报监狱上级管理机关罪犯考核办公室。

（二）重大立功表现

罪犯具有下列情形之一的，应当认定为有"重大立功表现"：

（1）阻止他人实施重大犯罪活动的；

（2）检举监狱内外重大犯罪活动，经查证属实的；

（3）协助司法机关抓捕其他重大犯罪嫌疑人的；

（4）有发明创造或者重大技术革新的；

（5）在日常生产、生活中舍己救人的；

（6）在抗御自然灾害或者排除重大事故中，有突出表现的；

(7) 对国家和社会有其他重大贡献的。

上述第（4）项中的发明创造或者重大技术革新应当是罪犯在刑罚执行期间独立或者为主完成并经国家主管部门确认的发明专利，且不包括实用新型专利和外观设计专利；上述第（7）项中的其他重大贡献应当由罪犯在刑罚执行期间独立或者为主完成，并经国家主管部门确认。

罪犯在服刑期间进行发明创造或者重大技术革新的，应先行立项并经监狱劳动改造部门审核，报监狱上级管理机关劳动改造部门批准，监狱上级管理机关狱政管理部门备案后方可开展，由监狱劳动改造部门进行全程监督。

重大立功由监区计分考核奖励小组提出，监狱计分考核奖励工作领导小组初审，监狱上级管理机关计分考核奖励工作领导小组审核，由局长审批。审批后，将罪犯重大立功通知书等材料发给监狱。

呈报重大立功的，监狱应将请示公文、罪犯重大立功审批表、罪犯重大立功一览表、奖励事迹、综合表现及其他证据材料，法院终审判决书、裁定书，以及入监登记表等案卷材料报监狱上级管理机关罪犯考核办公室。

◉ 延展

问：监狱对罪犯的记事考核应当注意哪些问题？

答：记事考核要求准确、及时、合乎规范。准确，是指记事考核的内容要与罪犯的现实表现相符，即与事实相符，同时要求表述准确。及时，是指一旦出现需要进行文字记录的情形，有关人员要及时采集证据材料，并形成文字材料。合乎规范，是指在收集、整理有关罪犯现实表现的文字材料特别是制作监狱执法文书时，要符合相关的规范。

第四节 考核效用

> 要想获得什么，就看你付出什么。
>
> ——陈安之

● 事例

罪犯胡某获得物质奖励[1]

罪犯胡某自2018年8月至2019年5月，在10个月考核期内，获得考核积分855.25分，其中教育改造考核得分625分（考核基础分为650分），劳动改造考核得分230.25分（考核基础分为350分），两部分考核得分均在对应基础分60%以上，上一评奖考核周期结转积分48.02分，该犯于2018年11月6日受到警告处罚，并扣减考核积分300分，现总考核积分为603.27分。根据计分考核及奖励罪犯的有关规定，罪犯在考核期内受到警告以上处罚的，不能给予表扬奖励，只能给予一次物质奖励。因该犯在考核期内受到警告以上处罚，剩余3.27分结转到下一评奖考核周期。

上述事例介绍了罪犯胡某根据计分考核结果获得物质奖励的情况。根据有关规定，计分考核的结果与罪犯的切身利益密切相关。

一、考核结果是对罪犯进行表扬或物质奖励的依据

罪犯考核积分达到600分，且考核期内每部分考核得分不低于其基础分60%的，经监区计分考核奖励小组审查，报监狱计分考核奖励工作领导小组批准后，给予一次表扬；任何一部分考核得分低于其基础分60%的，

---

[1] 该事例由北京市第二监狱提供。

仅给予物质奖励。

专项加分只作为计算 600 分的基数,不作为计算基础分 60%的基数。

考核期内受到警告以上处罚的罪犯,终身监禁的罪犯,处于死刑缓期二年执行期间的罪犯,以及其他符合规定的罪犯,考核积分达到 600 分的,仅给予物质奖励。

因受剩余刑期、减刑间隔等因素的影响,不能作为提请减刑、假释依据的表扬奖励,经罪犯本人申请,监区计分考核奖励小组集体评议后,可以兑现为物质奖励。

在监狱执法实践中,罪犯有下列情形之一的,可以给予单项物质奖励:在发生自然灾害、公共卫生等突发事件或他犯违法违纪行为时,主动采取措施或及时报告的;在监狱组织的各类竞赛、评比活动中取得名次的;获得监狱级优秀 QC 小组称号的;担任语言翻译、手语翻译,表现较好的;从事看护等岗位,表现突出的;其他可以给予单项物质奖励的情形。

给予罪犯单项物质奖励的,监区填写罪犯单项物质奖励审批表,报监狱考核办审核,主管副监狱长审批。

物质奖励分为现金和实物奖励。现金存入罪犯个人账户;实物可以通过日用品、食品、学习用品等形式发放。

给予表扬或者物质奖励的,从罪犯考核积分中扣除 600 分,剩余积分转入下一考核周期。

二、 考核的结果是实施分级处遇的依据

考核的结果可作为监狱对罪犯分级处遇的依据。根据《监狱法》第 39 条规定,监狱根据罪犯的犯罪类型、刑种、刑期、改造表现等情况,对罪犯实行分别关押,采取不同方式管理。分级处遇是落实不同方式管理的重要措施,其基本的依据是罪犯的改造表现,而罪犯的改造表现要由考核的

结果加以显示,因此,考核的结果是监狱对罪犯实施分级处遇的依据。

监狱根据计分考核结果,除给予罪犯表扬、物质奖励外,可以依照有关规定在活动范围、通讯会见、生活待遇、文体活动等方面给予罪犯不同的处遇。

三、考核的结果是提请减刑、假释的依据

考核的结果作为监狱为罪犯提请减刑、假释的依据。《监狱法》第29条和第32条分别规定,被判处无期徒刑、有期徒刑的罪犯,在服刑期间确有悔改或者立功表现的,根据监狱的考核结果,可以减刑。符合法律规定的假释条件的,由监狱根据考核结果向人民法院提出假释建议。可见,考核的结果是监狱提请减刑、假释的依据。

监狱对罪犯的计分考核结果及相应表扬,作为依法提请减刑、假释的重要依据,提交人民法院。

四、考核的结果是评选改造标兵的依据

在罪犯中开展评选改造标兵的活动,是监狱机关设立的对罪犯的一项教育激励措施,强调要注重发挥改造标兵的典型示范作用。考核结果是评选改造标兵的重要依据。

● 延展

问:根据考核结果对罪犯实施表扬或物质奖励应当如何操作?

答:监区计分考核奖励小组应于每月计分考核工作结束后5个工作日内,召开罪犯奖励评审会。评审会后将监区罪犯奖励一览表和罪犯奖励审批表等材料,报监狱考核办。

监区计分考核奖励小组应于每月计分考核工作结束后5个工作日内,召开罪犯奖励评审会。评审会后将监区罪犯奖励一览表和罪犯奖励审批表等材料,报监狱考核办。

问：撤销罪犯奖励的应当如何操作？

答：撤销罪犯奖励的，监区计分考核奖励小组集体研究后，将撤销罪犯奖励审批表等相关材料，报监狱考核办审核；监狱考核办审核后，提请监狱计分考核奖励工作领导小组审批。审批后，监狱将撤销罪犯奖励审批表、撤销罪犯奖励通知书等材料发给监区。

给予或撤销罪犯奖励的，除检举违法违纪行为、提供有价值的破案线索等不宜公示的情形外，应将审批结果在监区内公示3个工作日。

监管改造分册

第七章

激 励

第七章 激 励

说到激励，就不能不说需求层次理论。亚伯拉罕·马斯洛在《人类激励理论》中将人类需求像阶梯一样从低到高按层次分为五种，分别是：生理需求、安全需求、社交需求、尊重需求和自我实现需求。马斯洛还认为一个国家多数人的需求层次结构，是同这个国家的经济发展水平、科技发展水平、文化和人民受教育的程度直接相关的。受此启发，并观察我国监狱在押罪犯的实际情况，不难发现，罪犯的需求层次结构也具有自己的特点。我国监狱根据罪犯的需求特点采取了具有针对性的激励制度：一是罪犯对狱内生活的基本需求比较强烈，因此，我国监狱实行分级处遇这样一种激励制度，根据罪犯的服刑时间和现实表现，施以不同等级的狱内待遇内容。二是罪犯在维系亲情方面的需求恳切，因此，我国监狱法设计了准予罪犯离监探亲的激励制度。三是早日恢复人身自由被多数罪犯视为根本需求。失去人身自由的痛苦始终伴随着每一名监狱在押罪犯，为摆脱这种刑罚的固有的折磨，绝大多数罪犯渴望早日结束监禁生活。减刑和假释为罪犯早日恢复社会生活提供了机会，但这种机会不是"普惠制"的，也就是说不是人人有份的，只有符合法定条件、改造表现积极的罪犯才能获得减刑和假释的奖励。

应当说明的是，我国监狱的许多改造措施都含有激励成分，比如表扬、物质奖励、立功、重大立功，评选改造标兵等都属于正向激励，而行政处罚和刑事处罚则属于负向激励。鉴于这些内容被安排在了本书的其他章节，所以本章不再赘述。如此一来，本章的内容分为四节，分别讨论提请减刑、提请假释、分级处遇和离监探亲。

第一节　提请减刑

> 有前途改造就有信心。
>
> ——毛泽东

◉ **事例**

罪犯姜某某减刑案*

罪犯姜某某因犯故意伤害罪被北京市第一中级人民法院判处无期徒刑，剥夺政治权利终身，刑期自 2009 年 7 月 27 日起。于 2009 年 12 月 2 日调入监狱服刑改造。

服刑期间因确有悔改表现，2011 年 11 月 11 日减为有期徒刑十九年六个月，剥夺政治权利五年，2013 年 4 月 24 日减刑十个月，2014 年 8 月 8 日减刑十个月，2016 年 7 月 14 日减刑一年十一个月，减刑后刑期止日：2027 年 10 月 10 日，剥夺政治权利五年。

2018 年，罪犯所在监区全体民警召开会议，集体研究罪犯姜某某提请减刑案。经监区民警集体研究认为，罪犯姜某某能够认罪悔罪，认真遵守法律、法规及监规纪律，主动接受教育改造，积极参加思想、文化、职业技术教育和生产劳动，并很好地完成了教育学习和劳动任务。监区全体民警认为，罪犯姜某某确有悔改表现，符合法定减刑条件，建议依法对罪犯姜某某提请减刑九个月。

刑罚执行科对监区报送的罪犯提请减刑材料审查完毕，认为监区认定罪犯姜某某确有悔改表

---

* 摘引自中国法律服务网案例库。

现具体事实的书面证明材料来源合法，所提交的材料齐全、完备、规范，符合法定条件，提请罪犯姜某某减刑建议适当，同意监区提请减刑建议，并将相关材料一并提交监狱减刑假释评审委员会评审。

监狱减刑假释评审委员会根据刑罚执行科的审查意见，召开减刑假释评审会，作出同意提请罪犯姜某某减刑的评审意见，检察机关派员应邀列席会议，会上未提出异议。会后监狱按照规定在监区和监狱候见室进行公示，公示期为5个工作日，公示期间没有监狱民警或者罪犯及其亲属对公示内容提出异议。

公示期满后，监狱将提请减刑建议及相关材料送检察机关征求意见。检察机关未提出异议。

监狱减刑假释评审委员会将同意提请减刑建议的评审意见连同检察意见，一并报送监狱长办公会议审定。监狱长办公会议对罪犯姜某某减刑建议及相关材料进行审议，认为罪犯姜某某符合法定减刑条件，提请减刑程序合法，相关证明材料齐全完备真实有效，作出提请罪犯姜某某减刑九个月的决定。

监狱刑罚执行科根据监狱长办公会议的决定，将罪犯姜某某减刑案卷材料移送至北京市第一中级人民法院，并将提请减刑建议书副本及案卷材料抄送至检察机关。

北京市第一中级人民法院经审理，认为罪犯姜某某在服刑期间，能够认罪悔罪，积极改造，确有悔改表现，依法裁定对罪犯姜某某减去有期徒刑九个月。

以上案例讲述了罪犯姜某某获得减刑的全过程。这是刑罚执行机关和司法机关根据《最高人民法院关于办理减刑、假释案件具体应用法律的规定》（2016年9月19日最高人民法院审判委员会第1693次会议通过，自2017年1月1日起施行）办理的一起减刑案件。上述规定进一步完善了刑罚执行变更的法律制度，进一步统一了全国减刑案件的办案理念、

裁判尺度和执法标准，有利于从实体制度上进一步保障减刑、假释案件得到公平、公正地办理，切实发挥减刑、假释对于促进罪犯积极改造，维护社会和谐稳定的重要作用。

一、减刑的条件

对于有期徒刑和无期徒刑罪犯的减刑条件分别为悔改、立功、重大立功，详见下表。

表1　有期徒刑和无期徒刑罪犯的减刑条件

悔改	立功	重大立功
确有悔改表现是指同时具备下列情节： （1）认罪悔罪； （2）遵守法律法规及监规，接受教育改造； （3）积极参加思想、文化、职业技术教育； （4）积极参加劳动，努力完成劳动任务	确有立功表现是指具有下列情节之一的： （1）阻止他人实施犯罪活动的； （2）检举、揭发监狱内外犯罪活动，或者提供重要的破案线索，经查证属实的； （3）协助司法机关抓捕其他犯罪嫌疑人的； （4）在生产、科研中进行技术革新，成绩突出的； （5）在抗御自然灾害或者排除重大事故中，表现积极的； （6）对国家和社会有其他较大贡献的	确有重大立功表现是指具有下列情节之一的： （1）阻止他人实施重大犯罪活动的； （2）检举监狱内外重大犯罪活动，经查证属实的； （3）协助司法机关抓捕其他重大犯罪嫌疑人的； （4）有发明创造或者重大技术革新的； （5）在日常生产、生活中舍己救人的； （6）在抗御自然灾害或者排除重大事故中，有突出表现的； （7）对国家和社会有其他重大贡献的
备注：在办理时应当综合考察罪犯犯罪的性质和具体情节、社会危害程度、原判刑罚及生效裁判中财产性判项的履行情况、交付执行后的一贯表现等因素	备注：上述第（4）项、第（6）项中的技术革新或者其他较大贡献应当由罪犯在刑罚执行期间独立或者为主完成，并经省级主管部门确认	备注：上述第（4）项中的发明创造或者重大技术革新应当是罪犯在刑罚执行期间独立或者为主完成，并经国家主管部门确认的发明专利，且不包括实用新型专利和外观设计专利；第（7）项中的其他重大贡献应当由罪犯在刑罚执行期间独立或者为主完成，并经国家主管部门确认

对死刑缓期执行罪犯的减刑条件主要是，在死刑缓期执行期间没有故意犯罪或有重大立功表现。

二、减刑的程序

被判处有期徒刑和被减刑为有期徒刑的罪犯的减刑，由监狱提出建议，提请罪犯服刑地的中级人民法院裁定。被判处死刑缓期二年执行的罪犯的减刑、被判处无期徒刑的罪犯的减刑，由监狱提出建议，经省、自治区、直辖市监狱管理局审核同意后，提请罪犯服刑地的高级人民法院裁定。下面介绍监狱机关提请减刑的程序。

（1）监区民警集体研究。提请减刑，应当根据法律规定的条件，结合罪犯服刑表现，由监区民警集体研究，提出提请减刑、假释建议，报经监区长办公会议审核同意后，由监区报送监狱刑罚执行部门审查。

（2）监狱刑罚执行部门审查。监狱刑罚执行部门收到监区对罪犯提请减刑、假释的材料后，应当就下列事项进行审查：第一，需提交的材料是否齐全、完备、规范；第二，罪犯确有悔改或者立功、重大立功表现的具体事实的书面证明材料是否来源合法；第三，罪犯是否符合法定减刑、假释的条件；第四，提请减刑、假释的建议是否适当。

（3）监狱减刑假释评审委员会评审。监狱减刑假释评审委员会应当召开会议，对刑罚执行部门审查提交的提请减刑、假释建议进行评审，提出评审意见。会议应当有书面记录，并由与会人员签名。

监狱可以邀请人民检察院派员列席减刑假释评审委员会会议。

（4）公示。监狱减刑假释评审委员会经评审后，应当将提请减刑的罪犯名单以及减刑意见在监狱内公示。公示内容应当包括罪犯的个人情况、原判罪名及刑期、历次减刑情况、提请减刑的建议及依据等。公示期限为5个工作日。公示期内，如有监狱民警或者罪犯对公示内容提出异议，监狱减刑假释评审委员会应当进行复核，并告知复核结果。

（5）征求人民检察院意见。监狱应当在减刑假释评审委员会完成评审和公示程序后，将提请减刑建议送人民检察院征求意见。监狱对人民检察院意见未予采纳的，应当予以回复，并说明理由。征求意见后，监狱减刑假释评审委员会应当将提请减刑建议和评审意见连同人民检察院意见，一并报请监狱长办公会议审议决定。

（6）监狱长办公会议审议。对判处有期徒刑或者减为有期徒刑罪犯，监狱长办公会议决定提请减刑的，由监狱长在罪犯减刑审核表上签署意见，加盖监狱公章，并由监狱刑罚执行部门根据法律规定制作提请减刑建议书，连同有关材料一并提请人民法院裁定。人民检察院对提请减刑提出的检察意见，应当一并移送受理减刑案件的人民法院。

对判处死刑缓期二年执行和无期徒刑的罪犯决定提请减刑的，监狱还应当在提请人民法院裁定前，将罪犯减刑审核表连同有关材料报送省、自治区、直辖市监狱管理局审核。监狱管理局审核同意对罪犯提请减刑、假释的，由局长在罪犯减刑审核表上签署意见，加盖监狱管理局公章。监狱对死刑缓期执行和无期徒刑罪犯提请人民法院减刑时，应当同时提交省、自治区、直辖市监狱管理局签署意见的罪犯减刑审核表。

三、减刑的实施

为严厉惩处贪腐犯罪，体现区别对待的刑事政策，根据刑法和刑事诉讼法，最高人民法院先后出台了《最高人民法院关于办理减刑、假释案件具体应用法律的规定》（自2017年1月1日起施行），以及《最高人民法院关于办理减刑、假释案件具体应用法律的补充规定》（自2019年6月1日起施行），进一步规范了减刑的适用。上述规定将减刑的对象分为了三类，在起始时间、减刑幅度以及间隔时间上分别作出了明确的要求。

第一类对象是，依照刑法分则第八章贪污贿赂罪判处刑罚的原具有国家工作人员身份的罪犯。对其中拒不认罪悔罪的，或者确有履行能力而不履行或者不全部履行生效裁判中财产性判项的，一般不予减刑。此类对象的减刑采用最为严格的标准。

第二类对象是，除第一类罪犯以外的职务犯罪罪犯以及应当从严减刑的其他罪犯。

第二类减刑对象主要包括：

（1）职务犯罪罪犯（不含上述第一类从严减刑对象）；

（2）破坏金融管理秩序和金融诈骗犯罪罪犯；

（3）组织、领导、参加、包庇、纵容黑社会性质组织犯罪罪犯；

（4）危害国家安全犯罪罪犯；

（5）恐怖活动犯罪罪犯；

（6）毒品犯罪集团的首要分子及毒品再犯；

（7）累犯；

（8）故意杀人、强奸、抢劫、绑架、放火、爆炸、投放危险物质或者有组织的暴力性犯罪（不含不满十年有期徒刑罪犯）；

（9）数罪并罚的罪犯（指数罪并罚且其中两罪以上被判处十年以上有期徒刑的罪犯，数罪并罚的无期徒刑罪犯，数罪并罚的死刑缓期二年执行的罪犯）。

第三类对象是，不在第一、第二类范围的其他罪犯。

上述三类罪犯的减刑，从严到宽，在减刑的起始时间、减刑幅度和减刑间隔时间等问题上适用不同的规定。

在减刑的起始时间上，三类对象的具体规定见下表。

表2 减刑的起始时间对照表

	有期徒刑	无期徒刑	死刑缓期二年执行
第一类	1. 被判处不满十年有期徒刑，符合减刑条件的，执行二年以上方可减刑； 2. 被判处十年以上有期徒刑，符合减刑条件的，执行三年以上方可减刑	执行四年以上方可减刑	死刑缓期执行二年期满，可以减刑。减为无期徒刑后，符合减刑条件的，执行四年以上方可减刑
第二类	执行二年以上方可减刑	执行三年以上方可减刑	死刑缓期执行二年期满，可以减刑。减为无期徒刑后，执行三年以上方可减刑
第三类	1. 不满五年有期徒刑的，应当执行一年以上方可减刑； 2. 五年以上不满十年有期徒刑的，应当执行一年六个月以上方可减刑； 3. 十年以上有期徒刑	执行二年以上，可以减刑	死刑缓期执行二年期满，可以减刑

续表

有期徒刑	无期徒刑	死刑缓期二年执行
的,应当执行二年以上方可减刑。有期徒刑减刑的起始时间自判决执行之日起计算		

注：确有重大立功表现的有期徒刑和无期徒刑罪犯，可以不受上述起始时间的限制。

三类罪犯在减刑幅度上也有不同规定，详见下表。

表3　减刑的幅度对照表

	有期徒刑	无期徒刑	死刑缓期二年执行
第一类	1. 确有悔改表现或者有立功表现的，一次减刑不超过六个月有期徒刑； 2. 确有悔改表现并有立功表现的，一次减刑不超过九个月有期徒刑； 3. 有重大立功表现的，一次减刑不超过一年有期徒刑	1. 确有悔改表现或者立功表现的，可以减为二十五年有期徒刑；确有悔改表现并有立功表现的，可以减为二十四年六个月以上二十五年以下有期徒刑； 2. 有重大立功表现的，可以减为二十四年以上二十四年六个月以下有期徒刑	1. 首次减为无期徒刑，再减刑时，确有悔改表现或者有立功表现的，可以减为二十五年有期徒刑；确有悔改表现并有立功表现的，可以减为二十四年六个月以上二十五年以下有期徒刑；有重大立功表现的，可以减为二十四年以上二十四年六个月以下有期徒刑； 2. 首次减为有期徒刑，再减刑时，比照第一类有期徒刑减刑幅度执行
第二类	应当按规定从严掌握，一次减刑不超过一年有期徒刑	应当按规定从严掌握，减刑后的刑期最低不得少于二十年有期徒刑；减为有期徒刑后再减刑时，减刑幅度比照有期徒刑罪犯减刑规定从严掌握，一次不超过一年有期徒刑	1. 首次减为无期徒刑后，再次减刑的，一般减为二十五年有期徒刑，有立功表现或者重大立功表现的，可以减为二十三年以上二十五年以下有期徒刑； 2. 首次减为有期徒刑后，再减刑时，减刑幅度比照有期徒刑罪犯减刑规定从严掌握，一次不超过一年有期徒刑

续表

	有期徒刑	无期徒刑	死刑缓期二年执行
第三类	1. 确有悔改表现或者有立功表现的，一次减刑不超过九个月有期徒刑； 2. 确有悔改表现并有立功表现的，一次减刑不超过一年有期徒刑； 3. 有重大立功表现的，一次减刑不超过一年六个月有期徒刑； 4. 确有悔改表现并有重大立功表现的，一次减刑不超过二年有期徒刑	1. 确有悔改表现或者有立功表现的，可以减为二十二年有期徒刑； 2. 确有悔改表现并有立功表现的，可以减为二十一年以上二十二年以下有期徒刑； 3. 有重大立功表现的，可以减为二十年以上二十一年以下有期徒刑； 4. 确有悔改表现并有重大立功表现的，可以减为十九年以上二十年以下有期徒刑	1. 在死刑缓期执行期间，如果没有故意犯罪，二年期满以后，减为无期徒刑； 2. 如果确有重大立功表现，二年期满以后，减为二十五年有期徒刑

注：死刑缓期执行罪犯在缓期二年执行期间，如果故意犯罪，情节恶劣的，报请最高人民法院核准后执行死刑；对于故意犯罪未执行死刑的，死刑缓期执行的期间重新计算，并报最高人民法院备案。

三类罪犯在减刑间隔时间上的不同规定见下表。

表4 减刑的间隔时间对照表

	有期徒刑	无期徒刑	死刑缓期二年执行
第一类	1. 被判处不满十年有期徒刑的，次次减刑之间应当间隔一年六个月以上； 2. 被判处十年以上有期徒刑的，两次减刑之间应当间隔二年以上	减为有期徒刑后再减刑时，两次减刑间隔时间不得少于二年	减为有期徒刑后再减刑时，两次减刑间隔时间不得少于二年
第二类	1. 被判处不满十年有期徒刑两次减刑之间应当间隔一年以上； 2. 被判处十年以上有期徒刑间隔一年六个月以上	减为有期徒刑后再减刑时，两次减刑间隔时间不得少于二年	减为有期徒刑后再减刑时，两次减刑间隔时间不得少于二年

续表

	有期徒刑	无期徒刑	死刑缓期二年执行
第三类	1. 被判处不满十年有期徒刑的罪犯，两次减刑间隔时间不得少于一年； 2. 被判处十年以上有期徒刑的罪犯，两次减刑间隔时间不得少于一年六个月。 减刑间隔时间不得低于上次减刑减去的刑期	减为有期徒刑后再减刑时，两次减刑间隔时间不得少于二年	减为有期徒刑后再减刑时，两次减刑间隔时间不得少于二年

注：罪犯有重大立功表现的，减刑时可以不受上述间隔时间的限制。

● 延展

问：我因故意杀人罪被判处死刑缓期二年执行，并限制减刑，请问像我这种情况如何减刑？

答：限制减刑是2011年《刑法修正案（八）》新增的内容，限制减刑的适用主体有三类：被判处死刑缓期执行的累犯；因故意杀人、强奸、

抢劫、绑架、放火、爆炸、投放危险物质被判处死刑缓期执行的犯罪分子；实施有组织的暴力犯罪被判处死刑缓期执行的犯罪分子。限制减刑的死刑缓期执行罪犯，缓期执行期满后依法减为无期徒刑的，实际执行不能少于二十五年，缓期执行期满后依法减为二十五年有期徒刑的，实际执行不能少于二十年。

被限制减刑的死刑缓期执行罪犯，减为有期徒刑后再减刑时，一次减刑不超过六个月有期徒刑，两次减刑间隔时间不得少于二年。有重大立功表现的，间隔时间可以适当缩短，但一次减刑不超过一年有期徒刑。

问：我因为投放危险物质罪被判处十五年有期徒刑，请问我属于从严

减刑的对象吗？如果是，对我的减刑有哪些影响？

答：从严减刑是最高人民法院最新规定的一项减刑制度，对从严减刑的对象进行了明确的界定，根据你的描述，属于从严减刑的对象。从严减刑的具体措施可以参考前文中归纳的表格。

第二节 提请假释

努力让人民群众在每一个司法案件中感受到公平正义。

——习近平

● 事例

罪犯张某某假释案

张某某，男，无前科劣迹。2015年11月13日因犯非国家工作人员受贿罪被判处有期徒刑五年，没收财产人民币10万元。刑期自2014年7月3日起至2019年7月2日止。2016年3月24日调入某监狱服刑改造。

2018年2月26日，监狱致函北京市某区司法局，对张某某居住地情况和假释社会影响情况进行调查评估。监狱于2018年3月21日收到司法局社会调查报告，《社会调查评估报告》载明："通过走访张某某的监护人、邻居、居住地社区居委会后，张某某假释后对所居住社区存在的不良影响较小，同意对张某某适用社区矫正。"

随后，监区办案民警通过查阅档案材料、法律文书、社会调查评估报告，找罪犯本人、同班罪犯谈话和询问民警等方式，制作调查笔录，填写《拟假释罪犯再犯风险评估量表》。2018年3月23日，监区召开假释评估会，对该罪犯假释意见进行了评估，认为该罪犯年龄达到59岁，平时表现较好，确有悔改表现，剩余刑期也较短，其家中有妻子和女儿，家庭关系和睦，假释后村委会承诺为其安排工作，其妻子每月有退休工资，生活来源稳定，家属均表示积极接收并对其进行监督，社区对其适用社区矫正无意见，且经《再犯罪风险评估量表》评估属较低风险罪犯。经监区全体民警集体评议同意对其提请假释，并将评估材料报送监狱刑罚执行科。

2018年4月2日，监狱刑罚执行科对评估材料审查后，认为评估材料真实、评估人数符合要求、评估项目分数准确，同意报监狱假释评估工作委员会评审。

2018年4月4日，监狱召开假释评估会对张某某的假释意见进行了评估，经监狱假释评估委员会集体研究，同意对其提请假释。人民检察院驻监检察室检察官列席假释评估会，未提出异议。

2018年4月9日，监区全体民警召开会议，集体研究张某某提请假释案。会议认为，张某某服刑期间能够认罪悔罪，认真遵守法律法规及监规，接受教育改造，积极参加思想、文化、职业技术教育，积极参加劳动，完成劳动任务，确有悔改表现。被判处没收财产人民币10万元，已全部履行完毕，涉案赃款判决时均已全部退缴。另查，未发现该罪犯存在利用个人影响力和社会关系等不正当手段企图获得调动、岗位安排、计分考核、评定奖励、减刑假释机会的问题。张某某近期获得两次表扬奖励，无处分。经监区假释评估小组集体评估，该罪犯依据《拟假释罪犯再犯罪风险评估量表》属于较低风险罪犯。截至2018年4月，该罪犯已执行原判刑期二分之一以上，目前剩余刑期一年三个月，该罪犯奖励和剩余刑期均符合适用假释规定。监区全体民警一致同意对该罪犯提请假释。

监区集体评议会后，监区将提请假释建议及相关案卷材料报送监狱刑罚执行部门审查。经审查，刑罚执行部门认为监区认定张某某确有悔改表现的具体事实的书面证明材料来源合法，所提交的材料齐全、完备、规范，符合法定条件，提请假释的建议适当。

2018年4月17日，监狱减刑假释评审委员会召开会议，作出同意提请张某某假释的评审意见，并按照规定在监狱内公示，公示期为五个工作日。公示期间，民警、罪犯及其亲属对公示内容未提出异议。

公示期后，监狱将提请假释建议及相关材料送检察机关征求意见。人民检察院出具《假释提请活动检察意见书》，认为张某某符合提请假释条件，监狱提请假释程序符合规定。监狱减刑假释评审委员会将同意提请假释建议的评审意见连同检察机关的意见，一并报送监狱长办公会议审定。

监狱于2018年5月3日召开监狱长办公会，对张某某假释建议及相关材料进行了审议，认为张某某符合法定假释条件，提请假释程序合法，相关证明材料齐全完备真实有效，作出提请张某某假释的决定。

刑罚执行部门根据监狱长办公会议的决定，制作《提请假释建议书》，连同相关案卷材料一并移送北京市某中级人民法院，同时将提请假释建议书副本及案卷抄送北京市刑事执行检察院。

2018年6月7日，人民法院经审理，认为张某某在服刑期间，认罪悔罪，认真遵守监规，接受教育改造，确有悔改表现，依法裁定对张某某假释，假释考验期自2018年6月7日至2019年7月2日。

以上案例讲述了罪犯张某某获得假释的过程。那么什么是假释，获得假释应当具备哪些条件，办理假释要经过哪些程序呢？下面重点讲解这些问题。

假释，是对于符合法定条件的罪犯，刑罚执行机关依法提请审判机关裁定，给予附条件提前释放，并实行社区矫正的刑罚执行制度。

假释是激励罪犯改造的刑罚制度，激励的方法是对符合法定条件的罪犯附条件地提前释放。具体来说就是对提前释放的罪犯设置假释考验期，如果被假释罪犯在考验期间遵守有关规定，没有犯新罪，没有被发现漏罪，考验期满即认为原判刑罚已经执行完毕。有期徒刑的假释考验期限，为没有执行完毕的刑期；无期徒刑的假释考验期限为十年。

与减刑相比，假释在促使罪犯恢复正常社会生活和维护社会秩序方面更具优势。为什么这样说呢？打个比方，罪犯甲和乙都是十年有期徒刑，又都是提前一年出狱，不同的是甲是被减刑，而乙是被假释。甲被释放后，完全恢复了人身自由，乙则要在为期一年的假释考验期内接受社区矫正。乙在社区矫正机构的指导和监督下可以逐步恢复正常的社会生活。同时，由于假释有可能被撤销，乙就要在假释考验期内遵守规定，严格约束自己的言行。因此，假释制度具有他律和自律的双重约束机制。比较而言，假释人员虽然行为受到约束，但其融入社会守法自立的历程会更加顺畅。可以说，假释在监禁和自由之间为罪犯搭建了一个过渡的桥梁和缓冲带，有利于调动罪犯改造的积极性，让罪犯出狱后更好地回归社会，有效预防和减少重新犯罪。

假释在鼓励罪犯回归社会方面具有天然优势。相对于刑满释放，假释要经过严格的法定程序，例如，监狱在提请假释前要委托县级司法行政机关对罪犯假释后对所居住社区影响进行社区调查评估，法院要对监狱提请罪犯假释的案件依法裁定，检察院对假释工作进行全程监督，社区矫正机构对假释罪犯进行监督和教育。同时，假释只是在一定程度上变更了服刑场所，通过设置假释考验期，能够有效促使罪犯在假释期间自觉接受教育改造，加强自我约束，既有利于度

过正式回归社会、正常生活前的适应期，也有利于社区矫正机构依法对其进行行为管束和教育，预防其重新犯罪。

有期徒刑罪犯执行原判刑期二分之一以上，无期徒刑的罪犯实际执行十三年以上，死刑缓期执行减为无期徒刑或有期徒刑的罪犯实际执行十五年以上，如果认真遵守监规，接受教育改造，确有悔改表现，没有再犯罪的危险的，可以假释。

如果有特殊情况，经最高人民法院核准，可以不受上述执行刑期的限制。"特殊情况"，是指国家政治、国防、外交等方面有特殊需要的情况。

自 2017 年 1 月 1 日起实施的《最高人民法院关于办理减刑、假释案件具体应用法律的规定》作出规定：罪犯既符合法定减刑条件，又符合法定假释条件的，可以优先适用假释。特别是年满八十周岁、身患疾病或者生活难以自理、没有再犯罪危险的罪犯，既符合减刑条件，又符合假释条件的，优先适用假释。

对累犯，以及因故意杀人、强奸、抢劫、绑架、放火、爆炸、投放危

险物质或者有组织的暴力性犯罪被判处十年以上有期徒刑、无期徒刑的罪犯，不得假释。

对依照《刑法》分则第八章贪污贿赂罪判处刑罚的原具有国家工作人员身份的罪犯，拒不认罪悔罪的，或者确有履行能力而不履行或者不全部履行生效裁判中财产性判项的，不予假释。对上述罪犯适用假释，应当从严掌握。

假释的基本程序是，刑罚执行机关提请人民法院裁定，由社区矫正机构执行，并接受人民检察院监督。

前边的案例讲述了刑罚执行机关具体办理假释的程序。刑罚执行机关对拟提请假释的罪犯，需要委托社会调查，召开假释评估会，启动假释提请程序，刑罚执行部门审查，监狱减刑假释评审委员会评审及公示，征求检察机关意见，监狱长办公会议审定，然后向人民法院移送案卷，并将提请假释建议书副本及案卷抄送人民检察院。人民法院最终作出假释裁定。

北京市监狱管理局在提请假释程序的关键环节进行了新的尝试，具体做法如下。

做法一　自主研发《拟假释罪犯再犯风险评估量表》

按照我国《刑法》规定，认定"没有再犯罪的危险"是监狱机关对服刑罪犯适用假释的关键要素，为了将刑法和最高人民法院司法解释认定"没有再犯罪的危险"的标准落到实处，北京市监狱管理局结合刑罚执行工作实际，在广泛调研刑满释放五年内诱发重新犯罪的典型因素的基础上，制定了《监狱假释评估工作程序规定》，自主研发了《拟假释罪犯再犯风险评估量表》，对拟假释罪犯的主体、主观、心理、客观四大方面，45项因素，160项因子进行综合测评打分，将认定"没有再犯罪的危险"的法定要求进行科学量化。该评估制度在实践中收到了良好的法律效果和社会效果，并在首都政法机关内部取得了广泛共识，并以公、检、法、司、安、监六机关联合发文的形式在假释工作中得到了广泛适用。

做法二　设计制作《社会调查评估报告》

《刑法》第81条规定对犯罪分子决定假释时，应当考虑其假释后对所居住社区的影响。为了落实刑法、刑事诉讼法和司法解释的法定要求，北京市监狱管理局设计制作了《拟假释罪犯社会调查委托函》和《社会调查评估报告》，并纳入北京市假释工作规定，强化了委托调查的法定性。调查评估内容涵盖了拟假释罪犯居所和生活来源、家庭和社会关系、家庭帮教条件、被调查人一贯表现、犯罪行为后果和影响五大类需要调查了解的情况，同时要求村委会、社会调查评估员、司法所、区县司法局等部门和人员逐级出具调查评估意见，该社会调查工作得到了首都司法行政部门的大力支持，社会调查评估工作经过4年多的运行，对假释犯风险的评估起到了重要的支撑作用。

做法三　召开假释综合评估会

监区在假释评估会中，综合运用查阅档案材料、法律文书、社会调查评估报告、心理测试、与罪犯本人谈话、与同班罪犯谈话和询问民警等方式，对拟假释罪犯综合评估。其中，《拟假释再犯风险评估量表》采取百分制的形式进行评估，评估分值在45分以下的视为没有再犯罪风险，45分以上的属于高风险，不得适用假释。如对一名拟假释罪犯评估分值为37.5分，可以视为"没有再犯罪风险"。通过科学量化的再犯风险评估手段，较好地解决了以往主观判断，无科学依据造成的预测随意性问题，为依法扩大假释面奠定了制度基础。

做法四　引入确有悔改表现认定的否定性要件

对拟提请假释的罪犯，在认定确有悔改表现的因素时，引入了对罪犯认定"确有悔改表现"的否定性条件，即在认定罪犯刘某某是否确有悔改表现时，通过各层级签字承诺"未发现该犯存在利用个人影响力和社会关系等不正当手段企图获得调动、岗位安排、计分考核、评定奖励、减刑假释机会的问题"，并以《监狱假释罪犯情况说明》的书面形式附卷作为证据永久保存，该说明材料要求监区、狱政管理科、审计监察科等部门主要领导，监区全体民警、监狱减刑假释评审委员全体成员均需在该证据材料上亲笔签名承诺，充分体现了防止司法腐败要求。

● 延展

问：我是某监狱的一名罪犯，因犯抢劫罪被判处十二年有期徒刑，请问我可以获得假释吗？

答：你这种情况不可以适用假释。根据我国《刑法》规定，对累犯，以及因故意杀人、强奸、抢劫、绑架、放火、爆炸、投放危险物质或者有组织的暴力性犯罪被判处十年以上有期徒刑、无期徒刑的罪犯，不得假释。

因上述情形犯罪被判处死刑缓期执行的罪犯，被减为无期徒刑、有期徒刑后，也不得假释。

对于被判处死刑缓期二年执行，适用终身监禁的罪犯，终身不得假释（减刑）。

另外，对于生效裁判中有财产性判项，罪犯确有履行能力而不履行或者不全部履行的，不予假释。

问：请问哪些罪犯适用假释时可以从宽？

答：根据最高人民法院的有关规定，对下列罪犯适用假释时可以依法从宽掌握：

（1）过失犯罪的罪犯、中止犯罪的罪犯、被胁迫参加犯罪的罪犯；

（2）因防卫过当或者紧急避险过当而被判处有期徒刑以上刑罚的罪犯；

（3）犯罪时未满十八周岁的罪犯；

（4）基本丧失劳动能力、生活难以自理，假释后生活确有着落的老年罪犯、患严重疾病罪犯或者身体残疾罪犯；

（5）服刑期间改造表现特别突出的罪犯；

（6）具有其他可以从宽假释情形的罪犯。

问：我现在监狱服刑，监狱已经为我提请假释，如果我获得假释，在假释考验期内应当遵守哪些规定？

假释的罪犯在假释考验期内实行社区矫正,并应当遵守下列规定:第一,遵守法律、行政法规,服从监督;第二,按照监督机关的规定报告自己的活动情况;遵守监督机关关于会客的规定;离开所居住的市、县或者迁居,应当报经监督机关批准。

问:请问在假释考验期内出现哪些情况要被撤销假释?

答:假释考验期内出现以下情形之一,假释要被撤销:

(1)被假释的犯罪分子,在假释考验期限内犯新罪,应当撤销假释,依照刑法的规定实行数罪并罚。

(2)在假释考验期限内,发现被假释的犯罪分子在判决宣告以前还有其他罪没有判决的,应当撤销假释,依照刑法的规定实行数罪并罚。

(3)被假释的犯罪分子,在假释考验期限内,有违反法律、行政法规或者国务院有关部门关于假释的监督管理规定的行为,尚未构成新的犯罪的,应当撤销假释,收监执行尚未执行完毕的刑期。

第三节 分级处遇

> 耕耘的汗水和收获的果实成正比。
>
> ——佚名

● 事例

一升一降[1]

罪犯蔡某,因运输毒品罪,原判无期徒刑,2018年10月考核得分97.11分,2018年11月考核得分99.95分,2018年12月考核得分97.84分,依据《北京市监狱管理局关于调整罪犯分级处遇级别评定标准的通知》第2条的规定:"等级评定前连续三个月每月考核得分在考核基础分

---

[1] 该事例由北京市第二监狱狱提供。

85%以上的;等级评定前连续三个月每月违纪扣分在考核基础分20%以下的",2019年1季度该犯级别为普管级。2019年1月考核得分108.2分,2019年2月考核得分100.47分,2019年3月考核得分102.93分,依据《北京市监狱管理局关于调整罪犯分级处遇级别评定标准的通知》第3条的规定:"等级评定前连续三个月每月考核得分在月考核基础分100%以上的;等级评定前连续三个月无违纪扣分,等级评定前十二个月内没有受到警告、记过、禁闭处罚的,宽管级罪犯比例不超过15%",2019年2季度该犯级别由普管级升级为宽管级。

另一名罪犯王某,因贩卖毒品罪,被判处有期徒刑七年六个月,2019年1季度原级别为考察级,2019年2月18日因不服从管理,受到警告处罚,依据《罪犯分级处遇办法(试行)》第5条第2款的规定:"处于禁闭、严管教育、立案侦查期间的",该犯处遇级别由考察级降为严管级。

以上事例介绍了监狱实施分级处遇的情况,根据现实改造表现,一名罪犯处遇晋级,另一名罪犯处遇降级。

《监狱法》第39条第2款规定:"监狱根据罪犯的犯罪类型、刑罚种类、刑期、改造表现等情况,对罪犯实行分别关押,采取不同方式管理。"其中,"不同方式管理"就包括分级处遇。

分级处遇,是指根据罪犯服刑期间的改造表现,将罪犯划分为不同的管理级别,并在活动范围、会见通信、狱内消费、关押条件等方面给予不同的待遇。

分级处遇作为有效管理罪犯、激励罪犯改造的重要手段,具有调控性、阶段性和动态性三个基本特点。

(1)调控性。罪犯在监狱内服刑期间的待遇,是狱政管理的基本问题,待遇涉及罪犯切身利益,是罪犯最为关心的问题之一。罪犯的待遇,可以划分为三个层面：一是所有罪犯都应当享有的待遇，称之为基本待遇；二是所有罪犯都不能享有的待遇，由刑罚特性所决定，与普通公民待遇状况相比，罪犯的一些待遇内容被依法剥夺和限制，称之为受限待遇；三是在基本待遇和受限待遇之间，实际上存在一个可以调控的空间，在这个空间内，每一个罪犯可以得到不同的待遇，称之为可控待遇。分级处遇，便是将这个空间利用起来，将罪犯实际得到的待遇，进行调控。将罪犯的可控待遇与入监服刑时间和服刑改造表现直接挂钩。在这个范围内，入监服刑时间越长，服刑改造表现越好，实际待遇就越高。这样，分级处遇就成为了罪犯待遇的一种调控手段。

（2）阶段性。分级处遇的实施，使罪犯的服刑过程成为逐步接近社会生活的过程，在待遇的动态调控中，培养罪犯对社会生活的适应能力。监狱是一个对罪犯实施监禁的场所，罪犯的狱内生活与社会生活之间，存在着相对大的差距，这就给罪犯回归社会带来适应困难。如何消除这一困难，成为了监狱管理所必须关注的问题。分级处遇的第一个标准，就是罪犯的入监服刑时间，将罪犯的服刑过程分为几个不同的阶段，从入监到释放的整个服刑过程，逐步降低监管力度，逐步改善罪犯的狱内各种待遇，这样一来，罪犯的服刑过程，就成了逐步接近社会生活的过程，培养了罪犯出狱后的社会适应能力。从一定意义上说，分级处遇有助于罪犯再社会化。

（3）动态性。分级处遇依据罪犯的服刑改造表现，实施动态调控。分级处遇的第二个标准是罪犯的服刑改造表现。罪犯服刑改造表现的好坏，直接决定着其在狱内的各种待遇。分级处遇具有待遇升降级的机制。表现好可以提升待遇标准，表现差则要降低待遇标准。在实际利益的引导下，罪犯一般可以作出正确的行为选择。

我国监狱从 20 世纪 90 年代开始，根据"分押分管分教"的工作要求，借鉴外国监狱累进处遇制的做法，结合我国监狱实际情况进行罪犯分级处遇的探索和实践。目前，各地监狱的具体标准和操作办法不尽相同，但基本思路和方法大体相同。以北京市监狱管理局为例，2017 年 6 月司法部下发了《关于在部分省（区、市）开展罪犯分级处遇试点工作的通知》，北京作为试点城市之一，结合首都监狱工作实际，于同年 9 月出台了新的《罪犯分级处遇办法（试行）》，将罪犯分级处遇划分为四个等级，依次为严管级、考察级、普管级、宽管级，处遇内容逐级放宽，并且首次将劳动报酬与罪犯采买挂钩，规定不同级别可采买食品的金额。

（1）严管级。罪犯具有下列情形之一的，定为严管级：等级评定前连续三个月每月考核得分在考核基础分60%以下的；处于禁闭、严管教育、立案侦查期间的；假释、暂予监外执行的罪犯因违反有关监督管理规定或者重新犯罪被收监，自收监之日起一年以内的；狱内又犯罪的，自判决生效或收监之日起一年以内的；故意隐瞒余罪被加刑的，自收监之日起一年以内的；邪教类罪犯未转化或者转化后反复的；黑恶势力罪犯未通过市局考核验收的。

严管级罪犯处遇内容：严格限制活动范围，必要时可个别关押；除禁闭、严管教育、立案侦查期间，严管级罪犯每月可以会见一次，每次不超过三十分钟；每月可以拨打一次亲情电话，每次不超过五分钟；处于严管教育期间的罪犯因改造需要，经监区提请、监狱审批，可以比照上述标准会见和拨打亲情电话。每月可以采买一次，购买必要生活用品金额为：男犯不超过100元，

爸，我现在还是严管级，只能和你通五分钟电话。我要好好改造，快点到宽管级，到时候我就可以每月打两通电话啦！

女犯不超过150元；购买食品的金额为：基准金额40元+上季度劳动报酬平均数×1，但总额不得超过200元；处于禁闭、严管教育、立案侦查期间的罪犯仅限购买必要生活用品。

（2）考察级。罪犯具有下列情形之一的，定为考察级：入监教育期间的；等级评定前三个月中有一个月考核得分在考核基础分85%以下的；等级评定前三个月中有一个月考核扣分在考核基础分20%以上的。

考察级罪犯处遇内容：每月可以会见一次，每次不超过三十分钟；每月可以拨打一次亲情电话，每次不超过五分钟；每月可以采买一次，购买必要生活用品金额为：男犯不超过100元，女犯不超过150元；购买食品的金额为：

基准金额 100 元+（上季度劳动报酬平均数×3），但总额不得超过 300 元。

（3）普管级。罪犯同时具有下列情形的，定为普管级：等级评定前连续三个月每月考核得分在考核基础分 85% 以上的；等级评定前连续三个月每月考核扣分在考核基础分 20% 以下的。

普管级罪犯处遇内容：每月可以会见一次，每次不超过三十分钟；每月可以拨打一次亲情电话，每次不超过十分钟；每月可以采买一次，购买必要生活用品金额为：男犯不超过 100 元，女犯不超过 150 元；购买食品的金额为：基准金额 120 元+（上季度劳动报酬平均数×4），但总额不得超过 350 元。

（4）宽管级。罪犯同时具备下列情形的，定为宽管级：等级评定前连续三个月每月考核得分在月考核基础分 100% 以上的；等级评定前连续三个月无考核扣分；等级评定前十二个月内没有受到警告、记过、禁闭处罚的。

宽管级罪犯处遇内容：每月可以会见两次，每次不超过三十分钟；或者每月可会见一次，每次不超过一个小时；每月可以拨打二次亲情电话，每次不超过十分钟；每月可以采买一次，购买必要生活用品金额为：男犯不超过 100 元，女犯不超过 150 元；购买食品的金额为：基准金额 140 元+（上季度劳动报酬平均数×5），但总额不得超过 400 元。

罪犯等级确定、变更，每季度评定一次。不同级别罪犯实行不同标识，严管级、考察级、普管级、宽管级罪犯的胸卡、床牌颜色分别为红色、白色、黄色、绿色。

升级应当按照标准由低到高依次升级。降级应当按照标准直接予以降级。对需要正常升降级的，监狱一般在季度首月完成审批，次月变更执行相应处遇。对于因禁闭、严管教育、立案侦查、邪教类罪犯转化后出现反复等特殊原因需要降级的，应于当日完成审批，并变更处遇。被立案侦查、解回侦查、起诉或者审判但未构成犯罪或暂予监外执行正常收监的罪犯，应当恢复其原级别或转至相应的级别，当日完成审批。

罪犯级别的评定，由监区分级处遇工作小组提请，填写《罪犯级别确定（变更）审批公示表》，报监狱狱政管理部门审核，监狱分级处遇工作领导小组审批，并做好会议记录。

● **延展**

问：为推动和保证分级处遇依法公正实施，监狱系统应当成立哪些组织？

分级处遇工作建立三级工作机构。市监狱管理局成立分级处遇工作领导小组，由分管狱政管理的副局长任组长，狱政管理、生活卫生、劳动改造等有关部门负责人为组员，负责分级处遇工作的检查、指导等工作。分级处遇工作领导小组下设办公室，办公室设在狱政管理部门，负责处理领导小组的日常工作。

监狱成立分级处遇工作领导小组，由监狱长任组长，分管狱政管理工作的副监狱长任副组长，狱政管理、劳动改造等有关部门负责人为成员，负责分级处遇的审批、管理、检查、指导、复查等工作。分级处遇工作领导小组下设办公室，办公室设在监狱狱政管理部门，负责处理领导小组的日常工作。

监区成立分级处遇工作小组，由监区长任组长，负责狱政管理工作的副监区长任副组长，监区其他警察任组员，具体实施对罪犯分级处遇的提请、审核、呈报、公示等工作。

问：分级处遇的实施应注意哪些问题？

答：分级处遇的实施要合法。分级处遇必须在法律允许的范围内进行，法律明文禁止的坚决不做；法律有授权允许的，用足用活；法律没有规定的，依政策大胆尝试。分级处遇不能侵犯罪犯的合法权益，不能将罪犯的基本待遇作为分级处遇的内容；也不能在法律授权的范围之外，随意提升罪犯的待遇标准。

分级处遇的实施要宽严有度。实行从严管理的，不要忘了犯人的"人"字，实行从宽管理的，不要忘了犯人的"犯"字。

分级处遇的实施要有效。不同级别之间要拉开档次，并找准刺激点，设立切实有效的目标，充分发挥正向引导和激励功能。

问：监狱罪犯对处遇级别有不同意见该如何处理？

答：监狱审批罪犯级别后，应当在监区公示三个工作日。罪犯对级别

确定或变更有异议的,可以在公示期内向监狱提出书面复查申请。监狱应当进行复查,于五个工作日内作出书面复查意见。监狱的复查意见为最终决定。

第四节 离监探亲

> 习近平总书记嘱咐要把罪犯离监探亲制度化常态化。
> ——2018年"两会"报道

◉ 事例

"我也想像他一样能够回家过节"[1]

2018年春节,全国311所监狱的999名罪犯被获准离监,与家人团聚。北京市监狱局清河分局某监狱的罪犯郑某便是其中一员。

从农历腊月廿九到大年初二,郑某与家人度过了难忘的4天,想想过去、聊聊将来、陪陪父母,郑某被久违的亲情和友情包围。现在,郑某回到监狱已有多日,但这次离监探亲带给他以及他的家庭和周围人的影响却远未褪去。

"郑某这次能回家过年,我们都替他高兴。我也想有一天能像他一样,回家过个节……我想申请当班长,争取达到宽管级别。"自从得知郑某被批准回家过年,与郑某同监室的王某就有点"跃跃欲试"。年过花甲的王某,在监狱里度过

---

[1] "我也想像他一样能够回家过节",载《法制日报》2018年3月10日。

了大半生,如今儿子已快到而立之年,他却只记得儿子小时候的样子。

到这个春节,王某的余刑只剩下3年多,虽然离监探亲的条件十分严格,但王某对比自己的情况,觉得还是可以争取的。他将自己想要更积极改造,争取早日与家人团聚的想法都写在了思想汇报里。

王某并非唯一一个有类似想法的罪犯,郑某此番离监探亲触动了一批人。

据郑某所在监区监区长刘警官介绍,为充分发挥郑某离监探亲的正向引导作用,在郑某回到监区的当天下午,监区内就组织了一次小规模的分享会,由郑某向同监区罪犯讲讲自己这次回家的所见所闻。"我们对郑某的分享没有做任何限制,他从自己的角度讲了外面社会的巨大变化,明显对大家有所触动。"

让刘警官感受最直接的,一是像王某这样积极要求当班组长的罪犯多了,过去这种受累又不一定讨好的活,很少有人愿意干;二是郑某的现身说法,让罪犯对自己未来出狱后的生活考虑更贴近实际了。"此前,很多罪犯由于得到的信息比较片面,一心只想着出去之后申请个低保就能生活。但郑某回来告诉他们,他回家后认真咨询了申请低保所需的条件,身体健康、有劳动能力的人未必能享受低保待遇,还是学身本领自力更生更靠得住。"

郑某离监探亲在整个监狱都引起了不小的反响。监狱专门组织了一次全监狱的分享大会,将郑某的分享录制成视频,通过狱内电视向全监狱的罪犯进行播放。不少罪犯看后都表示,离监探亲让他们看到了希望,改造也更有动力。而且,通过和郑某对比,他们也看到了自己的差距,知道了要从哪里开始努力,"郑某就是我们的榜样,我们要像他那样好好表现,争取也能获得这个难得的机会"。

郑某短暂归家后又返回了高墙内,他的家庭也回归了原本的平静,但在郑某母亲韩女士心里,与儿子短短几天的相处,让她感到了莫大的安慰。"这次回来看到他真的变了,变成大人了,也懂得心疼人了",韩女士说,这次回来她发现郑某对亲情看得很重,短短几天一一问候了家里的亲戚,总是不停地"唠叨"让她按时吃药、注意身体。

"过去跟他爸两句话说不上就翻脸,这次回来,他主动跟他爸聊了很多。"韩女士说,非常感谢监狱的教育和引导,帮助郑某回归了正途,更感谢监狱

第七章 激励

能准许郑某回家过年，和儿子的此次团聚让她对将来的日子有了信心。

郑某要回家过年的消息，是郑某所在村村委会主任第一时间得知的。监狱向他征求意见，问他是否同意郑某回家时，他毫不犹豫地说"同意"。在这位村委会主任看来，郑某能回家过年不仅对郑某，而且对他的家庭都是莫大的好事，他从心底里为韩女士夫妇高兴。"这次回来，我们都看出来郑某在监狱里受到了很好的教育，原来的毛头小伙子变得懂事了，也有思想了。北京都好多年没有过离监探亲了，这说明政府的工作越来越人性化，我们必须得带个好头，有个好的开端，这样其他的罪犯以后也能有回家的机会。"

村委会主任告诉记者，他很希望罪犯离监探亲能够在今后不同的节假日多开展一些，让改造好的罪犯有机会回家和亲人团聚，看看现在外面是什么样子，也将更多的正能量传递给大墙内的罪犯。

以上案例讲述了罪犯郑某于2018年春节期间获准离监探亲的过程和反响。离监探亲是监狱法规定的准予符合法定条件的监狱在押罪犯离开监狱、回家探望亲属的狱政奖励措施。允许离监探亲，有助于亲情感化，让罪犯感到自己没有被家庭和社会抛弃，增强他们重新回归社会的勇气和信心。监狱法颁布后，各地先后实施了这项奖励措施，但也曾由于种种原因，在大多数省份一度中断。2018年初，司法部决定集中开展离监探亲工作，具体落实的有27个省（市区）、311所监狱，一共999名罪犯在春节前回家与家人团聚，在初四、初五规定的时间内100%回来。此项工作得到了社会方方面面的支持，包括罪犯的家属、亲友、派出所、社区矫正机构、基层党委和政府。

离监探亲在社会上引起了较大的反响，罪犯回到离别已久的家中过春节，深刻体会到亲情的无价，感恩社会和家人没有抛弃自己，感受到社会的巨大变化和发展，更加增进了改造的信心，罪犯回到监狱以后通过现身说法、分享体会，以亲身经历传播正能量，使狱内达到"探亲一人、带动一群、教育一片"的积极效果，这项工作是对新时代刑罚执行、满足群众法治获得感的一次彰显。

此项工作得到了习近平总书记的关注，习总书记通过中央政法委书记郭声琨嘱咐相关工作人员，不能仅此一次活动，而是要将其制度化、常态化,要把活动做得更好,让社会理解、接受、支持这项工作。

为落实总书记将离监探亲制度化和常态化的重要指示,司法部要求各地要进一步提高政治站位,从政治和全局的高度充分认识开展离监探亲工作的重要性,坚持以政治改造为统领,统筹推进"五大改造",坚持绝对安全,坚持严格依法、有利改造、常态办理、规范运行、群众满意的原则,切实做好今年春节期间的离监探亲工作,确保政治效果、法律效果和社会效果相统一。

北京市监狱管理局继 2018 年集中开展离监探亲后,于 2019 年初又批准来自清园监狱和未成年犯管教所的两名罪犯离监探亲。

● 延展

问:我是一名罪犯,看到身边的罪犯获准离监探亲,我深受触动,也想像他们一样能够争取机会回家探望亲人。请问离监探亲要符合哪些条件?

答:根据监狱法和有关规定,给予离监探亲奖励,罪犯要同时符合以下条件。

(1) 前提性条件。罪犯系有期徒刑罪犯并且已执行原判刑期二分之一以上。被适用离监探亲的罪犯在一定期限内将脱离监狱的监管控制,为最大限度地降低社会风险,要求服刑一半以上是必要的。

(2) 实质性条件。罪犯必须具有适用行政奖励的 7 种情形之一,属于宽管级处遇,并且一贯表现好。一贯表现好是指罪犯在服刑期间认罪悔罪,遵规守纪,积极参加学习、劳动等各项活动,没有违法违纪行为,现实表现好。

(3) 保证性条件。罪犯离开监狱不再危害社会。准予离监探亲的罪犯要暂时离开监狱,回到社会上。如果这些罪犯回到社会以后,发生扰民、违法或犯罪行为,那么准予离监探亲这项措施就会失去人民群众的理解和支持。因此,准予离监探亲应当有一个保证性条件,即罪犯离开监狱不致再危害社会。

(4) 限制性条件。探亲对象的常住地在监狱所在的省、自治区、直辖市行政区域范围内。探亲的对象限于罪犯的父母、子女和配偶。

北京市监狱管理局在具体实施中，要求能够得到离监探亲机会的需要满足四项"硬杠杠"：改造表现良好、余刑三年以下、宽管级处遇、危险程度较低。

问：离监探亲要经过哪些程序？

答：北京市监狱管理局在准予离监探亲时，具体操作程序是：启动动员后，经过逐级摸排、社会外调、五级审核、公开公示、发函通告等程序和环节，最终确定离监探亲的名单。纪检监察部门全程介入、全程监督，防止徇私舞弊的发生。为确保离监探亲万无一失，监狱还实行了多项保障措施。包括进行专业评估评测、开展离监纪律教育，让罪犯亲笔书面保证，由具保人签订具保书。回家后每日两次报告情况，加戴电子手环，并函告属地公安机关、司法所、街道办依法临时监管等。

问：离监探亲和特许离监有哪些区别？

答：离监探亲与特许离监是两项不同的措施，其区别体现在性质、适用对象、适用条件和实施方式等方面。

（1）性质不同。准予罪犯离监探亲，是监狱法规定的对罪犯实施的一项行政奖励措施。而特许离监则是罪犯的配偶、直系亲属病危、死亡或家庭出现重大变故，确需本人回去看望或处理，不带有奖励的性质。

（2）适用对象和条件不同。准予罪犯离监探亲，适用于服刑二分之一以上、一贯改造表现好、离开监狱不致再危害社会的有期徒刑罪犯。特许离监，则适用于家中出现重大变故情况，确需本人回家处理的剩余刑期十年以下，改造表现较好的罪犯。

（3）实施方式不同。准予离监探亲，一般是在监狱批准后，安排罪犯自己离开监狱探望亲属，也可以由亲属接送。特许离监则必须由监狱派民警押解并予以严密监管。

（4）离监期限不同。离监探亲时间为三天至七天（不含路途时间），特许离监时间为当日。

监管改造分册

第八章

惩 戒

管理学中有个著名的理论叫"火炉效应",是说管理约束机制形成后,就应当像生着通红火苗的炉子一样,它有四方面的功效:一是谁碰烫谁,这是公平性原则。二是一碰就烫,这是即时性原则。三是碰哪儿烫哪儿,这是客观性原则。四是不碰不烫,这是目的性原则。监狱执行刑罚中,如果有罪犯违反监规纪律,就会受到严厉的处罚,这就像用手触碰燃烧的火炉,就须承受"烫伤"的后果一样。

惩戒,是一个合成词。惩,是处罚;戒,是防备。在监狱执法实践中,惩戒分为处罚性措施和防备性措施。处罚性措施由行政处罚和刑事处罚组成,防备性措施由警械使用和严管教育等组成。处罚性措施和防备性措施共同构成对罪犯的惩戒体系,但两者之间有着原则性的区别,处罚适用于罪犯违反监规纪律和构成犯罪的行为,防备适用于需要安全防范和加大管控力度的情形。在执法实践中,需要把两者区别开,手铐脚镣等警用器械只用于安全防范,不用于对违反监规纪律行为的处罚。

本章分为四节,第一节介绍由警告、记过和禁闭构成的行政处罚,第二节介绍由监狱服刑期间又犯新罪和发现漏罪的处理组成的刑事处罚。第三节介绍严管教育。第四节介绍由驱逐性和制服性警械,以及戒具组成的警械的使用。

第一节　行政处罚

> 知错就改,永远是不嫌迟的。
>
> ——莎士比亚

● 事例

罪犯刘某自伤、吞食异物受禁闭处罚[1]

罪犯刘某,因犯故意伤害罪,被某中级人民法院判处无期徒刑。该犯

---

[1] 该事例由北京市第二监狱提供。

于2008年入监后改造表现一般，2013年曾因打架斗殴受记过处分。2018年该犯因医疗、亲情电话、会见等问题片面地认为：一是监狱未能针对其疾病提供足够的医疗措施，二是认为亲情电话时间不足以使其与家人充分沟通，三是认为监狱未为其亲属会见提供便利等，而对监狱管理产生不满情绪。民警针对该犯存在的问题，曾多次对其进行谈话教育，宣讲规章制度和政策，但该犯思想偏激，存在盲目维权心理，遂对监狱管理心存不满，并发生自伤、吞食异物行为。

2018年，罪犯刘某趁监区集体教育休息十分钟的时间，走至监区同道西侧暖气片处坐下，用其私藏的裁纸刀片（长约2厘米，刃宽约1厘米）割伤其左臂肘窝，其他罪犯发现后立即上前制止，随后民警赶至现场控制了罪犯刘某。其他罪犯向民警报告称看到罪犯刘某在割伤左臂后有往嘴里吞东西的行为，监区立即将该犯送往监狱医院。经医院检查，罪犯刘某左上臂有长约1厘米的浅表皮伤，少量出血，X光片检查显示该犯胃部有约2厘米的螺丝钉，建议食用纤维食物排出。随后，监狱将罪犯刘某隔离审查。两日后，罪犯刘某体内螺丝钉被排出。

经调查核实，罪犯刘某为达到不合理诉求而采取的自伤、吞食异物的行为，严重违反了监狱的管理规定，经监狱研究决定，依据《监狱处罚罪犯工作规定》，给予罪犯刘某禁闭处罚，严管教育6个月。

以上事例讲述了罪犯因自伤、吞食异物而受到禁闭处罚的过程。对于罪犯在监狱服刑期间破坏监管秩序的行为，构成犯罪的依法追究刑事责任，不构成犯罪的依法予以监狱处罚，禁闭是监狱对罪犯破坏监管秩序行为的最严厉的处罚。

一、处罚的适用条件

根据《监狱法》第58条规定，罪犯有下列情形之一的，监狱应给予警告、记过和禁闭：

（1）聚众哄闹监狱，扰乱正常秩序的；

（2）辱骂或者殴打人民警察的；

（3）欺压其他罪犯的；

（4）偷窃、赌博、打架斗殴、寻衅滋事的；

（5）有劳动能力拒不参加劳动或消极怠工，经教育不改的；

（6）以自伤、自残手段逃避劳动的；

（7）在生产劳动中故意违反操作规程，或者有意损害生产工具的；

（8）有其他严重违反监规纪律行为的。

禁闭的期限为 7 天至 15 天。罪犯禁闭期间停止会见亲属。

二、处罚案件的办理

（一）管辖

在监管改造实践中，调查罪犯处罚案件一般按照下列要求进行：

（1）一般处罚案件，由罪犯所在监区负责调查，狱政管理部门审核。

（2）在本监狱有较大影响、案情比较复杂或涉及两个（含）以上监区的，由监狱狱政管理部门组织调查；可能涉及本监狱工作人员（民警、职工）的案件，监狱狱政管理部门、监察部门联合调查。

（3）涉及两个及以上监狱的案件，以及罪犯向监狱上级管理机关检举的案件，由上级管理机关的业务主管部门协调处理。

（4）罪犯在局内医院住院期间有破坏监管秩序行为的，由住院部所在监狱进行调查处理，给予相应处罚，并将相关材料和处理结果的复印件转递原监狱。

（5）罪犯调监后，发现其在原监狱服刑时存在违纪行为的，负责案件调查的监狱需及时向监狱上级管理机关报告，经批准后，调回原监狱调查。

（二）调查

（1）对罪犯的处罚，应当坚持依法严格、准确及时和重证据、重调查研究、不轻信口供的原则。

（2）仅有罪犯本人供述没有其他证据的，不予处罚；罪犯拒不供认而其他证据确实充分的，应予处罚。

（3）处罚案件原则上在案发当日审结，情况复杂的，一般不超过七个工作日。情况特别复杂的，报上级管理机关批准，可适当延长。

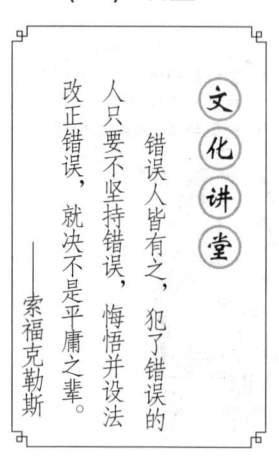

文化讲堂

错误人皆有之，犯了错误的人只要不坚持错误，悔悟并设法改正错误，就决不是平庸之辈。
——索福克勒斯

（三）评议、审批

案件调查终结后，处罚评议、审批工作按照下列程序进行：

（1）对于一般处罚案件，由监区处罚罪犯工作小组召开评议会，办案民警陈述拟处罚罪犯的违法违纪事实、证据、处罚依据、有无从重、从轻处罚的情形，提出给予处罚的意见；监区处罚罪犯工作小组三分之二以上成员研究同意后，将处罚罪犯审批表或禁闭罪犯审批表等相关材料，报监狱狱政管理部门审核。

（2）监狱狱政管理部门应及时审核相关材料。事实清楚、证据确凿、适用规定准确的，给予罪犯处罚，报分管副监狱长审批；事实不清或适用规定不当的，退回监区补充调查，也可由狱政管理部门直接查处。

（3）其他处罚案件，监狱处罚罪犯工作领导小组召开评议会，三分之二以上成员研究同意后，监狱长或分管副监狱长在处罚罪犯审批表等文书上签署意见并签名。

（4）监狱上级管理机关专案组查办的案件，处罚意见由专案组集体研究，业务主管部门主要负责人审批。

（四）公示、执行

（1）给予罪犯处罚的，监区或狱政管理部门应当众宣布，并在监区内公示，公示时间不少于三个工作日。

（2）作出处罚决定后，狱政管理部门填写处罚罪犯决定书一式二份，一份与处罚罪犯审批表一起存入罪犯档案，另一份处罚罪犯决定书交给罪犯本人。

监狱处罚罪犯工作应当依法接受检察机关的法律监督。

● 延展

问：对精神病犯的违纪行为是否应当处罚？

答：精神病犯在不能辨认或者不能控制自己的行为时违纪应受处罚的，可不予处罚。

间歇性的精神疾病罪犯在精神正常时违纪应受处罚的，应予处罚。

问：对未成年犯的禁闭处罚有哪些规定？

答：未成年犯犯有《监狱法》第58条规定的破坏监管秩序情形之一的，未成年犯管教所可以给予警告、记过或者禁闭处分；构成犯罪的，依法追究刑事责任。对未成年犯实行禁闭的期限为3天至7天。

第二节　刑事处罚

罪犯在服刑期间故意犯罪的，依法从重处罚。

——《中华人民共和国监狱法》第59条

● 事例

服刑期间刺伤其他罪犯获刑一年[1]

服刑期间用掰断的塑料勺将其他罪犯刺伤，曾因抢劫诈骗被判刑的隗

---

[1] 参见"服刑期间刺伤其他罪犯　北京一男子因破坏监管秩序罪获刑1年"，载《新京报》，2018年10月16日。

某在服刑未满的情况下再获新罪,被人民法院以破坏监管秩序罪判处有期徒刑一年。

人民检察院指控,2018年某日,隗某在监区集体就餐期间,将自己的塑料饭勺掰断,随后走到监区厕所,在同监区服刑的薛某身后,猛刺薛某头部数下,致薛某头皮创口、面部创口。

案发后隗某自述称,案发前3天,其与薛某聊天,从薛某处得知自己两个服刑的"朋友"被人打了,隗某随后去找"朋友"核实,但未得到肯定答复,于是认为薛某在挑事,便选择在厕所教训薛某。

经鉴定,薛某身体所受损伤为轻微伤。隗某虽然患有精神分裂症,实施违法行为时处于病症残留期,但无精神活动异常导致的辨认和控制能力受损,被评定为完全刑事责任能力。

人民法院审理后认为,隗某在服刑期间,殴打被监管人员并扰乱正常监管秩序,情节严重,应以破坏监管秩序罪追究其刑事责任。隗某在刑罚执行完毕前又犯新罪,其经减刑裁定减去的刑期不计入已经执行的刑期,应将其余刑与新罪所判刑罚依法实行并罚。

最终,人民法院以破坏监管秩序罪,判处隗某有期徒刑一年;与犯抢劫、故意伤害罪未执行的刑罚有期徒刑四年七个月零十二日,剥夺政治权利二年,实行数罪并罚,决定执行有期徒刑五年三个月,剥夺政治权利二年。

上述案件记述了罪犯在服刑期间因犯破坏监管秩序罪被追究刑事责任的过程和结果。

信赏以劝能,刑罚以惩恶。
——张九龄

罪犯在监狱服刑期间的犯罪,主要涉及以下罪名:

(1)破坏监管秩序罪。正在监狱服刑的罪犯,有下列情形之一,情节严重的,构成破坏监管秩序罪:殴打监管人员的;组织其他被监管人员破坏监管秩序的;聚众闹事,扰乱正常监管秩序的;殴打、体罚或者指使他人殴打、体罚其他被监管人的。

(2)脱逃罪。脱逃罪是依法被逮捕、关押的犯罪分子,为逃避羁押或刑罚处罚,逃离监禁处所的行为。在我国脱逃罪属于妨害社会管理秩序罪。本罪主要特征：犯罪主体是被判处拘役以上刑罚，正在服刑的罪犯以及被依法逮捕、关押的未决犯。侵犯客体是司法机关对犯罪分子的管理秩序。主观上出于故意，客观上表现为从监禁场所脱逃，或在押解途中脱逃。

（3）组织越狱罪。正在监狱服刑的罪犯，在为首分子的组织、策动、指挥下，有计划地以非暴力方式越狱，构成组织越狱罪。罪犯有组织地越狱，严重危害监管秩序，属于罪犯在服刑改造期间比较严重的又犯罪，依法应从重处罚。例如，郑某、吴某及龙某、郭某、梁某在同一监区服刑。郑某向吴某提出具体的越狱方法。后因觉得该方法无法操作，郑某又向吴某提出纠集同监区罪犯，使用监区劳动工具作武器，暴力劫持监狱警察作为人质乘机逃离监狱。继而，郑某、吴某多次拉拢和煽动龙某、郭某、梁某等同监区的罪犯越狱。后来因吴某与郭某产生矛盾，暴露了越狱计划，被监狱查获。法院审理后认为，郑某、吴某密谋越狱，并企图纠集他人参与，为越狱制造条件，其行为均已构成组织越狱罪。鉴于二人的行为尚属于制造条件的犯罪预备阶段，故对两人依法免除处罚。

（4）暴力越狱罪。正在监狱服刑的罪犯，以有组织或者聚众的形式使用暴力手段强行越狱，构成暴力越狱罪。暴力越狱罪公然侵害国家刑罚执行机关，严重破坏监狱安全，并且危及监狱管理人员和其他罪犯的人身安全，属于性质十分严重的狱内又犯罪，必须坚决打击，并且依法从重处罚。例如，2009年10月17日，某监狱的四名罪犯杀害一名当班民警，抢夺另一名当班民警的警服，用抢来的警察门卡通过了三道关卡，并打伤大门值班民警，强行冲出大门，抢劫一辆出租车后驾车逃脱。其中一名罪犯拒捕时刺伤公安人员，被当场击毙。其他三名罪犯被抓获，人民法院认定其行为构成暴力越狱罪且情节特别严重，同时构成抢劫罪和绑架罪，被依法执行死刑。

（5）妨害公务罪。暴力袭击正在依法执行职务的人民警察的，依照妨

害公务罪的规定从重处罚。

针对罪犯服刑期间涉嫌犯有新罪的案件，侦办要求和程序的规定有以下方面：

（1）基本程序。根据《监狱法》第60条的规定，对罪犯在监狱犯罪的案件，由监狱进行侦查。侦查终结后，写出起诉意见书，连同案卷材料、证据一并移送人民检察院。

监狱办理罪犯在监狱内犯罪案件，需要相关刑事技术支持的，由监狱所在地公安机关提供协助。需要在监狱外采取侦查措施的，应当通报当地公安机关，当地公安机关应当协助实施。

（2）共同犯罪的处理。对监狱在押罪犯与其他罪犯共同犯罪的案件由监狱进行侦查。

对监狱在押罪犯与监狱工作人员（监狱警察、工人）或者狱外人员共同犯罪案件，涉案的在押罪犯由监狱立案侦查，涉案的监狱工作人员或者狱外人员由人民检察院或者公安机关立案侦查，在侦查过程中，双方应当相互协作。侦查终结后，需要追究刑事责任的，由侦查机关分别向当地人民检察院移送审查起诉。如果案件适宜合并起诉的，有关人民检察院可以并案向人民法院提起公诉。

（3）需要逮捕的处理。罪犯在监狱内犯罪，办理案件期间该罪犯原判刑期即将届满需要逮捕的，在侦查阶段由监狱在刑期届满前提请人民检察院审查批准逮捕，在审查起诉阶段由人民检察院决定逮捕，在审判阶段由人民法院决定逮捕；批准或者决定逮捕后，监狱将被逮捕人送监狱所在地看守所羁押。

狱内犯罪在假释期间发现，需要逮捕的处理。罪犯在监狱内犯罪，假释期间被发现的，由审判新罪的人民法院撤销假释，并书面通知原裁定假释的人民法院和社区矫正机构。撤销假释的决定作出前，根据案件情况需要逮捕的，由人民检察院或者人民法院批准或者决定逮捕，公安机关执行逮捕，并将被逮捕人送监狱所在地看守所羁押，同时通知社区矫正机构。

狱内犯罪在刑满释放后被发现，需要逮捕的，由监狱提请人民检察院审查批准逮捕，公安机关执行逮捕后，将被逮捕人送监狱所在地看守所羁押。

（4）脱逃案件的处理。在押罪犯脱逃后未实施其他犯罪的，由监狱立案侦查，公安机关抓获后通知原监狱押回，监狱所在地人民检察院审查起诉。罪犯脱逃期间又实施其他犯罪，在捕回监狱前发现的，由新罪犯罪地公安机关侦查新罪，并通知监狱；监狱对脱逃罪侦查终结后移送管辖新罪的公安机关，由公安机关一并移送当地人民检察院审查起诉，人民法院判决后，送当地监狱服刑，罪犯服刑的原监狱应当配合。

对罪犯在服刑期间所犯新罪的处罚，遵循以下规则：

（1）罪犯在服刑期间故意犯罪的，依法从重处罚。这是《监狱法》第59条规定的对罪犯在服刑期间故意犯罪的处理原则。对于规定中所说的"依法从重处罚"，实践中应注意以下问题：第一，依法从重处罚，只适用于罪犯在服刑期间的故意犯罪而不适用于罪犯在服刑期间的过失犯罪。第二，对罪犯在服刑期间故意犯罪的，是依法从重而非加重处罚。所谓从重，系在法定的量刑幅度内取其较高的刑罚，不能理解为加重处罚。第三，对罪犯服刑期间故意犯罪从重处罚，是对罪犯所犯新罪的一个量刑情节和标准。至于罪犯所犯新罪的定性，则要依据刑罚及其他有关法律确定。

罪犯在服刑期间故意犯罪，在法定幅度内从重量刑。

处罚裁量

（2）按照先减后并原则，新罪与前罪实行数罪并罚。判决宣告以后，刑罚执行完毕以前，被判刑的犯罪分子又犯罪的，应当对新犯的罪作出判决，把前罪没有执行的刑罚和后罪所判处的刑罚，依照刑法第69条关于数罪并罚的规定，决定执行的刑罚。

判处死刑缓期执行的，在死刑缓期执行期间，如果故意犯罪，情节恶劣的，报请最高人民法院核准后执行死刑；对于故意犯罪未执行死刑的，死刑缓期执行的期间重新计算，并报最高人民法院备案。

（3）对又故意犯罪罪犯的减刑从严把握。罪犯被裁定减刑后，刑罚执行期间因故意犯罪而被数罪并罚时，经减刑裁定减去的刑期不计入已经执

行的刑期。原判死刑缓期执行减为无期徒刑、有期徒刑，或者无期徒刑减为有期徒刑的裁定继续有效。

被判处有期徒刑、无期徒刑的罪犯在刑罚执行期间又故意犯罪，新罪被判处有期徒刑的，自新罪判决确定之日起三年内不予减刑；新罪被判处无期徒刑的，自新罪判决确定之日起四年内不予减刑。

罪犯在死刑缓期执行期间又故意犯罪，未被执行死刑的，死刑缓期执行的期间重新计算，减为无期徒刑后，五年内不予减刑。

● 延展

问：什么是漏罪，漏罪该如何处理？

答：漏罪，是指人民法院对犯罪分子的判决宣告以后，又发现被判刑的犯罪分子还有其他没有被判处的罪。在监管实践中，漏罪通常又称为"余罪"。

对于漏罪，按照先并后减的原则，对漏罪与原罪数罪并罚。判决宣告以后，刑罚执行完毕以前，发现被判刑的犯罪分子在判决宣告以前还有其他罪没有被判决的，应当对新发现的罪作出判决，把前后两个判决所判处的刑罚，依照《刑法》第69条的规定，决定执行的刑罚。已经执行的刑期，应当计算在新判决决定的刑期以内。

罪犯被裁定减刑后，刑罚执行期间因发现漏罪而数罪并罚的，原减刑裁定自动失效。如漏罪系罪犯主动交代的，对其原减去的刑期，由执行机关报请有管辖权的人民法院重新作出减刑裁定，予以确认；如漏罪系有关机关发现或者他人检举揭发的，由执行机关报请有管辖权的人民法院，在原减刑裁定减去的刑期总和之内，酌情重新裁定。

第三节 严管教育

反省是一面镜子,它能将我们的错误清清楚楚地照出来,使我们有改正的机会。

——海涅

● 事例

罪犯杨某因违纪被严管教育[1]

罪犯杨某,2016年因故意毁坏财物、故意伤害罪被判处有期徒刑二年,2017年入某监狱服刑改造。

罪犯杨某自入监以来表现一般。通过民警谈话和罪犯反映,该犯情绪易波动,心理素质和承受力差,好胜心强,固执,常认为自己比他人更出色,支配欲强,喜欢驾驭弱者和对抗强者。从该犯的犯罪事实和日常表现能反映出其具有偏执、易怒、暴力的性格特点。

2018年某日中午,罪犯杨某用餐后,听到罪犯欧某和另一名罪犯说:"这菜太差了,猪都不吃。"罪犯杨某说:"菜不好,你有权利不吃,但是我还要吃,我吃了,是不是连猪都不如。"罪犯欧某说:"是。"罪犯杨某随即开口大骂罪犯欧某,又突然用自己喝水杯内的水泼向罪犯欧某。被其他罪犯及时上前制止,巡查民警及时赶到现场进行处理。

针对罪犯杨某辱骂他犯、故意滋事的违纪行为,为严肃监规纪律,教育本人,警示他犯,监狱给予罪犯杨某记过处罚,严管教育四个月。在严管教育期间,罪犯杨某对自己所犯的违纪行为有所醒悟,并主动要求在罪犯集体大会上进行现身说法,警示他人。根据该罪犯的现实表现,监狱提前10天解除了该罪犯的严管教育。

---

[1] 该事例由北京市第二监狱提供。

以上事例介绍了一名罪犯接受严管教育的经过和收效。严管教育不是对罪犯的处罚措施,而是防范戒备措施。在惩戒中,突出表现为"戒",用于防范其违纪行为的进一步恶化,着眼于罪犯的转化,属于一种特殊的监管和教育活动。目前,各地监狱严格教育的对象和管理规定各具特色,下面介绍某地监狱系统的具体做法。

一、严管教育的对象

罪犯受到警告、记过、禁闭处罚的,一般予以严管教育。首次违纪应给予警告、记过处罚的未成年罪犯、七十岁以上老年罪犯,如对错误有深刻认识,写出书面检查材料,并公开作出不再违纪保证的,应予处罚,但不进行严管教育。

二、严管教育的方式

严管教育分为集中和分散两种实施方式。集中严管是监狱按照调犯程序,报监狱上级管理机关审批后,调入指定严管教育监区执行严管教育。对经教育转化仍拒不认错的罪犯,监狱在按照调犯程序报市局审批时,还应附书面报告和相关音视频等证据材料。受处罚的新入监罪犯,传染病筛查结束前在原监狱执行;筛查结束后无传染性疾病的,调严管教育监区执行;有传染性疾病的罪犯,调传染病监狱执行。

分散严管教育是针对特定类型的违纪罪犯留在现押单位实施的严管教育方式。老病残罪犯、精神病犯、传染病犯因生理、心理特点和身体健康状况,不适合禁闭或调入监狱上级管理机关指定严管监区执行严管教育的,可在原监狱(原监区)执行。

受处罚的邪教类罪犯、未成年罪犯、女性罪犯在原监狱(原监区)执行。

三、严管教育的期限

严管教育期限分别为:受警告处罚的,二个月;受记过处罚的,四个月;受禁闭处罚的,六个月。给予警告、记过处罚的,严管教育期自处罚审批之日起算;给予禁闭处罚的,严管教育期自解除禁闭之日起算。违纪罪犯在被调查期间,主动坦白或检举违法违纪线索,经查证属实的,可按以下要求缩减严管教育期限:

(1) 主动坦白未被发现应予处罚的其他违纪行为,对该行为给予警告处罚的,缩减十天;给予记过处罚的,缩减十五天;给予禁闭处罚的,缩减二十天。(2) 检举他犯应予处罚的违纪行为,被检举罪犯受到警告处罚的,缩减十五天;受到记过处罚的,缩减二十天;受到禁闭处罚的,缩减二十五天。

禁闭、严管教育期间因病住院的,住院时间不计算在内,自出院之日起顺延。具有两种以上应受处罚的行为,应分别处罚。其中给予禁闭处罚的,执行禁闭处罚;未给予禁闭处罚的,严管教育期合并执行,最长不超过一年。

四、严管教育的实施

罪犯严管时,由押送民警和严管监区民警共同对其人身和携带的物品进行检查;对不宜带入严管监区的生活用品,由严管监区暂时统一保管,携带的违禁品一律予以清缴。罪犯严管时,押送民警还应当一并移送罪犯的副档材料。

罪犯严管期间,严管监区应加强罪犯的行为规范教育和行为养成训练,合理安排罪犯的学习、劳动和训练时间,做到紧张有序。罪犯原所在监区民警应当配合严管监区,加强对严管罪犯的教育。

监狱要加强对严管教育罪犯行为养成训练,合理安排罪犯的学习、劳动和训练时间，做到紧张有序。不能以关代罚、以关代管。严格落实好罪犯一日生活制度，以小时为单位，安排好各个时段的改造活动，在规范管理、严格规训、有效约束中强化罪犯良好行为养成。严管教育罪犯除正常的就寝外，其他时间段严禁在床上躺卧或倚靠床铺。

加强对严管教育的日常检查。严管教育进出监区时均需进行严格的搜身、安检，严防携带各种物品。

严格执行监区环境与罪犯内务卫生管理规定，对严管教育个人可持有物品实行清单式管理。罪犯所需的纸笔、报刊、餐具、洗漱用品等物品，按时发放，用后及时收回。

加强对严管教育所在监区的监控、报警等安防设施日常维护，确保正常运行。

五、严管教育的解除

罪犯严管期满当日应当及时解除严管，由原监狱民警负责接带回。

被严管教育的罪犯对违纪行为有深刻认识，实际执行严管教育期限达到三分之二以上，且有下列情形之一的，可以提前解除严管教育：（1）严格遵守监规纪律，真心悔过，写出书面检查，并在罪犯中现身说法的；（2）严管教育期间检举他犯违法违纪行为，经查证属实，被检举对象受到处罚的；（3）有效制止他犯应予处罚的违纪行为或违法犯罪行为的；（4）监狱认定可以提前解除严管教育的其他情形。

解除严管教育一年内再次受到处罚的，严管教育期相应延长一个月。

● 延展

问：罪犯在严管教育期间发生违纪行为该如何处理？

答：罪犯在严管教育期间，发生应受处罚行为的，一律给予禁闭处罚，自禁闭审批之日起重新执行。先前未执行完毕的严管教育期限不再执行。

罪犯在严管教育期间有违纪行为尚不构成处罚的，累计扣分达到30分的，延长严管教育期十天。延长严管教育期限最多不超过三十天。

第四节　警械使用

> 戒具决不应用作对违反纪律行为的惩罚。
>
> ——曼德拉规则

● 事例

一次长途遣送[1]

在北京市犯罪的外省籍罪犯判决后都要由北京某监狱收监，再由该监狱遣送回原籍服刑。《京华时报》的记者全程跟踪见证了一次遣送工作。

本次遣送任务是要将88名罪犯送回原籍，其中46人在武汉站下车；42人在长沙站下车，分别交给当地的监狱方。

预备会开过后，民警们对手铐、脚镣等戒具进行了检查并消毒，以防病患。同时检查了电警棍、对讲机、搜索灯等警用物品，另外还要准备睡袋和食物等生活用品，检查罪犯档案。

罪犯们被两人一组用一副手铐铐住，有些"危险人物"还会被戴上脚镣。罪犯在监舍大厅集合，随后乘坐大巴囚车抵达北京西客站特别通道。此时，武警们已荷枪实弹在现场形成一个"包围圈"。罪犯们进入列车2车厢，该车的大多数车厢都乘坐着普通乘客。上车后，罪犯们马上被安排在已经规定好的相应座位上。记者看到，该车厢内的消防斧和灭火器已经被民警收到隐蔽的位置。列车准时出发后，监狱遣送总指挥和列车长、乘警长商讨了在武汉站停车6分钟，放下46名罪犯的方案。列车长和乘警长都表示没有问题。

---

[1] 参见"北京遣送88名外地罪犯24小时实录千里大押送"，载《京华时报》2007年1月15日。

在值班记录本上，记者看到，每半小时的检查显示，一切正常，其中包括戒具的松紧程度。据民警介绍，外省籍罪犯遣送所用的手铐和脚镣是全国监狱系统独有的，考虑到罪犯要长途跋涉，为免伤及皮肤，所以都是特制的。脚镣要比一般的轻500克左右，以便于罪犯行走。"虽然对手铐和脚镣作了专门处理，但是不会改变它们的结实程度"，民警说。

遣送过程中，记者注意到，当有罪犯要上厕所时，和他铐在一起的另一名罪犯也要一起来到厕所。之后，不上厕所的罪犯蹲在厕所外等待，而民警在门口看守，同时负责固定岗的民警也要盯守。

列车抵达武汉站。46名湖北籍罪犯在民警和武警的押送下，依次走下列车。而随同走下车的民警和武警也结束了他们的遣送任务，他们将从这里返回北京。

在晚点3小时后，列车终于抵达正在下雨的长沙站，此时的湖南监狱民警们已等待了3个多小时。罪犯下车后，经过清点和核查后，由湖南监狱的民警戴上手铐。在确认无误后，北京监狱的民警才走上前，解下他们原来的手铐和脚镣。负责办理交接的两地民警核对了人数、档案、法律文书以及罪犯的财物，完成了交接工作。

上述事例记录了长途遣送罪犯过程中使用手铐、脚镣的情况，也涉及了警棍等被称作警械的特别用具。警械包括约束性、制服性和驱逐性警械，必须按照法律和行政法规使用。

一、警械的含义和种类

警械是指人民警察按照规定装备的警棍、催泪弹、高压水枪、特种防暴枪、手铐、脚镣、警绳等警用器械。

必须明确，警械是防范性的警用器具，不能作为刑具使用，不得用于处罚罪犯，只能用于事中，即现实危险存在之时，不能用于事后，用于事后就成了处罚措施。

警械分为驱逐性、制服性警械和约束性警械。前者有警棍、催泪弹、高压水枪、特种防暴枪等；后者有手铐、脚镣、警绳等。《监狱法》规定的戒具，大体上是指约束性警械。

二、驱逐和制服性警械的使用条件

（1）结伙斗殴、殴打他人、寻衅滋事、侮辱妇女或者进行其他流氓活动的；
（2）聚众扰乱车站、码头、民用航空站、运动场等公共场所秩序的；
（3）非法举行集会、游行、示威的；
（4）强行冲越人民警察为履行职责设置的警戒线的；
（5）以暴力方法抗拒或者阻碍人民警察依法履行职责的；
（6）袭击人民警察的；
（7）危害公共安全、社会秩序和公民人身安全的其他行为，需要当场制止的；
（8）法律、行政法规规定可以使用警械的其他情形。

人民警察使用上述警械，应当以制止违法犯罪行为为限度，当违法犯罪行为得到制止时，应当立即停止使用警械。

三、约束性警械（戒具）的使用条件

根据《监狱法》第45条的规定，监狱遇有下列情形之一，可以使用戒具：
（1）罪犯有脱逃行为的；
（2）罪犯有使用暴力行为的；
（3）罪犯正在押解途中的；
（4）罪犯有其他危险行为需要采取防范措施的。

上述情形消失后，应当停止使用戒具，人民警察使用约束性警械（戒具），不得故意造成人身伤害。

● 延展

问：监狱民警使用武器的规定有哪些内容？

答：根据《监狱法》第46条以及《人民警察使用警械和武器条例》的相关规定，监狱人民警察使用武器的条件是：

（1）判明有暴力犯罪行为紧急情形。包括：罪犯聚众骚乱、暴乱的；罪犯脱逃或者拒捕的；罪犯持有凶器或者其他危险物，正在行凶或者破坏，危及他人生命、财产安全的；劫夺罪犯的；罪犯抢夺武器的。

（2）非使用武器不能制止。指使用警械不能制止，或者不使用武器制止，可能发生严重后果的。

人民警察遇有下列情形之一的，应当停止使用武器：犯罪分子停止实施犯罪，服从人民警察命令的；犯罪分子失去继续实施犯罪能力的。

监管改造分册

第九章

回 归

第九章 回 归

　　重获自由，回归社会，是在押罪犯长久的渴望和期盼。提到回归社会，一般会想到刑满释放的那天的情景，也会想到释放前为期三个月的出监教育。其实，回归社会这一话题可以追溯到入狱那一时刻，也可以延伸到刑满释放之后的很长一段时光。罪犯到监狱来，是因为人民法院认定其所作所为触犯了国家的刑法，必须接受国家刑罚的制裁。所以，罪犯在监狱必须接受刑罚的惩罚。但是，惩罚不是目的，改造才是目的。改造又是为了什么？根据监狱法的规定，改造的目的是为了使罪犯成为守法公民。这一目的，不仅要求罪犯在监狱服刑期间守法，还要离开监狱、回到社会以后守法，而后者是最为重要的。监狱对

罪犯的改造，从一开始就是围绕这一目的展开的。所以说，罪犯从入狱那一刻，监狱就开始为其设计一条回归社会的道路。这条回归之路完全符合罪犯的内心需求和期盼。正是在这一点上，监狱对罪犯的改造行为与罪犯接受改造的意愿可以达成高度一致。

　　通览罪犯回归社会的历程，大致存在四个时间节点，一是自入狱开始的回归铺垫，监狱从刑罚执行的一开始就对罪犯进行前途教育，并帮助罪犯形成并实施回归计划；二是临近释放前，监狱对罪犯进行集中的出监教育；三是在刑罚执行终结之时，按期释放罪犯，罪犯因此重获自由；四是回归社会之后，社会的责任不因其释放而终止，刑满释放人员及特赦释放人员在社会安置、帮教和扶持下走向新生。所以，本章分为四节，分别介绍回归计划、出监教育、执行终结和走向新生。

第一节　回归计划

从囚犯判刑开始便应考虑其出狱后的前途。

——曼德拉规则

● 事例

出狱后的我该怎么办[1]

胡玉（化名）从小就在北京市城区里一条胡同里长大。2010年，胡玉因参与传销诈骗被判处有期徒刑六年半。2017年刑满释放时她已经57岁，长期生病、亲情离析，处于老无所依、老无所养的状态。

2015年，胡玉的刑期还剩两年时，当地司法所的所长到她所在的监狱开展集中帮教。

"我的户口迁出后，没到其他地方落户。没有户口，没有亲人，出监后我该怎么办？"胡玉向司法所所长说出自己的苦恼。

"听说他是我原来户口所在地司法所的，我有心把自己的一切都说出来，可是当着很多人的面说不出口。"胡玉说，后来她给司法所所长写信详细介绍了情况。

原来，犯罪行为不但让胡玉受到刑罚处罚，更让她付出了亲情的代价。父母离世后，留下的老房子被亲戚占去。胡玉服刑期间，她的第二任丈夫患癌症离世，继女戴着孝到监狱探视过她，而后便断了与她的联系。户籍迁出后她又没有在其他地方落户，刑满释放后如何管理？未来的生活怎么办？带着这些问题，司法所所长先走访街道和附近居民了解情况，又到民政、公安等部门询问政策，还去做过胡玉继女的思想工作。

---

〔1〕参见"北京西城安置帮教新模式助推刑释人员回归社会"，载《法制日报》2019年4月15日。

"胡玉这种情况不是简单的恢复户籍问题,涉及多个部门,现行的户籍管理政策无法适用她的情况,我们也是第一次碰到",司法所所长说,尽管困难很多,但他没有放弃。

胡玉刑满释放前一个星期,监狱民警向她转达了好消息:通过当地司法局和司法所的共同努力,她的问题有眉目了。

2017年3月胡玉刑满释放那天,监狱民警给她送来衣物和一些钱(劳动报酬),还郑重交给她一个本子,上面写着那个司法所的地址、电话、公交车路线和到达时间。

"工作人员帮我规划好了路线,算好了时间,反复叮嘱我一定要去司法所。"当天下午1点左右胡玉就到了司法所。还没到上班时间,工作人员看到胡玉在门口站着,就让她进所里等,还递来一杯热水。

"从监狱出来,我对外界的认识是一片空白。如果当时吃了闭门羹,我可能转身就走了,未来会怎样很难讲。"胡玉回忆说。

从监狱到社会的过渡期,没有身份证,胡玉找不到住的地方,赵永进帮她安顿住宿;没有生活费,司法所为她办理了临时救助。

胡玉的情况符合无家可归、无亲可投、无生活来源的"三无人员"和因病生活难以自理的"特殊老病残"刑释人员的应急救助安置政策,司法所帮她联系入住了养老院。

刑满释放40多天后,派出所通知胡玉办理身份证。随后她在司法所工作人员的引导和帮助下,办理了低保、医保、租房补助。

"我就像新生儿一样开始了新生活。"胡玉说,她到现在还留着那个写有司法所地址和联系电话的本子,司法所已经成了她的家。

像胡玉这样无家可归、无亲可投、无生活来源的"三无人员"在监狱罪犯中虽然是少数,但这些人回归社会之路障碍重重。胡玉释放后的户口问题从刑期剩余两年时司法所开始受理,由于情况复杂,司法所通过不懈

245

努力,终于在胡玉释放前一周的时间有了眉目。这个事例提醒我们,罪犯回归社会的很多现实问题,必须提早准备,就像"曼德拉规则"提出的那样,从刑罚执行一开始就应当考虑罪犯出狱后的前途。监狱要引导帮助罪犯尽早拿出回归计划,其中一项重要内容就是查找种种回归障碍,并提前实施应对和排除方案。

监狱在刑罚执行伊始,就要考虑罪犯出狱后的前途,并与政府刑满释放人员安置帮教机构建立起沟通和协调机制。根据有关规定,监狱在接收罪犯后的一个月内,要将基本情况登记表送达其户籍所在地或居住地县级刑满释放人员安置帮教机构。被送达机关要与罪犯户籍所在地或居住地乡镇(街道)、村(社区)及其家庭核实基本信息,并依托村(社区)和家庭,制定配合监管改造的帮教方案,确定帮教责任单位、责任人和志愿者,于一个月内向所在监狱反馈上述情况。对于身份不明等罪犯,所在监狱要通过公安机关继续核实其身份。

监狱在罪犯服刑期间,应对罪犯回归社会之路进行有效的铺垫,指导每一名罪犯制订回归社会的计划。回归计划的制订和实施可围绕以下问题展开:

(1)确立回归社会的目标。罪犯回归社会的目标与监狱改造罪犯的目标紧密关联。将罪犯改造成为守法公民,是我国监狱法确定的改造目标,这一目标是从法律层面上作出的。在中国特色社会主义进入新时代,改造罪犯的目标还应当从政治和社会两个层面加以解读。从政治层面看,坚持政治改造为统领,意味着引导罪犯从思想上、情感上认同党的领导、认同伟大祖国、认同中华民族、认同中华文化、认同社会主义道路,重新回归人民的行列。从社会层面看,习近平总书记十八届一中全会后首次面对中外媒体记者,就郑重宣示,"人民对美好生活的向往,就是我们的奋斗目标"。习总书记在基层考察过程中多次强调:全面建成小康社会"一个都不能少",

共同致富路上"一个也不掉队"。"一个都不能少"和"一个也不掉队"遍及全体社会成员，同样适用于刑满释放人员。刑满释放人员应当与其他社会成员一样，成为新时代中国特色社会主义大家庭的幸福一员，与其他社会成员一样，过上有保障、有获得感的美好生活。要达到这一目标，监狱尽可能利用监禁期间的一切可能，努力促使罪犯能够顺利重返社会，重新融入社会，自立守法。作为一名罪犯，要从内心树立起回归社会的目标，无论会遇到怎样的困境，我们的党、我们的国家、我们的政府和我们的社会都会帮助大家渡过难关，不会舍弃任何一个人，当然包括你。

（2）激发融入社会的意愿。人的成长始终处于融入社会的历程之中，罪犯因触碰社会的最低规则而被隔离在监狱之中，是融入社会的失败者。就像在足球场上，因违规被罚下场的运动员一样，有了重新上场的机会，能不能抓住来之不易的机会，踢好下一场的头一脚，赢得比赛胜利，对此谁也没有十足的把握。足球比赛的运动员尚且如此，更何况被困在狱中的罪犯。罪犯一旦重返社会，就是要开始一场重新融入社会的人生"赛事"。这一赛事的历程并不平坦，既要汲取以前融入失败的教训，又要适应久违多时的飞速变化的社会环境。在已经有陌生感的社会环境，能不能融入其中，求得自立，必须先行解决一个认识问题，那就是保持或激发融入社会的强烈意愿。意愿是一种来自内心的态度，态度决定未来。大多数罪犯渴望自由，抱着"从哪里跌倒，就从哪里站起来"的积极心态，对出狱后的前途充满自信。但也有一些人信心不足，顾虑重重，惶恐不安，个别人对自己的前途完全失去信心，甚至希望留在监狱度过余生。对此，监狱的责任就是唤醒、激发罪犯融入社会的意愿，向罪犯展示光明的前途，坚定"一切可以从头再来"的自信。

（3）提升社会生活的能力。首先，人在社会中生活，必须约束自己的言行，具有自我约束能力，大多罪犯正是在这一方面出了问题而被关进了监狱，监狱对罪犯行为的养成，主要目的就是恢复或培养罪犯自我约束的能力。罪犯出狱后要节制欲望，对自己进行合理的社会角色定位，不能不切实际、好高骛远、高不成、低不就。其次，社会是由人与人之间的交往形成的，罪犯要具备善于与人正常交际的能力。社会交际能力也是监狱对罪犯行为养成训练的内容。最后，便是罪犯的诚实谋生的能力。监狱非常重视罪犯职业技能的培训，目的就是让罪犯出狱后能够自食其力，自立于

社会。例如，北京市刑罚执行机关与社会机构合作办学，开办机械电子维修、美容保健、食品制作、装饰装修、摄影制图等6大类16项社会需求量大、就业率高的培训项目，参训罪犯97.5%考试合格，取得了社会承认的资格证书。与北京光华慈善基金会合作，提供小微企业创业政策、成本核算、营销技巧等指导和培训，参训人员获证率达94%，在帮助罪犯树立创业意识、增强创业能力等方面收到良好效果。

（4）消除回归途中的障碍。据调查，大多数罪犯对回归社会存在不同程度上的担忧，主要表现为"三个没底"：一是面对快速发展的社会形势，担心刑释后生活无着落，对自己究竟能干什么、会干什么心中没底；二是对工作和生活中是否受社会歧视心中没底；三是对家庭是否接纳、原谅自己心中没底，家境困难且患病罪犯尤其对能否看得起病心中没底。这反映出回归途中有三种障碍。

第一，生存危机。俗话说，"民以食为天"，有部分罪犯是由于谋生技能的缺乏，导致自身温饱问题无法解决从而走上了犯罪道路。尽管在监狱之内他们可能学到了一些谋生技能，但由于各种各样的原因，导致短时间内很难找到工作，再次陷入为生存挣扎的境地，难免再次滑入犯罪的深渊。刑释人员回归社会后普遍反映的是生活难以适应。在信息化高速发展的今天他们已有的生活技能早已落后，基本的衣食住行都成为生活的难题。刑释人员回归社会后普遍都面临着日常生活困境。一般来说刚刚回归社会的刑释人员都会或多或少地出现不适应社会生活的现象。他们通常都难以适应日常生活，至少都需要一段或长或短的时间来逐步地调试自己来适应这个社会。造成这种困境的原因主要有两个方面，生活物质环境的变迁、生活方式的变迁。

第二，信任危机。刑满释放人员在社会中还很容易受到歧视，这尤其表现在找工作时。根据标签理论，犯罪人在被捕时即被贴上了"罪犯"的标签，并且这一标签将会伴随他们终生，即使在他们刑满获释以后也不例外。在刑满释放者回归社会的过程中，这一标签将会使其遭到各社会群体

的疏远和排斥，对其生活造成巨大的影响。尽管诸多刑满释放者都希望能够找到一份稳定的工作、顺利回归社会，渴望被社会重新认可和接纳，然而，"罪犯"这一标签却使得这一过程变得无比艰难。刑满释放者由于有着服刑经历而在相当程度上被职业市场所排斥。这也构成了由于缺乏正常的求职渠道和就业机会而重回犯罪道路的潜在危险。

第三，情感危机。在押罪犯已经适应了封闭的、标准化的、被安排好的以及高度紧张的监狱环境，倾向于依靠监狱机构，也习惯了一种受控制的生活。在问及对出狱后生活的展望时，很多罪犯均表达出了对出狱后重新适应社会的担忧。这些罪犯普遍缺乏建立正常社会生活的信心，认为自己无法适应"外面的生活"，也无法建立起正常的朋友圈子，更加无法赶上社会发展的脚步。为此，大多在快要出狱时抱有紧张、畏惧的心态，害怕在回归社会之后对正常的社会生活无所适从。此外，由于长期与家庭生活隔离，大多数罪犯在快要刑满时还会提及"惧怕"面对自己的家人，害怕他们"不搭理"自己。究其原因主要有两点：一是长时间监狱的集体生活使其对家庭生活已经相当陌生和不自然；二是监禁这一事实可能导致了夫妻、亲子关系的隔阂甚至破裂。自20世纪90年代以来，伴随着刑满释放者再犯罪率的持续走高，西方国家出现了大量有关刑满释放者回归社会的研究，而这些研究都表明刑满释放者的重新犯罪在很大程度上就是缘于其无法重新回归正常的社会和家庭生活。

我国监狱对罪犯在回归道路上遇到的障碍普遍比较重视，并想方设法为罪犯排忧解难，消除罪犯种种顾虑。例如，近年来，北京市的一些监狱尝试由专家、学者、大学生等社会志愿者到狱内和罪犯结成1+1帮教对子，增进社会与狱内的了解和沟通，使罪犯在接受帮教的同时，也更多地感受到社会的温情，增添了回归社会的内在动力。北京市监狱局还举办面向社会的"改造成果汇报会"，也是很好的探索和尝试，不仅进一步增进了社会对监狱工作的了解、支持与关注，也使社会对罪犯在狱内的改造情况，给予了更多的认识，直接感受到了罪犯真诚悔罪、努力改造的实际行动，从而给予罪

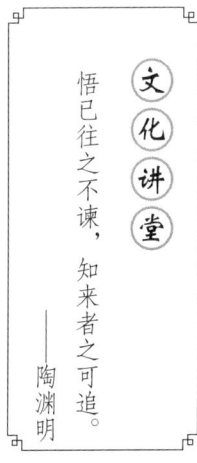

文化讲堂

悟已往之不谏，知来者之可追。

——陶渊明

犯和刑释人员以更多的宽容与谅解，加大接纳罪犯及刑满释放人员融入社会的力度。此外，北京市监狱系统深入研究在押罪犯特点，积极探索矫治规律，形成了社会适应性教育模式，努力培养心理健康、遵守社会规则、能够自食其力的合法公民。在此基础上着力引导罪犯懂生活、爱生活、会生活，努力成为一个不仅能维持生存，还能感受幸福快乐的人，使罪犯能够享受阳光和绿色，能够感受到没有被社会抛弃，将刑罚执行的过程变成消解戾气、化解心结的过程，变成增长技能、重塑自我的过程，变成回归社会之前的一个特殊学校和中转站。

● 延展

问：作为一名监狱服刑罪犯，应当怎样看待回归社会道路上的障碍？

答：监狱服刑罪犯在回归社会的道路上可能遇到各种障碍，有时还可能转化为生存危机、信任危机、情感危机，对此服刑罪犯要有充分的心理准备，承认这个现实，这是解决问题的前提。同时也要相信这些困境是可以摆脱的。党和政府不会抛弃任何一个社会成员，在你陷入窘境时，社会的热心人也会伸手相助，帮你渡过难关。从自身角度看，端正社会态度、提升谋生技能，以此化解生存危机；彻底改恶从善，改变社会印象，以此化解信心危机；强化责任意识，寻求亲人谅解，以此化解情感危机。总之，在服刑期间通过自己的努力和外部的帮助，你完全可以在回归道路上爬坡迈坎，争取光明的前途。

第二节 出监准备

（监狱）应该尽可能请求社会机构在恢复囚犯社会生活的工作方面，协助监狱工作人员。

——曼德拉规则

● **事例**

监狱里的招聘会[1]

2018年12月29日，北京某监狱举办狱内罪犯招聘会。此次活动不仅提供给罪犯诸多劳动岗位、开阔罪犯的社会眼界，而且使罪犯在充分感受到党、国家给予新生救赎温暖的同时，为监狱实践政治改造、强化罪犯"五个认同"夯基垒台。

此次招聘会的合作单位有北京市的一些劳务派遣有限公司，提供了包括面点、西点、裱花蛋糕、面包师、厨师、保姆、月嫂、办公文员和普工等多种工作岗位。共有83名罪犯积极参与，与四家单位签署了18份《劳动意向书》。

狱内招聘会的举办，是对罪犯注入"新生"力量的"推进剂"，是监狱维护社会稳定工作的延伸，是监狱向社会输送合格"新生人"迈出的重要一步。

时间退回到2013年5月2日上午，北京未成年犯管教所里的特殊招聘会正在进行。

"求职者"留着一水儿的寸头，穿着统一的囚服，列队整齐地站在企业的摊位前商谈工作意向。今天上午，一场特殊的招聘会在北京市未成年犯管教所举行。16家企业走进高墙，现场招聘，面向即将刑满的60余名罪犯，提供销售专员、摄影师、花艺、物业管理等50多个岗位。

---

[1] 参见北京市监狱管理局网站，最后访问时间：2019年1月10日。

招聘会开始前，16家企业已经在未成年犯管教所的礼堂里摆起了摊位，未成年犯管教所将所有的招聘岗位、需求、工资待遇全都打印制作名录摆放在桌上。

别看企业的需求千差万别，但参加招聘的罪犯有的擅长园林插花、有的通过了英语等级考试、有的拿到了物业管理职业技术证书，可以说与企业的要求都是"专业对口"的。

据介绍，未成年犯管教所向罪犯开设了园林工艺、物业管理、餐饮服务、英语口语、计算机操作、插花等多个职业技术培训班。罪犯通过狱内培训和考核，可以获得劳动部门颁发的职业技能证书。

未成年犯管教所根据罪犯的所学所长，联系相关企业。企业提供岗位之后，未成年犯管教所再向罪犯通报，了解他们的求职意向，经过多次沟通，确定招聘岗位和人员。未成年犯管教所负责人表示："今天参加招聘的罪犯都是一年之内即将刑满释放的，全部取得了一项以上劳动部门颁发的职业技能证书。"

一接到民警的指令，罪犯拿着自己的简历，直奔自己心仪的单位。"我不在乎待遇，就是想找份工作，出去之后能用自己的双手养活父母。"罪犯小刘今年已经26岁了，服刑10年，今年10月刑满。在监狱里，他已经考下了计算机操作员中级证书和美发师中级证书。

小刘看中了北京光电新创通信技术有限公司的网络布线工程专员岗位。"我就觉得这个工作适合我，其他的我还真没那个能力。"小刘憨憨地说，他认为网络布线肯定是个体力活，而他不惜卖力。

"我们这个工作也不完全是体力活，也有一些网络专业技术。"工作人员细心地介绍。小刘认真听着，脸上带着笑容，时不时点头。"我在监狱里也做过一些局域网布线的工作，不过专业上还差很多。"小刘很是谦虚，自我介绍一点不夹杂水分，"没关系，什么工作都需要再学习，你要对自己有信心"。

"你出狱后直接给我打电话联系。"一番接触之后，公司经理在小刘的简历上留下了自己的联系方式，双方也签订了用工意向书。小刘高兴地双手接回简历，深深地鞠了一躬。

据介绍，因为参加招聘的罪犯最早的也会在半年后才回归社会，因此

今天的招聘只能算是确定双方的用工意向。罪犯和企业达成意向后,现场签订协议,监狱和企业也会对罪犯进行职业指导。刑满释放后,这些罪犯会被相关企业优先录取。半个多小时之后,已经有不少罪犯拿到了用工意向书。

时间再退回到2006年7月18日,首批374名即将刑满释放的罪犯,在北京市监狱管理局所属清河分局清园监狱出监教育中心,参加了由8家具有相当实力的企业参与的现场招聘会。仅仅一天时间,就有66人与企业基本谈定了就业意向,18人签订了应聘意向书。把企业引进监狱内,为刑释人员打通就业之路,这在北京监狱史上是第一次。

上述事例讲述了北京市监狱系统在社会组织的协助下开展针对临近释放罪犯的三场特殊的招聘会。这样的活动北京市监狱系统从2006年开始,一直持续到现在,这样的场景几乎每年都在罪犯出监教育阶段出现。

2003年司法部出台《监狱教育改造工作规定》,要求监狱对即将服刑期满的罪犯,应当集中进行出监教育。监狱组织出监教育,应当对罪犯进行形势、政策、前途教育,遵纪守法教育和必要的就业指导,开展多种类型、比较实用的职业技能培训,增强罪犯回归社会后适应社会和就业谋生的能力。根据上述规定,各省市逐步开始了出监教育工作的进程。北京市监狱局于2004年6月在北京市未成年犯管教所成立了(在京)罪犯出监教育中心;2015年10月,进行规划与调整,由北京市未成年犯管教所一体承担北京市局和清河分局罪犯的出监教育工作。对全市押犯监所余刑在3个月以上4个月以下的成年男性罪犯,集中进行出监教育。所属监狱有不适宜集中开展出监教育的男性罪犯、女性罪犯和未成年罪犯在本监所完成。至此,北京市监狱管理局出监教育格局基本定型。

出监教育阶段的主要任务是帮助罪犯顺利回归社会,完成服刑罪犯从"监狱人"到"社会人"的过渡,做好出监准备。

(1)巩固改造成果。出监教育作为罪犯服刑的最后阶段,首要功能在于深化、巩固前期改造成果。出监教育稍有懈怠,则有可能导致先前的改造绩效毁于一旦,即将收获的改造成果功亏一篑,而且也无法走好监管改造的"最后一公里"。巩固改造成果是为罪犯出狱后的前途负责,监狱在出监教育时要告知国家有关刑释解教人员衔接、就业、就学、帮扶、社会保障等方面的政策措施，以及与地方安置帮教组织的联系方式。

（2）营造回归环境。罪犯长期处于严格监禁条件下，在生理和心理上需要进行有效调整来重新适应社会与家庭新生活。为弱化罪犯监狱人格，增强罪犯刑释前回归社会的自信心，实现从监狱人向社会人的逐步过渡，在日常管理中改变罪犯的称谓，改称为"学员"，并营造比较宽松的监管环境，适度放宽狱内自由活动空间。帮助出监罪犯完成社会角色的调整与转换。

（3）社会适应训练。对于久违社会多年的罪犯来说，飞速变化的社会已经变得异常陌生，没有必要的准备，一旦离开监狱则难以适应。为此，监狱组织临近出监的罪犯接受社会形势教育和适应社会生活的训练。例如，北京市未成年犯管教所于2009年尝试使用出监特色改造功能区，2013年进行了正规化建设并于当年开始试运行，共包括5个功能区12个场馆，使用时间主要是第三阶段，民警将课堂教学与特色功能区进行结合，开展了实训课程。集体活动区，主要用于集体多媒体教学；实训区，主要模拟公交、地铁和社会办公机构，在开展时对罪犯进行甄别，主要针对脱离社会时间较长的罪犯，各区司法局利用每月的帮教活动，在办事大厅内对罪犯进行答疑解惑；心理调节馆，以运动、呐喊、娱乐等常见形式实现精神放松和减轻心理压力；警示教育馆，以韩磊（大兴摔婴案）、王立华（绑架明星吴若甫案）和其他较为典型的案例，以视频和图片的形式向罪犯展

示犯罪的危害和严重后果，另外还包括毒品的危害、邪教的危害等内容。现代生活馆，展示有代表性的现代社会生活元素、信息知识、金融常识和如何预防电信诈骗，等等；电脑教室，用于多媒体教学，罪犯可以根据自己的实际需求选取相关内容进行学习或欣赏心理电影、音乐进行放松和心理调节。[1]

（4）提供就业机会。出狱以后能否在社会立足，有没有一份工作和经

---

〔1〕"出监教育实践与探索——试论北京监狱局管理局出监教育的发展方向"，作者：北京市监狱管理局。

济来源至关重要。当前,我国就业压力较大,社会保障体系尚不完善,大多数罪犯文化水平较低、缺乏专业技术;一些罪犯好逸恶劳的恶习很深,加上社会上对他们存在一定程度的偏见和歧视,因此,罪犯出狱后在就业和社会保障等方面仍然存在一些困难,使得他们中的一些人重新走上违法犯罪的道路,成为影响社会稳定的严重隐患。在这种背景下,各地监狱都把罪犯出狱后的就业问题作为出监准备的重点。在社会组织的帮助下,监狱经常性地组织就业招聘会,使一部分罪犯还没有离开监狱,就找到了回归社会的一份工作。这种做法为罪犯出狱后的重新就业谋生创造条件,防止他们因生活无着落而重新犯罪。

(5)改造质量评估。监狱要把提高教育改造质量作为中心任务,对每个罪犯在监管改造过程各个环节的教育改造效果进行评估、建立档案。在罪犯刑满释放前一个月,对其认罪悔罪、遵守监规监纪表现,掌握劳动技能情况,刑满释放后可能遇到的生活困难、家庭变化、社会交往等问题,以及回归社会危险性进行综合评估。根据评估结果,将刑满释放人员分为重点帮教对象和一般帮教对象,并针对其具体情况,对相关机构的服务管理工作提出具体建议。重点帮教对象包括:经评估认为回归社会后有明显重新违法犯罪倾向的人员,刑满释放前仍没有核实清楚姓名、身份、住址的人员和刑满释放后无家可归、无业可就、无亲可投的人员即"三无人员"等;其他人员为一般帮教对象。

● 延展

问: 监狱组织狱内罪犯就业招聘活动有哪些现实意义?

答: 多年来,随着社会就业压力的增加,许多人刑满释放后就业困难,给社会稳定带来了新的隐患。面对这种状况,监狱机关在对罪犯进行思想、法制和道德教育的基础上,突出抓好技能培训和教育,瞄准社会"热门行业"的人才需求,与社会办学单位联合在监狱内开办各种行业实用技术培训班,为刑释人员走向社会打下坚实的基础。可以说,让罪犯掌握一项就业谋生本领,是提高监狱改造质量的重要内容,也是减少重新犯罪的治本之策。监狱招聘会的做法也彰显出对刑释人员公民权利的平等对待。长期以来，由于痛恨犯罪，人们习惯于这样一种认识：罪犯被剥夺了政治权利，其他权利似乎已不复存在。这种错误认识的危害之一在于：尽管一部分罪犯掌握了较高的技术本领，并一心改过从善，但仍然很难被用人单位接收。失业造成的生活窘迫和人格歧视有可能重新引发他们对社会的不满和憎恨，使其再次犯罪。因此，社会各界都应该对刑释人员采取不歧视、不嫌弃的态度，做其就业安置工作，使其重燃生活的希望之火，重铸做人的信心。[1]

第三节　执行终结

> 不要回头，不要说再见。
>
> ——监狱歌曲

● 事例

他一笔一划写下了自己的名字[2]

某一天上午 8 点 30 分，在王警官的指点下，一名罪犯在释放证明书中的释放人员名字一栏里，一笔一画地写下了自己的名字：李英松（化名）。释放证明书一式三份，一份李英松自己保存，一份由监狱存档，一份交李

---

〔1〕参见 http://www.sina.com.cn，最后访问时间：2006 年 7 月 20 日。
〔2〕摘自"探访清河监狱：高墙内的特殊培训学校"，载法制网，最后访问时间：2011 年 11 月 16 日。

英松原住地派出所，办理上户口等手续。签完名字，王警官拍了一下还愣着的李英松说："好了，回去收拾一下自己的东西，准备出监。"

拿到这份释放证明书，李英松等待了9年。9年前，中学毕业后没有工作的他，与一帮不走正道的"哥们"混在一起，多次抢劫，被法院判处有期徒刑十五年。入狱后在管教民警教育帮助下幡然醒悟的李英松，因为表现突出，多次被减刑，最终迎来了走出高墙的这一刻。

"祝贺你啊！"

"谢谢！"

拿到释放证明书后，李英松同意了记者的要求，与记者聊了起来。

记者面前的李英松带着淡淡的黑眼圈。"昨晚上十点一过就躺下了，但醒了好几次，早上五点多就睡不着了。今天一起来，心情特别激动，看什么都觉得特别痛快，空气都感觉不太一样。"李英松说，他早几天就已经知道今天是刑满释放的日子，这几天都没睡太好。"这些年自己的事像放电影一样，一幕一幕在脑子里一遍遍地过。想以前犯的那些事，想进监狱里后的改造，也想出去以后，下一步怎么办，怎么做一个好人。"说到这些，李英松的眼光还不免有些闪躲。"出去以后打算干什么啊？"当记者把这个可能是最难回答的问题抛给李英松时，李英松说，他在监狱里跟师傅学了两年的视频编辑了，看出去以后还能不能干这个。

李英松说的"师傅"是监狱的管教民警刘警官。刘警官负责监狱的视频资料管理，看李英松有兴趣，业余时间就教他，两年下来，李英松说他现在能熟练使用"绘声绘影"软件编辑视频了。当记者告诉李英松，现在网站视频编辑是一份很不错的工作时，李英松脸上露出一丝不易觉察的羞涩，"这三个月在出监教育中心，我选学了计算机，自己觉得学得还可以，但是要是到网站工作可能还得进修。"

在记者采访民警的过程中，李英松已经收拾好东西准备出监了。10月28日当天共有3人出监。李英松的行李就是一个小包，他告诉记者，书和一些东西都送给其他罪犯了，只带一些必备物品。

走出监区的门，李英松不禁回头看了一眼，几层楼的窗户里都有罪犯带着羡慕的眼光在观望，其中两个窗口里伸出十几双手，喊着李英松的名字，这些都是他的室友们。李英松向他们挥了挥手，转身走向监狱的

大门。

出监前的最后一件事是在会见楼接受检查，脱下囚服，换上家属送来的衣服。进去不一会，李英松走出了会见楼，换了一身崭新运动衣的李英松一下子精神了很多，让记者感觉像换了一个人似的。王警官给李英松递上一个信封。记者好奇地问李英松："信封里装的是什么呀？""这里头装的是这几年参加劳动，监狱给的报酬，我攒这些钱，就想着今天见着爸妈后，请他们到餐馆吃顿饭，这么多年让他们操心，算是我表达一个心意吧！"

监狱的大门缓缓打开了，王警官把手伸向李英松："祝贺你啊，回去以后好好地啊！"李英松双手紧紧握住王警官的手，"谢谢王警官，一定！"松开手，李英松转过身，脚踩着一双雪白的运动鞋，迈步走出了监狱的大铁门，门外，是张开双臂的亲人……

以上事例讲述了一名罪犯因服刑期满获得释放的过程。刑满释放是在法律上刑罚执行终结的一种形式，特赦则是刑罚执行终结的另一形式。

一、释放

释放，是指监狱对有期徒刑犯执行刑期已满而解除监禁状态，恢复其人身自由的法律制度。

这里所说的有期徒刑犯，包括原判有期徒刑的罪犯和原判无期徒刑的和死刑缓期二年执行减为有期徒刑的罪犯。释放，意味着交付监狱执行的刑罚已执行完毕，是监狱对罪犯执行刑罚终结的主要形式。

罪犯服刑期满，监狱应当按期释放并发给释放证明书。监狱必须准确掌握罪犯的释放时间。监狱要严格按照人民法院执行通知书所确定的释放日期，在当日释放罪犯。刑罚执行中有刑期变动的，必须按人民法院最后一次的判决书或裁定书所确定的释放日期执行。

在释放前，监狱要对罪犯的个人财物进行清理，以便在释放之日如数发还为其保存的一切财物。被服方面，要收回囚服、囚被。劳保用品方面，公用的劳保用品要收回；个人使用的劳保用品可准其带走。生活用品方面，罪犯在服刑改造期间由监狱发给的或者是由罪

个人财物可以带走，囚服囚被和公用劳保用品要留下。

犯个人购买的日常生活用品，都可以准许罪犯带走。由监狱代为保管的非生活用品，应当在罪犯释放之日如数发还罪犯。释放时清理罪犯的财物必须履行严格的手续；对罪犯提出的有关查询和合理要求，应当妥善答复或处理。

在释放前，监狱还要做好与政府刑满释放人员安置帮教机构的衔接。一般情况下，在刑满释放前一个月，监狱将综合评估意见、回执单等相关材料送达罪犯户籍所在地或居住地的县级司法行政机关。县级司法行政机关在一个月内反馈回执单，同时通知当地司法所，负责联系落实服刑在教人员家庭成员及所在村（社区）代表按期到监所将其接回。当地安置帮教组织要确定帮扶责任人，并签订帮扶协议书，落实帮扶措施。

二、特赦

特赦是国际通行的在遇有重要历史节点时国家对特定罪犯赦免余刑的人道主义制度。我国自唐代起就形成了"盛世赦罪"的历史传统。宪法中对特赦制度做了明确规定。根据宪法第67条第18项的规定，全国人民代表大会常务委员会行使决定特赦的职权；根据第80条的规定，中华人民共和国主席根据全国人民代表大会常务委员会的决定，发布特赦令。

中华人民共和国成立后至1975年，对战争罪犯、反革命罪犯和部分普通刑事罪犯进行过七次特赦，对于发展爱国统一战线，化消极因素为积极因素，团结一切可以团结的人，推动国家社会主义建设的发展，发挥了重

要的作用。根据现行宪法，2015 年，在中国人民抗日战争暨世界反法西斯战争胜利 70 周年之际，我国又特赦了 31527 名罪犯，取得了良好效果，是实施宪法规定的特赦制度的一次创新实践，具有重大的政治意义和法治意义。

为庆祝中华人民共和国成立 70 周年，体现依法治国理念和人道主义精神，2019 年 6 月 29 日，十三届全国人大常委会作出决定，国家主席习近平签署发布特赦令，对部分服刑罪犯予以特赦。特赦的对象是依据 2019 年 1 月 1 日前人民法院作出的生效判决正在服刑的九类罪犯：

第一，参加过中国人民抗日战争、中国人民解放战争的罪犯。参加过抗日战争是指参加过八路军、新四军、地下革命工作，以及以其他形式为抗日战争做出贡献的人员；参加过解放战争是指参加过中国共产党领导的人民军队，地下革命工作；各民主党派中拥护中国共产党并参加、支援解放战争，以及以其他形式为解放战争做出贡献的人员。上述罪犯为民族独立和新中国建立做出过贡献，特赦他们，可以突出庆祝新中国成立七十周年的主题。同时，他们年龄普遍较大，回归社会后负面影响小。

第二，参加过保卫国家主权、安全和领土完整对外作战的罪犯。上述罪犯为巩固国家政权，维护国家主权、安全和领土完整做出过贡献，特赦他们，有利于激发爱国热情、振奋民族精神。

第三，获得过省部级以上荣誉称号的特定罪犯。具体指为国民经济和社会发展五年规划等确定的航空、航天、军事、基础设施、科技等国家重大工程建设做过较大贡献，并获得省部级以上"劳动模范""先进工作者""五一劳动奖章"等荣誉称号的服刑罪犯。上述罪犯为国家建设做出过贡献，特赦他们，有利于激励创新创造，弘扬为国奉献精神。

第四，立过军功的罪犯。具体指退役后犯罪的罪犯、服役期间因犯罪被开除军籍的罪犯、未被开除军籍的罪犯，在服役期间获得个人一等功、荣誉称号和八一勋章等奖励的。上述罪犯为巩固国防、保卫祖国和社会主义现代化建设做出过贡献,特赦他们,有利于形成尊崇军人、激励军功的良好氛围。

第五,防卫或者避险过当的特定罪犯。具体指因防卫或者避险过当,被判处三年以下有期徒刑或者剩余刑期在一年以下的服刑罪犯。上述罪犯因保护正当利益免受正在进行的不法侵害或者正在发生的危险,实施了超过必要限度的损害行为,主观恶性小,特赦他们,有利于鼓励人民群众见义勇为、同违法犯罪作斗争、积极参与抢险救灾等工作。

第六,年高身残的罪犯。具体指年满七十五周岁、身体严重残疾且生活不能自理的服刑罪犯。对他们特赦,符合我国历史文化传统和人道主义原则。

第七,未成年时实施犯罪的特定罪犯。具体指犯罪时不满十八周岁,被判处三年以下有期徒刑或者剩余刑期在一年以下的服刑罪犯。对上述罪犯特赦,体现了对未成年人犯罪教育为主、惩罚为辅的刑事政策,有利于他们早日回归社会。

第八,女性特定罪犯。具体指丧偶且有未成年子女或者有身体严重残疾、生活不能自理的子女,确需本人抚养,被判处三年以下有期徒刑或者剩余刑期在一年以下的女性罪犯。特赦她们,体现了党和国家对女性的特殊关怀,有利于帮助其家庭纾解特殊困难。

第九,在社区矫正的特定罪犯。具体指被裁定假释已执行五分之一以上假释考验期或者被判处管制的罪犯。上述罪犯已经在社区,社会危险性小,特赦他们,有利于促进其更好地融入家庭、回报社会。

上述九类对象中,具有以下五种情形之一的,不得特赦:

一是犯特定重大罪行的,即第二、三、四、七、八、九类对象中,系贪污受贿犯罪,军人违反职责犯罪,故意杀人、强奸、抢劫、绑架、放火、爆炸、投放危险物质或者有组织的暴力性犯罪,黑社会性质的组织犯罪,贩卖毒品犯罪,危害国家安全犯罪,恐怖活动犯罪的罪犯,其他有组织犯罪的主犯、累犯的,不得特赦。这是充分考虑了当前反腐败斗争形势和刑事犯罪实际情况,为避免社会误解、影响群众安全感,对这些罪犯不予特赦。

二是余刑较长的,即对第二、三、四、九类对象中剩余刑期在十年以

上和仍处于无期徒刑、死缓期间的,不得特赦。

三是之前特赦后再犯罪的,即 2015 年被特赦后又因犯罪被判处刑罚的,不得特赦。

四是不认罪悔改的,不得特赦。"不认罪"是指对基本犯罪事实不认可。这样规定,有利于激励罪犯改过自新。

五是经评估认为具有现实社会危险性的,不得特赦。

为避免出现"刚判即赦"的情况,只对依据 2019 年 1 月 1 日前人民法院作出的生效判决正在服刑的罪犯实行特赦。

根据我国宪法和相关法律的规定,特赦由全国人民代表大会常务委员会作出决定,由中华人民共和国主席发布特赦令,由人民法院裁定,人民检察院予以监督,司法行政机关和公安机关予以执行。

具体来说,在监狱和看守所罪犯由监狱和看守所向罪犯所在地的中级以上法院,提起特赦建议;社区矫正人员则由相应的社区矫正机构,提出建议。法院根据提出的特赦建议,排查审核,作出特赦裁定,并公示特赦罪犯名单。

◉ 延展

问:对于有明显重新违法犯罪倾向的人员,监狱释放前如何进行后续衔接?

答:对于有明显重新违法犯罪倾向的人员,在刑满释放前一个月,监狱将其综合评估意见、回执单等相关材料,分别送达其户籍所在地或居住地的县级司法行政机关和公安机关。县级司法行政机关和公安机关必须立即将回执单反馈给监狱,并及时将有关情况分别通知当地司法所和公安派出所。公安派出所接到通知后,应将此类人员列为重点人口,制定管控方案;司法所要动员其安置帮教责任单位、家庭成员和村(社区)代表在此类人员刑满释放之日将其接回。责任区民警和安置帮教责任人在此类人员被接回后要立即与其见面,了解情况,落实帮教措施。

问：对于刑满释放后无家可归、无业可就、无亲可投的人员，监狱释放前如何进行后续衔接？

答：对于刑满释放后无家可归、无业可就、无亲可投的"三无人员"，在刑满释放前一个月，监狱将其综合评估意见、回执单等相关材料送达其户籍所在地县级司法行政机关。县级司法行政机关在一个月内将有关情况反馈给监狱。户籍所在地乡镇（街道）人民政府（办事处）派人将其接回，进行安置。

问：对因假姓名、假身份、假住址等未能衔接的人员如何处理？

答：对因假姓名、假身份、假住址等未能衔接的人员，司法行政机关和公安机关要切实负起责任，采取有效措施，妥善解决有关问题，尽快落实衔接措施。

问：被特赦者再次犯罪怎么办？

答：刑法规定被判处有期徒刑以上刑罚的犯罪分子，在刑罚执行完毕或赦免以后，在五年以内再犯应当判处有期徒刑以上刑罚之罪的，是累犯，应当从重处罚，但过失犯罪除外。也就是说，被特赦的罪犯如果在五年内再次犯罪，且是故意犯罪，应当判处有期徒刑以上刑罚会按照累犯的规定受到从重处罚。那么如果在五年后犯罪，虽不构成累犯，不属于法定的从重处罚情节，法院量刑时也会有所考虑。

第四节 走向新生

社会的责任不因囚犯出狱而终止。

——曼德拉规则

● 事例

阳光中途之家[1]

2012年夏季,正是酷暑,王某额头上淌着汗,白汗衫领口处已经浸了一圈圈水渍。他顾不上擦,匆匆忙忙地跑到隔壁去买衣服。工作人员说了,身份证上的证件照要求上身穿深色的,他现在穿的不行。

买了新的手机号,换上了新买的黑色T恤,王某从派出所走出来的时候终于可以松一口气。从昨天到现在,他一直处于懵懂又迷茫的状态。身份证住址栏上还写着他十年前的地址,如今这个地址早就不存在了。

虽然只是过了十余年,对王某而言,从入狱到出狱,却仿佛已经过了大半辈子,而北京也早就不是他印象中的北京。2001年的北京,还没有五环路,四环也没有完全通。十年后,王某透过车窗向外看,五环路上车水马龙,繁华仿佛梦境。

没有家人,没有房子,没有收入来源,在一个陌生的城市,面对着陌生的人群,五十多岁的王某觉得很迷茫。他在内心问自己:已经这个岁数了,社会上有没有人愿意接收我?

2001年,王某因为抢劫罪入狱,被判有期徒刑十五年,减刑四年零四个月,于2012年下半年出狱。因为属于刑满释放却无家可归、无亲可投、

---

[1] 摘自"离开监狱只是开始,这座'学校'让犯人成为凡人",载《中国新闻周刊》2017年4月13日。

无生活来源的"三无人员",被原所在街道司法所民警接出监狱后,他递交了过渡安置申请。

2012年8月,王某走入朝阳区阳光中途之家,开始了为期半年的过渡安置阶段。

走进宽敞明亮的大厅,他看到大厅里的机构介绍牌上写着一句话:歌德说,不管应惩罚人,还是关爱人,必定把人当人看。

像王某这样的"三无人员"还有很多。

作为国内首家为刑满释放人员提供过渡式管理和安置服务的机构,截至2017年3月,朝阳区阳光中途之家已经为106名"三无人员"提供了三至六个月的过渡性食宿安置,协助办理了落户、低保、申请廉租房及补贴。

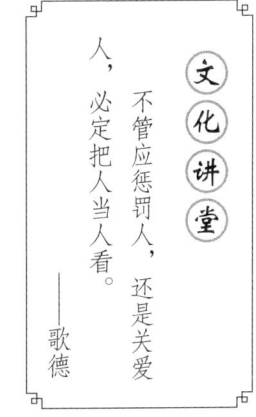

文化讲堂

不管应惩罚人,还是关爱人,必定把人当人看。
——歌德

上述事例讲述了一名因无家可归、无亲可投、无生活来源而陷入生活窘境的刑满释放人员被过渡性安置机构接收的经历。在监狱服刑的罪犯重新获得自由后,他们的面前并不都是一道坦途。在走向新生的道路上还会遇到各种坎坷,需要来自社会的关爱和帮扶。因此,"曼德拉规则"指出:"社会的责任不因囚犯出狱而终止。"在我国,一般把社会对刑满释放人员回归后得到的社会善后照顾统称为"安置帮教"。安置帮教已经写入了我国的《监狱法》。根据《监狱法》的规定,刑满释放人员依法享有与社会其他公民平等的权利。对刑满释放人员,当地人民政府帮助其安置就业和生活,其中丧失劳动能力又无法定赡养人、扶养人和基本生活来源的,由当地人民政府依照国家政策予以救济。

我们的党和政府历来高度重视刑满释放人员安置帮教工作,作出一系列决策部署,各有关部

门密切配合，社会力量积极参与，刑满释放人员安置帮教工作取得了明显成效。刑满释放人员是特殊群体，他们刑满释放后回归家庭、融入社会过程中存在一些困难，需要各方面的关心和帮助。近年来，一些地方动员社会团体、民办非企业单位、基金会、社会中介组织以及城乡社区社会组织，参与对刑满释放人员的教育帮扶，帮助他们解决生活工作学习中遇到的困难、问题，促进了刑满释放人员顺利融入社会。党的十八届四中全会提出要建立健全社会组织参与帮教特殊人群的机制和制度，鼓励、引导和支持社会组织参与帮教工作。

为鼓励、引导和支持社会组织参与帮教刑满释放人员，促进刑满释放人员顺利融入社会，司法部等相关部门提出了以下要求：一是加强组织引导。司法行政部门要会同民政等部门，认真研究制定社会组织参与帮教工作规划，明确目标任务和参与帮教的方式、途径，依法有序引导社会组织参与帮教刑满释放人员工作。优先在基础条件较好、帮教对象比较集中的地方，扶持一批具备资质、专业能力强、热心安置帮教工作的社会组织参与帮教工作，形成可复制的经验，逐步向其他地区推广。有条件的地区可依法建立从事安置帮教工作的社会团体，发挥平台作用，吸引社会组织参与帮教工作。倡导志愿者和社会热心人士，特别是具有法学、心理学、教育学、社会学、社会工作等专业背景的人士参与帮教工作，壮大帮教力量。二是加大政策支持。司法行政部门要积极协调有关部门，健全和完善社会组织参与帮教刑满释放人员工作的相关政策保障措施，提升社会组织帮教服务能力。要统筹利用现有的公共服务资源，在场地、设施、信息等方面为社会组织参与帮教工作提供便利，要引导社会组织配备和使用社会工作者等专业人才。加强对社会组织从业人员的业务指导，定期开展帮教政策、帮教技能、服务规范等方面的培训，提高从业人员的专业水平。财政部门要会同民政等相关部门，依据政府购买服务相关规定，将属于政府职责范围、适合市场化方式提供、社会力量能够承担的刑满释放人员帮教服务，纳入政府购买服务指导性目录。参与帮教工作的社会组织符合规定条件的，依法享受相应的税收、信贷等优惠政策。三是强化组织实施。司法行政部门要立足本地区安置帮教工作实际需要，开发适宜社会组织参与帮教工作的项目和内容。通过政府购买服务等形式，公开择优确定参与帮教工作的社会力量。指导社会组织制定帮教工作实施方案，跟踪了解工作进展情况、工作成效等。建立绩效评价机制，细化帮教服务标准，推进第三方评价，对帮教服务质量和社会效果好的社会组织重点扶持，对不宜继续参与帮教工作的及时终止，确保帮教服务依法规范开展。

对刑满释放人员的安置帮教可以分为政府和社会两个层面。政府层面，由司法行政机关负责接受刑满释放人员，并牵头协调公安、民政等政府部门，解决刑满释放人员就业、就学和社会保障等方面出现的实际困难。在司法行政机关的主导下，通过政府投入、社会支持等多种方式，在有条件的大中城市试点，建立集食宿、教育、培训、救助为一体的过渡性安置基地，用于安置"三无人员"等重点帮教对象。此类人员刑释解教前一个月，监所通知安置基地所在地的县级安帮办，按照自愿、就近的原则，将其安置到过渡性基地，并与监所交接相关材料。此类人员可以在当地公安机关办理暂住户口登记手续，由司法行政机关落实帮教措施。

在社会层面，一些社会团体、民办非企业单位、基金会、社会中介组织以及城乡社区社会组织，积极参与对刑满释放人员的教育帮扶。社会组织参与刑满释放人员的帮教，主要体现在以下六个方面。一是做好帮教准备工作。社会组织可以通过司法行政部门了解掌握刑满释放人员基本信息、改造表现、家庭状况等情况，注重个体需求，有针对性地制定帮教方案，为其释放后开展帮教工作奠定基础。社会组织可以指派人员参加刑满释放人员帮教小组，参与"一帮一""多帮一"结对帮教。在帮教工作中，社会组织及从业人员应注意保护个人隐私。二是开展思想道德教育。社会组织可以采取多种方式，对刑满释放人员开展遵纪守法、社会公德、家庭美德、个人品德教育，宣讲形势政策，改变错误认知，帮助树立正确的世界观、人生观、价值观，增强守法意识和社会责任感，形成积极向上的精神状态，重树生活信心。对帮教对象有重新违法犯罪苗头的，社会组织应当及时向有关部门报告。三是开展社会适应性帮扶。社会组织可以根据刑满释放人员具体情况，开展人际关系指导、社区公益活动等社会适应性教育和训练，提高刑满释放人员适应社会的能力。社会组织可以通过多种方式，帮助刑满释放人员增进与家庭成员和亲友邻里、受害人及家属的沟通，使其得到家庭、受害人的谅解和社会的包容。四是开展心理健康教

育。社会组织可以针对刑满释放人员重返社会后可能存在的心理障碍，开展心理预测、心理评估、心理咨询与治疗等心理教育工作，帮助刑满释放人员消除不良心理及其他心理障碍，克服消极情绪，减轻回归社会后存在的心理负担，激励引导他们走出阴影，培养健全正常的人格，促进心理健康。五是参与困难救助。社会组织在开展帮教服务过程中，对于符合社会救助条件的刑满释放人员，可以向其介绍社会救助相关政策和申请的条件、程序等，协助"三无"、老弱病残等生活困难的刑满释放人员，向有关部门提出社会救助申请。社会组织可以协助有关部门，为符合条件的刑满释放人员提供法律援助；可以通过动员爱心人士、慈善机构开展爱心捐赠等方式，为生活困难的刑满释放人员提供帮扶。六是协助解决就业问题。社会组织可以向就业困难且有劳动能力和就业愿望的刑满释放人员及其家属，推荐就业岗位和职业技能培训，帮助他们按规定向政府有关部门申请相关就业、创业扶持政策，协助办理工商登记，落实税费减免、信贷支持政策等。

党的十八大以来，在以习近平总书记为核心的党中央的坚强领导下，中国特色社会主义建设进入新时代，以人民为中心的发展理念深入人心，全面建成社会主义小康社会的攻坚战如火如荼。小康社会"一个都不能少"，致富路上"一个都不能掉队"，是习近平总书记代表党中央向全体中国人民作出的庄严承诺。刑满释放人员走上新生之路，就是跨入了奔小康共同致富的全民行列。我们的党和政府时刻惦记着每一个从监狱走出来的人，不会舍弃任何一个人，不会拉下任何一个人。每一个刑满释放人员都要相信党，相信你遇到的或可能遇到的困难都是暂时的，我们的党，我们的政府，我们的社会在你需要的时候会向你伸出援助之手，美好的前途在向你召唤，中华民族伟大复兴的"中国梦"，是你我心中的美好生活的梦，让我们一同开启圆梦之旅。

● 延展

问：国家对刑满释放人员的就业政策有哪些主要内容？
答：国家鼓励刑释解教人员通过灵活多样的形式实现就业，包括非全

日制、临时性、季节性工作等，逐步实现就业市场化、社会化。要在帮助和引导刑释解教人员依靠自身努力实现就业的同时，有关部门应将社区就业作为刑满释放人员就业的一个主要渠道。要鼓励刑满释放人员在社区服务业的岗位就业，特别是在政府开发的面向社区居民生活服务、企事业单位后勤保障和社区公共管理的就业岗位以及清洁、绿化、公共设施养护等公益性岗位上实现就业。

问：国家对刑满释放人员的社会保障有哪些具体政策？

答：政府有关部门要采取积极措施，使刑满释放人员获得相应的社会保障或临时社会救济。对城市（含城镇）户籍的刑满释放人员，其家庭人均收入低于当地最低生活保障标准的，各级民政部门应将其纳入当地最低生活保障范围，实现"应保尽保"。

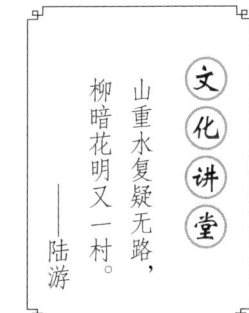

文化讲堂

山重水复疑无路，柳暗花明又一村。
——陆游

城市（含城镇）户籍的刑满释放人员在服刑前已参加失业保险或正在领取失业保险金，其刑满释放后，符合条件的，可以按规定享受或恢复失业保险待遇。

对被判刑前已经参加企业职工基本养老保险的刑满释放人员，重新就业的，应按国家有关规定接续养老保险关系，按时足额缴纳养老保险费；达到法定退休年龄的，按规定享受相应的养老保险待遇。对被判刑前已领取基本养老金的刑满释放人员，可按服刑前的标准继续发给基本养老金，并参加以后的养老金调整。

农村籍的刑满释放人员，在刑满释放回原籍居住地后，应及时落实责任田（山、地）。因无生活来源造成生活困难的，经本人申请、村委会出具证明、乡镇司法所和民政办报县（市、区）司法局、民政局审核同意后，可领取地方政府临时社会救济。

结束语

  本书的内容到此已经全部呈现给读者了,为了方便读者的阅读和使用,下面就本书的编写初衷、章节编排、编写体例等问题作简要说明。
  在以政治改造为统领的"五大改造"中,监管改造处于基础性地位,以其组织、协调和控制等管理功能,为政治改造、教育改造、文化改造和劳动改造的顺利实施提供基本保证。与此同时,监管改造还具有行为养成、保障感化、考核评价、激励督导和惩戒威慑等功能,成为独具特色的改造罪犯基本手段。作为一种极具特殊性的管理活动,监管改造有着法定的管理关系,监狱人民警察和监狱在押罪犯分别是管理人员和管理对象。通常关于监管改造的研究成果,都是以监狱人民警察为受众,重在探讨监狱人民警察如何依法、严格、科学、文明管理,如何卓有成效地对罪犯实施监管改造,而以管理对象即监狱在押罪犯为受众的研究成果则较为罕见。《监管改造分册》作为"五大改造"教育读本丛书之一,其受众首先是监狱在押罪犯,其次才是监狱人民警察和社会公众。因此,编写组意识到,本书主要给管理对象讲监狱如何监管改造罪犯,一定程度上带有补白的特性,本书的编写是一项具有挑战性的任务。编写组同时也认识到,监管改造中,把罪犯应知应会的内容,准确、系统地讲给罪犯听,可以有效地促使管理对象更加自觉地服从管理,更加主动地配合管理,更加积极地投身改造,更加顺利地实现改造目标。这是一件非常有意义的工作,也是编写本书的初衷。
  基于以上认识,本书从监管改造的大量内容中,选取了适合于罪犯的内容,并几经调整,形成了本书的篇章结构。本书按其内容分为三组,共设九章。第一组是基本理论,设"概述"和"理念"两章,简要介绍监管

改造的构成要素和作用，以及我国监狱在实施监管改造中所秉持的政治引领理念、厉行法治理念、崇尚科学理念和彰显文明理念，试图使读者对我国的监管改造有一个整体上的了解。对在押罪犯而言，则力求增进其对"这是什么地方""你是什么人""你来这里做什么"，以及"你该怎样做"等问题的透彻理解，从而树立并强化"身份意识""服刑意识""责任意识"和"悔罪意识"。第二组是基本流程，选取监管改造的起始和终结两个端口，设"入监"和"回归"两章，以"告别旧我"和"走向新生"前后呼应。这里需要说明的是，监管改造终结于刑罚执行完毕，但为了便于罪犯了解我国对刑满释放人员的安置帮教政策，本书用"走向新生"一节介绍安置帮教，作为监狱执法向后延伸的内容。第三组是监管改造的功能。监管改造，从执法职能的角度，可以分为刑罚执行、狱政管理、罪犯生活卫生、监狱安全等方面，本书则采用功能分类的方式，对适宜罪犯了解的监管改造业务重新分类组合，形成了五章，即"养成""保障""考核""激励""惩戒"。在监管改造实践中，这些体现特殊改造功能的业务，相互依存、相互促进，是本书的重点内容。

在编写体例上，为易于主要阅读对象的理解和掌握，本书采用章节的基本结构，每章设4节，全书共36节。每节由事例、内容讲解和延展三个部分组成。本书选取的"事例"，以罪犯接受监管改造的正面典型事例为主，强调如实客观介绍，不作过多的主观评价，以便罪犯从中主动获取积极改造的正能量。希望罪犯用好这些事例，"别人的成功模式，是一种指引，让你有方向可循"。当然，本书也选取了少量的负面典型事例，也希望罪犯从中汲取教训，在改造征程上少走弯路。每节的讲解，不求全面，重点放在罪犯应知应会的内容。每节的"延展"则用问答的形式，介绍了一些与本节主题相关的扩展内容。

总之，希望本书能够成为罪犯的励志篇，期待每一名罪犯以积极向上的心态，投入改造，顺利回归社会，成为守法公民。

参考文献

[1] 王泰：《新编狱政管理学》，中国市场出版社 2005 年版。
[2] 史殿国：《监狱学基础理论》，法律出版社 2018 年版。
[3] 吴宗宪：《中国罪犯心理矫治》，法律出版社 2004 年版。
[4] 王秉中：《罪犯教育学》，群众出版社 2003 年版。
[5] 孙平：《狱政管理》，中国政法大学出版社 2005 年版。
[6] 北京市监狱管理局：《监狱与服刑》，法律出版社 2012 年版。
[7] 北京市监狱管理局：《回归与融入》，法律出版社 2012 年版。
[8] 徐勇、周雨臣：《罪犯劳动管理学》，金城出版社 2003 年版。
[9] 王泰：《狱政管理学》，中国政法大学出版社 1995 年版。
[10] 李静："关于深化狱务公开工作的几点思考"，载《中国司法》2016 年第 8 期。
[11] 冯建仓、陈文彬：《国际人权公约与中国监狱人权保障》，中国检察出版社 2006 年版。
[12] 马志冰、赖德毅：《监狱文化建设与监狱管理创新工作研究》，法律出版社 2014 年版。
[13] 房玉国：《北京监狱狱政管理实务》，中国财政经济出版社 2013 年版。
[14] 吴丙林：《狱政管理学》，法律出版社 2018 年版。
[15] 吴丙林："精化理论侧重实务关注技术——论狱政管理学的建设思路"，载《中国监狱学刊》2013 年第 6 期。

声　明　1. 版权所有，侵权必究。
　　　　2. 如有缺页、倒装问题，由出版社负责退换。

图书在版编目（ＣＩＰ）数据

"五大改造"教育读本丛书. 监管改造分册/北京市监狱管理局编著
北京：中国政法大学出版社, 2019.11
 ISBN 978-7-5620-9278-0

Ⅰ.①五… Ⅱ.①北… Ⅲ.①犯罪分子－监督改造－中国－学习参考资料
Ⅳ.①D926.7

中国版本图书馆CIP数据核字(2019)第251137号

	"五大改造"教育读本丛书
书　名	**监管改造分册**
	WUDAGAIZAO JIAOYU DUBEN CONGSHU JIANGUANGAIZAO FENCE
出版者	中国政法大学出版社
地　址	北京市海淀区西土城路 25 号
邮　箱	fadapress@163.com
网　址	http://www.cuplpress.com（网络实名：中国政法大学出版社）
电　话	010-58908466(第七编辑部) 58908334(邮购部)
承　印	北京中科印刷有限公司
开　本	720mm×960mm　1/16
印　张	18
字　数	262 千字
版　次	2019 年 11 月第 1 版
印　次	2019 年 11 月第 1 次印刷
定　价	75.00 元